规制经济学前沿丛书

政府承诺问题及其治理

特许经营合约视角

陈富良 等◎著

GOVERNMENT COMMITMENT AND
GOVERNANCE IN CONCESSION

本书得到国家社会科学基金重点项目"基础设施产业特许经营合约中的政府承诺问题及其治理研究"（项目编号：13AJL011）的支持。

经济管理出版社
ECONOMY & MANAGEMENT PUBLISHING HOUSE

图书在版编目（CIP）数据

政府承诺问题及其治理：特许经营合约视角／陈富良等著. —北京：经济管理出版社，2019. 12

ISBN 978-7-5096-6323-3

Ⅰ . ①政… Ⅱ . ①陈… Ⅲ . ①特许经营—经济合同—研究—中国 Ⅳ . ①F713. 3

中国版本图书馆 CIP 数据核字（2019）第 281166 号

组稿编辑：王光艳
责任编辑：魏晨红
责任印制：黄章平
责任校对：王淑卿

出版发行：经济管理出版社
　　　　　（北京市海淀区北蜂窝 8 号中雅大厦 A 座 11 层　100038）
网　　址：www. E-mp. com. cn
电　　话：（010）51915602
印　　刷：北京晨旭印刷厂
经　　销：新华书店
开　　本：720mm×1000mm /16
印　　张：14. 25
字　　数：264 千字
版　　次：2021 年 5 月第 1 版　　2021 年 5 月第 1 次印刷
书　　号：ISBN 978-7-5096-6323-3
定　　价：68. 00 元

目　录

第一章 导 论

第一节 问题的提出

基础设施产业不只与国计民生息息相关，而且具备规模化经济与范围化经济双重特性，所以它成为政府部门的监管要点之一。不管是过去的激励监管与行政监管，抑或是如今的合约监管，其中都包含一个关键要素，即政府承诺。

2012 年，政府颁布了一项新政：在春节等国家重大节日期间，不超过七座的小型客车能够免费在高速公路上行驶。当年国庆假期，全国大部分地区实行了这一项政策。高速公路是典型的特许经营的基础设施产业，高速公路运营商通过特许经营合约，约定收费期和收费标准，承担了特许经营期内高速公路的收费与维护。

政府承诺的改变，在为消费者提供出行便利的同时，也给运营商造成了损失①。为弥补这一损失必然要通过再谈判来解决。可供选择的方案有：政府提供补贴（税收减免）、提高高速公路的收费标准、延长高速公路的收费期限。现实的结果是，2013 年 4 月，江西高速公路的收费标准提高，小型客车由每车公里 0.40 元提高到每车公里 0.45 元，同时部分高速公路收费期限延长，如九瑞高速的收费期限由 22 年 11 个月延长至 30 年。直至后来有关部门宣布高速公路收费无限期延长。

从 2014 年底开始，国家有关部委密集出台了一系列有关政府与社会资本合作方面的文件和规章。2015 年 4 月，国家发展改革委、财政部、住房和城乡建设部、交通部、水利部、中国人民银行六部委联发的《基础设施和公用事业特许经营管理办法》正式执行，其强调了特许经营协议的履行、变更、终止等环节中的实施机构以及特许经营者的主要责任和义务（如不间断服务、利益受损

---

① 有审计表明，2014 年全国高速公路因小型客车免费通行，运营商全年亏损约 570 亿元。

补偿等）。

基础设施产业特许经营对政府部门的传统基础设施产业供应模式提出了新的挑战。在特许经营领域，政府承诺属于一种国际惯例。

这就引出了一个问题：在政府改变承诺或政府承诺能力不足的情况下，怎样同时考虑基础设施产业今后的可持续性发展与消费者和运营商权益的维护。继而引发了对政府承诺及其治理等问题。

第二节　相关概念与研究范畴

本书涉及的概念有政府承诺、不完全合约、再谈判等，研究范畴是基础设施产业、特许经营合约等。

一、相关概念

1. 政府承诺

本书所说的政府承诺，是指政府所做出的保证，涉及行业的准入或退出、产品或服务的价格与质量等。在基础设施产业的特许经营合约中，政府承诺包括运营商的准入或退出条件、产品或服务的质量、价格或收费标准、特许经营期限等。

承诺即保证，而本书所说的政府承诺问题，是指在基础设施产业的特许经营中，由政府承诺而产生的问题，具体包括：是哪些因素导致政府承诺的改变；政府承诺改变之后会有什么样的影响；政府承诺改变后必然引致再谈判，随之而来的问题又是，再谈判机制的影响因素有哪些，再谈判的福利效应如何，如何优化再谈判机制。在特许经营合约签订之前，政府的保证（承诺）不具有刚性，表明政府承诺能力不足；在合约签订之后，政府的保证可随意改变，表明政府的履约能力不足。这两者均可称为政府失信。

政府承诺改变的直接原因或影响因素包括政府的换届或更迭、政府的自利性、消费者的压力、专业评估的缺乏、法律和监管的不完备、特许权项目本身的不确定性等（见第二章第二节）。而决定政府承诺能力的因素包括经济发展能力、社会发展能力、公共管理和服务能力及政府的公信力四个方面（见第七章第四节）。

基础设施产业特许经营合约中政府承诺问题治理的核心问题是再谈判机制的设计与再谈判机制的优化（见第六章和第七章），综合治理包括提升合约的完备性、完善再谈判机制、优化基础设施产业的监管等（见第八章）。

理论研究表明，政府承诺相关问题最少会在两个差异化的层面给运营商带来影响。首先是棘轮效应层面，其次是预算软约束层面，两个层面都让政府部门的政策激励效果产生了变化。因为技术改善与生产率提升，倘若人们普遍体验到当前服务价格过高，也许会要求先将合约内容修改，从而让产品与服务价格降低，政府部门承担源自民众的压力，提前将合约修改，降低产品或服务的价格，这有可能抽走企业自身努力的结果。因为运营商生产率的提高，有可能是通过不断改进技术、降低成本实现的。即使不提前修改合约，在合约到期时，政府也可能会对企业提出更苛刻的合约，从而产生"鞭打快牛"的现象，让运营商缺少长期投资激励，或是不再在减少成本与改善管理方面投资。同时，运营商通过各种方式提出因为运营环境恶化效益无法获得保证，需要政府提前修改合约，提升资费标准时，政府部门也可能因承受源自运营商的压力而提前修改合约，或是提升资费标准与价格，这同样会形成预算软约束，运营商也将缺少减少成本、改善技术的积极性。

通常而言，因为存在政府承诺相关问题，私企在运营基础设施产业时，会形成很多的再谈判成本支出；而国企在运营基础设施产业时，通常要应对预算软约束问题。

需要特别说明的是，即使是在代议制较完善的经济体中，由于政府任期制的原因，政府承诺问题也是一个普遍存在的现象。另外，在代议制不太完善的经济体中，由于各种原因，如政治考核因素，政府承诺问题则表现得更为突出。但政府承诺的改变对整个社会福利来说并不一定是件坏事，因为，这一改变也有可能是对以前不太合理的政府承诺的一种纠偏与改进。任何一个合约都不可能是完全的，特许经营合约也是如此。问题是如何降低再谈判的成本，以及完善政府承诺改变的程序。

2. 不完全合约

不完全合约是相对于完全合约而言的。由于人们的有限理性与计算能力、环境的复杂性及时间等因素，人们订立的合约不可能是完全的，也就是说，不完全合约是指人们不可能在合约中穷尽合约订立双方需要在合约中明确的所有事项。

政府承诺能力的缺乏，让合约产生了不完全的现象。但是，产生这种现象也有其他原因，如外在环境过于复杂、个人不够理性、不确定因素较多等。合约不完全必定会形成再谈判，让交易需要耗费更多成本。

导致政府缺乏承诺能力的因素包括：政府部门换届更迭；政府原本并不是一个超脱于利益之外的组织，其通常受到利益因素的一些驱动影响；来自民众的压力；缺少专业性评估能力；法制监管未曾健全；特许经营权项目原本就包含不确定因素等。

在基础设施以及公共领域中，政府部门缺乏承诺能力，最终的代价与结果通常不是由政府部门担负的，也不是由特许经营商来担负的，而是由消费者这样的第三方担负的。

政府部门缺乏承诺能力或是承诺能力有所欠缺是引发规制合约不完全的关键因素之一。规制合约不完全是由政府的承诺能力（规制政策的动态一致性）、规制的多重委托代理特征及规制可能受到利益集团左右所导致的（张昕竹、拉丰和易斯塔什，2000）。孙慧、孙晓鹏和范志清（2010）结合公私合作制的国际经验，讨论了公私合作制再谈判的关键影响因素。赖丹馨（2011）基于合约理论研究了公私合作制，费月升（2010）研究了城市基础设施融资中的政府行为，其中部分内容涉及了特许经营授权中的承诺和投资收益保证中的承诺问题。而更早一些时间，王会妙和苗巧刚（2003）则研究了垄断产业规制改革中的政府承诺问题。另外，冯中越等（2009）、王俊豪（2003）、周耀东和余晖（2005）、王钦敏和孟大文（2006）等研究了城市公用事业特许经营权拍卖问题，都不同程度地涉及了政府承诺及再谈判问题。

3. 再谈判

再谈判是对合约重新修订与协商的过程。合约不完全引致合约再谈判，或者说，再谈判问题是由合约不完备引起的。20世纪90年代初期，格罗斯曼等所开创的不完全合约理论认为，由于外在因素十分复杂、个人不够理性，以及还受到很多不确定因素的影响，合约两方无法细致、精准地把和交易相关的也许今后产生的全部情况与对应情况中的责任和权力都纳入合约中。随时间的演进，不完全合约必然需要进行修正或重新协商。马力和李胜楠（2004）、杨宏力（2012）先后对不完全合约理论的进展进行了综述。早期不完全合约理论侧重于分析事前的投资扭曲，认为不完全合约的再谈判产生事后有效率的结果（张昕竹、拉丰、易斯塔什，2000）。而哈特和莫尔（Hart and Moor，2007）引入行为经济学方法阐述了一种事后非效率的理论。

在基础设施和公用事业领域，特许经营和BOT等形式的改革，在国内外都不乏成功与失败的案例，引入不完全合约理论，从政府承诺能力与再谈判的角度进行经验总结与分析，将丰富不完全合约理论在公共领域的应用；将政府承诺与再谈判问题引入基础设施产业的规制分析中，可以丰富已有的规制文献；机制设计理论和委托代理分析框架在私人交易中已有许多文献，并得到了很好的运用，但对涉及公共问题的基础设施规制合约来说，却存在局限性，修正再谈判机制将是一种挑战。

因此，本书的研究具有较强的理论意义及现实意义。以不完全合约理论为基础，将政府承诺与再谈判问题引入基础设施产业，将丰富已有的规制文献；基于委托代理理论和机制设计理论在公共领域的局限性，本书试图设计出一种符合公共领域规制合约的再谈判机制，可能具有一定的理论价值。本书通过分析基础设施规制改革中已有的成功案例和失败案例，提出改进政府承诺能力的建议，完善规制合约再谈判过程与机制，有助于促进基础设施产业的规制改革及完善政府的规制体制，因而也具有一定的现实意义和政策价值。

二、研究范畴

1. 基础设施与基础设施产业

1994 年，世界银行在有关基础设施的报告中，将基础设施主要限定在经济层面，将其界定为长期性整套的设备、工程构筑及设施，还有为满足全部企业生产与人们生活一致需求所供应的服务。基础设施包括：①公共设施，如电信、电力、卫生设备、自来水、收集与处理固体废弃物、管道煤气等；②公共工程，如大坝、公路以及排灌渠道一类的水利设施；③其他交通工程，如市内交通、铁路、航道、港口以及机场。

基础设施是给社会生产以及人们生活供应公众产品与服务的一种物质工程设施，是保障国家与地区社会经济有序开展的公众服务体系，是人们依靠着生存与发展的普通物质基础。基础设施对促进经济发展有明显的作用，而其建设通常需要花费很多的时间与金钱。在当代社会，经济发展越迅速，对基础设施建设的需求就越严苛。健全的基础设施对促进社会经济快速发展、推动空间布局形态演变产生了明显的促进作用。

基础设施具备以下几个特征：第一，基础性与先行性。基础设施创建的公众服务是所有产品与服务都不能缺少的，如果缺乏这类公众服务，其他产业和服务就无法顺利生产与供应。第二，不能贸易性。很多基础设施供应的服务基本是无法以贸易方式进口获得的，我们可以通过在其他国家融资的方式引入新设备与新技术，然而很难整体引入公路、机场以及水厂等。第三，不可分割的整体性。一般来说，基础设施唯有达到特定规模时才会供应服务，如公路、机场、电信、港口以及水厂等，投资规模过小的不太可能发挥作用；类似地，电站大坝、机场跑道、城市间的轻轨等必须是完整的。第四，准公共产品性质。一些基础设施供应的服务具备相对层面上的非排他性与非竞争性，或实施排他的成本很高。

一般认为，产业是具有某种同类属性企业经济活动的集合体。而基础设施产业就是为了提供特定的产品或服务，如物质工程而形成的生产集合体，包括基础设施的规划、投资与融资、建设、运营等。在现阶段，这类产业一般采用特许经营模式。

2. 特许经营与特许经营合约

特许经营可分为商业特许经营（franchise）和基础设施产业特许经营（concession）。本书的研究对象为基础设施产业的特许经营。基础设施产业的特许经营是政府通过特许权协议，授权相应的企业展开基础设施的设计、融资、运营、建设以及维护等工作，在规范的特许时间之内，从项目使用主体手中收取费用，从而收回项目投入的资金和运营与维护的资金，并得到相应回报，特许时间到了以后项目会转交到政府手中。以施行基础设施产业特许运营的方式，政府部门收获到社会资金从而用来建设基础设施，在缓解了财政压力的同时也增加了基础设施产品的供给，从而提高基础设施产业的建设及运营效率。

从理论层面来说，在特许经营模式中，风险的分担十分单一。政府部门不需要担负与投资有关的任何风险，私营组织如果未曾交付服务或是所交付的服务不能达到规范的标准，政府部门就不再支付资金。政府部门成了没有风险的产品与服务的购买主体。但其实，特许经营模式并不是把全部风险都转移到私有部门中，否则会增加不必要的成本。一是无法确保私有部门通过低成本对这些风险进行管理，二是私有部门会更多地收取费用。政府要在资金最佳使用的原则及合约框架下考虑分担部分风险。

基础设施特许经营最基本的模式是BOT（建设—运营—转让）。其基本思路是，政府部门对建设与运营项目提供一份特许权协议，私有部门融资设计、建设基础设施，且在恰当的时间内获取商业盈利，最终按照协议把项目转让给政府（故称为短暂的私有化）。

在特许经营中，基于BOT的其他模式有：BOOT（建设—拥有—经营—转让），在规定的期限内拥有项目的所有权并进行经营，特许期可能比BOT长；BTO（建设—转让—经营），对关系国家安全的基础设施，项目建成后，由政府（国企）垄断经营或共同经营；BOO（建设—拥有—经营），不受时间限制地拥有并经营项目设施；DBOT（设计—建设—融资—经营），只有经营权而无所有权；BLT（建设—租赁—移交），政府部门将项目建设的权力让出来，运营时间段内，政府部门是项目租赁的主体，私有部门是项目租赁的客体，租赁时间到了以后，全部资产转移到政府部门。

此外，公私合作伙伴关系（PPP）被广泛用于基础设施产业的特许经营中。在当下的政策文献中，一般使用的是政府与社会资本合作这一更宽泛的概念。这种方式是指政府部门和私有部门共同合作投资并建设基础设施，提供公共服务或产品。或者是政府部门和私有部门订立长期合约，允许私营组织代替政府进行基础设施的建设、运营以及管理并给社会大众提供公共性质的服务。

基础设施产业特许经营实际上是基础设施建设经营纳入市场化的具体表现，是政府部门和私有部门之间达成的一笔交易，这笔交易具体体现在合约之中。

特许经营的合约是政府部门和私有部门针对基础设施建设、经营、维护、移交、分配义务与权利、违约进行赔偿等方面订立的一则整体性合同，此外也包含今后也许订立的所有补充与修改的附则与条约。本书探讨的特许经营合约是依托于特许经营项目合约这一纽带和核心的协议体系。特许经营的合约内容包含了项目特许经营之中形成的全部活动，包括总则、投资规划、合作关系、前期工作内容、融资策划、服务与运营、收益与回报、违约处罚、解除协议、解决争议方式及各方觉得有必要协定的其他事务。

然而，因为特许经营合约维持的时间较长，个人不够理性，还受到外在不确定环境的影响，合约两方不可能细致、精准地把和交易相关的今后也许产生的全部情况与对应情况中的权力、责任都商量妥当且全都纳入合约中，这就使该合约必然带有非完备性特征。

在特许经营合约中，政府承诺是一个非常重要的变量。本书所说的政府承诺则是指在上述特许经营合约中，政府所做出的各项保证。尤其是有关准入退出条件、服务质量、收费标准与期限或收入与回报等，政府所做出的承诺或规定，都已经写入特许合约中。然而，正如文献中所表明的那样，政府的承诺能力是有限的或政府的承诺能力不足，已经是一个较普遍的现象。

三、研究主题

本书的基本命题：政府部门缺少承诺能力必然引发规制合约不完全，继而必定引发再谈判问题；改进承诺可以部分弥补合约的不完全性；合理的再谈判过程可以促进基础设施产业的持续发展；可以通过综合治理的方式建立起对基础设施产业特许经营的长效治理机制。

为此，我们将重点关注以下问题：

第一，我国基础设施产业特许经营合约中政府承诺问题的特殊原因是什么。文献中已经有很多关于政府承诺能力不足的一般原因的解释，在当下的中国，基础设施产业特许经营中的许多案例表明，还存在一些特殊的原因，导致政府承诺问题。

第二，特许经营合约再谈判的影响因素及再谈判的福利效应如何。从文献和案例两个方面，概括分析影响特许经营合约再谈判的因素，进而分析这一过程对社会（政府、企业、消费者）的福利影响。

第三，如何优化设计再谈判的机制，进而优化再谈判的程序，从而保障相关主体的利益。

第四，如何构建一个治理基础设施产业特许经营问题的长效机制，最终兼顾基础设施产业的可持续性与公众的利益。

第三节　研究思路与框架

本书以不完全合约理论为基础，综合运用规制的政治经济学、委托—代理理论和机制设计理论，按照现实考察—理论构建—经济分析—政策引申的逻辑思路，以基础设施产业规制合约的不完全性为视角，探讨规制政策的动态一致性和再谈判过程，以完善基础设施产业的规制体制。

按照这一思路，本书的基本内容与框架设计如下：

第一章导论。本章主要对基础设施产业特许经营中政府承诺能力的相关概念、相关研究内容、研究思路进行系统界定和介绍。

第二章理论选择与文献综述。本章基于不完全合约理论，并在对基础设施产业特许经营中政府承诺与再谈判的文献进行回顾的基础上，构建一个关于基础设施产业特许经营中政府承诺问题及其治理的分析框架。

第三章基础设施产业特许经营合约中的政府承诺问题：现状描述与国际经验。本章分析我国基础设施产业特许经营合约非完备性及政府承诺的现状和特点，分析基础设施产业特许经营合约非完备性的内在机理和外在条件，以案例分析的形式对比分析美国、部分欧洲国家、日本等国针对该问题的救济途径及对我国的借鉴意义。内容包括：我国基础设施产业特许经营合约非完备性以及政府承诺当前发展情况研究；国内基础设施产业特许经营合约政府承诺相关问题的形成因素；其他国家基础设施产业特许经营合约政府承诺问题的案例分析；国际经验对我国的借鉴意义。

第四章基础设施产业特许经营的多方博弈分析。本章首先探讨了基础设施产业特许经营中的多重委托代理关系，其次分析了特许经营合约的政企博弈，最后分析了消费者、政府部门和特许经营企业的三方博弈。内容包括：基础设施产业特许经营中的利益相关人及三重委托代理关系；基础设施产业特许经营中的政府与企业的博弈分析；基础设施产业特许经营中的政府、企业与消费者的三方博弈分析。

第五章基础设施产业特许经营中再谈判的博弈分析。本章在前述章节基础上系统讨论特许经营合约中再谈判的科学内涵与影响因素，进而分析特许经营合约中再谈判的基本流程，然后分析再谈判过程的单次博弈和重复博弈，并对博弈结果进行了经济学分析。内容包括：再谈判的科学内涵与影响因素；特许经营合约再谈判的程序；基础设施产业特许经营合约中再谈判的单次博弈分析；基础设施产业特许经营合约中再谈判的重复博弈分析。

第六章基础设施产业特许经营合约再谈判机制：影响因素及福利效应。本章首先通过调查问卷的方法研究基础设施产业特许经营合约再谈判机制的影响因素，继而运用因子分析法对多项影响因素进行综合打分，然后通过设计双对数实证模型探讨该机制各项影响因素在减弱合约非完备性时带来的效率损失上的福利提升效应。

第七章基础设施产业特许经营合约再谈判机制的优化。本章首先在第六章基础上，利用再谈判机制的影响因素及打分排名情况进行再谈判机制的初步优化设计，这种优化至少体现在目标、手段和机构等方面。构建政府承诺能力指数，并将其纳入特许经营合约谈判和再谈判机制中，从而实现再谈判机制优化过程中的定量化优化。最后从制度经济学和规制经济学角度对特许经营合约的再谈判机制进行定性化、综合优化。

第八章基础设施产业特许经营合约政府承诺的综合治理对策。本章从行政角度和合约角度对基础设施产业特许经营合约中的政府承诺问题进行综合治理策略优化设计。内容包括：提升基础设施产业特许经营合约完备性的规制政策设计；应对基础设施产业特许经营合约非完备性的再谈判机制设计；综合治理基础设施产业特许经营问题的长效机制构建。

第九章结论与政策建议。

第二章　理论选择与文献综述

为了理解基础设施产业特许经营合约中的政府承诺及其治理问题，可供选择的理论基础至少有不完全合约理论和博弈论。因为特许经营合约本身也是一个不完全合约，现有的不完全合约理论尽管仍处在不断发展过程中，但它仍然可以为解释特许经营合约中的政府承诺问题提供一个较合意的解释的框架。由于在基础设施产业的特许经营过程中，涉及政府管理者、特许经营企业、消费者等多个主体，各主体之间存在着各种互动关系，至少涉及信息、利益等的分享与互动，因此博弈论同样也可以用来解释这一过程。本书选择不完全合约理论作为解释的理论基础，但在分析各利益主体的互动关系时，我们也会采用博弈论作为工具。

本章首先试图对不完全合约理论与特许经营合约问题做一个较为完整的归纳，然后对特许经营合约中政府承诺与再谈判的相关文献做一个较全面的梳理，进而对基础设施产业特许经营合约中政府承诺及其治理问题给出一个大体的分析框架。

第一节　不完全合约理论与特许经营合约

在基础设施产业特许经营中，其合约具备的非完备性问题是不能规避的。对不完全合约理论的回顾有助于我们更好地理解特许经营合约的非完备性。

一、不完全合约理论

不完全合约理论的思想可以追溯到科斯，他在著作《企业的性质》中提出，因为预估存在困难，有关产品与劳务供应的合约时间越长，那么对买方而言，确切规范对方该怎么做的可能性就越低，也越难以做到①。然而，科斯的这种理念在那个时代并未引起研究界的重视。经过数十年的发展，学者们深入开启了企业与内部组织理论等领域的研究，同时在新制度经济学领域中立足于两大分支塑造了不完全合约这一学说。一个典型代表是威廉姆森的交易费用经济学理论分支，另一个典型代表是哈特的产权理论分支。两种理论在研究不完全合约相关理论时都将机会主义、有限理性以及资产专用性视为基本的概念，然而在问题研究的核心点以及思路方面出现了明显的分歧。交易费用经济学理论指出，合约不完全带来的交易费用大多源自事后未曾有效调节，所以对事后的适应性治理进行了强调；可是产权理论却提出，合约不完全引发的交易费用大多源自事前缺乏专用投资激励，所以更强调事前激励机制。产权理论的大致框架是由格罗斯曼、哈特以及莫尔等的主要工作构筑起来的，下述简单地称之为 GHM。交易费用经济学理论确定将当事人有限理性视为不完全合约的前提，这从逻辑上来说是没有任何问题的。然而，因为创建使人满意的有限理性模型看似十分困难，这致使交易费用经济学相关理论难以步入主流合约理论范畴之中。而GHM 的重要工作就是构建模型并借助形式化的优势，在外部的不断批判和质疑之中逐步完善且最后发展成了不完全合约理论中的主流理论。

格罗斯曼等（1986）以及哈特等（1990）的论文，将不完全合约相关理论的基本框架确定了下来，这就是著名的 GHM 模型②。该模型的基础理念在于，因为订立协议的两方当事人都无法在事前全部预见到今后也许产生的情况，或是无法向第三方证明今后也许产生的情况，所以事前订立的协议本身具备不完全性；等到自然情况清晰以后，全部有关变量都能够获得证实，所以两方能够对初始合约展开效率化再谈判。当事人针对合约的履行已经投入专门的人力资本，所以本次活动会把两方都锁定于一个双边垄断状态之中，其中一方会运用此种锁定效应敲另一方的"竹杠"，获取专业投资引发的准租金。当事人提前预想到这样的状况，就不会在事前投入许多专用资金，继而引发无法达成最优效率。然而，以在事前把产权分配到重要投资一方的方式，就能够提升其再谈判时的谈判能力与外在选择权力，让其获得更大的投资剩余，即可以降低其事前专用投资激励扭曲，达成次级的优等效率。如果一方将另外一方的产权收购，两方关系就由单独的市场贸易转成了企业内部贸易，企业边界就产生了转变。

---

① ［美］罗纳德·哈里·科斯. 论生产的制度结构［M］. 盛洪，陈郁等译，上海：三联书店，1994.

② Grossman S. , O. Hart. The cost and benefits of ownership: A theory of vertical and lateral integration ［J］. Journal of Political Economy, 1986, 94（4）: 691-719; Hart O. , J. Moore. Property rights and the nature of the firm ［J］. Journal of Political Economy, 1990, 98（6）: 1119-1158.

此外，产权转移同样对当事人隶属关联产生了决定性影响。该模型从产权与激励视角重新审定了一体化收益与成本，对传统型理论框架来说，这是一种明显的突破。但是，该模型在基础理论方面的专用性、坚实性、投资价值性、组织权威性等方面出现了缺失，因此受到经济学领域的争议与质疑。

1999 年，以梯若尔与马斯金等为代表的一些学者率先对不完全合约理论发起了挑战①。他们认为，不完全合约理论的基础并不牢固，并深切意识到合同的当事人关注的并非具体或然事件的形成，而是其如何影响支付。梯若尔等再次提出，GMH 理论假设的当事人既然具备充足的理性，在事前就可以预估到今后产生的可能性情况，同时也能够产生效率化事后再谈判活动（假定再谈判不需要付出任何成本），那么其设计并订立最佳完全合同就并非是没有概率的事。到这里，差异化或然事件是否可以得到有效判别或区分就成了完全合同是否得到订立的一个最重要的因素。

已有研究成果显示，专用投资未必是致使企业边界产生转变的因素，此外，其未必是形成"敲竹杠"现象的因素。比如，两个有横向关联的企业，能够只因为需要协调就实现一体化，然而这在 GHM 模型中根本无法解释。同时，从经验方面测试资产专用性也始终是非常困难的。

不仅是理论基础不够牢固，资产专用作用也被过分夸大，GHM 这种企业理论本身也无法阐释复杂组织内部构架。按照该模型，事后既然能够以单边转移支付的方式实现效率化再谈判，那事后权力配置与组织架构就并非关键的，这又该怎样阐释组织之中的权威、授权与科层呢？同时，有竞争关联的企业以转移支付的方式分配其权力，此种现象不是很常见。

对于学者们对不完全合约理论的质疑或对其缺陷的分析，苏启林和申明浩（2005）在综述中做了较详细的介绍。针对这些质疑，不完全合约理论的主要贡献者在理论和实证上都在不断修正和完善。

1999 年，西格尔等在合约不完全理论体系内融入了复杂性思想，从而抵制源自梯若尔与马斯金等的抨击。合约不完全与完全两种理论在影响力较大的《经济研究评论》中厮杀激烈，该期刊通过专辑的方式出版了两者之间的论战情况。

为深入健全 GHM 模型，哈特等指出了两种全新的假设（2008）：第一种假设，事后交易并不是完全能够证实清楚的，只有一部分可以证实清楚。证实到

---

① Tirole J. Incomplete contracts：Where do we stand？［J］. Econometrica，1999，67（4）：741 - 781；Maskin E.，J. Tirole. Unforeseen contingencies and incomplete contracts［J］. Review of Economic Studies，1999（66）：83 - 114.

怎样的程度要看两方当事人采取的履约方法：一种方法是粗糙化的，也就是根据合约字面上的意思执行，法院完全能够执行；另一种方法是细致化的，也就是根据合约本质执行，法院不可完全执行。第二种假设，学者纳入了三种行为要素：参照点、自利偏见、报复与互惠。学者把合约视为一个参照点。在市场竞争形势下订立的合约给两方交易关联创设了一种有关各自权利体验的参照物。事后，两方权利体验对合约履行行为的详细程度产生影响，且进一步对最优事前合约形态产生决定性作用。具体而言，对比事前参照物，倘若一方体验到自身权利受到了侵占，则会以粗陋的合约履行条文施行投机活动，如此会造成不必要的亏损。为了不产生过多的投机活动，应当制定硬性合约，如将价格固定下来，然而此种隐性合约必定会让事后合约不再灵活，继而让可发展的交易减少。倘若制定的合约很灵活，虽说交易机会有所增加，然而也易于引发很多投机活动。所以，最好的合约方式是在维护权力体验的硬性和推动事后效率灵活性两者之间找寻到平衡点。

为了分析产权的作用，哈特（2009）将假设放松，同意事后再谈判。假设交易物品成本与利润都是无法确定的，这让价格一定要处在某区间之中，超出该区间的价格制定会引发再谈判甚至"敲竹杠"。由于 GHM 模型十分依赖资产专用性这一前提假设，同时无法阐释授权相关问题，因此更适合阐释出现纵向关联的企业间的边域问题。纳入参照点以后，哈特等再次开始试着探讨企业内部授权及企业之间横向关联问题。完善之后的合约不完全相关理论规避了梯若尔与马斯金的批判，不用依靠资产专用假设理论，同时朝着复杂组织的分析迈出了探寻的步伐。其后，蒋士成等（2018）对内生不完全合约理论的研究进展做了较全面的综述，而朱琪等则对不完全合约的行为逻辑进行了深入分析（朱琪、王柳青、王满四，2018）。

二、特许经营合约

从政府采购以及公共事业民营化角度来说，政府什么时候应当自己供应一种服务，什么时候应该把服务外包给民营组织？1997 年，哈特等就已经对该问题进行了解答。学者们假设政府采购合约原本就是不完全的，产品和服务品质无法得到确定，不但能够任命一名官员提供，也能够外包给其他私人提供。他们觉得，因为私人在供应服务时对资产具备剩余控制权，所以对比官员存在更大的成本减少与质量提升的激励，然而私人会过分注重成本减少而忽视成本减少对质量提升产生的逆向影响。所以，政府提供公众产品与服务需要遵循最合理范围：倘若产品与服务成本减少对提升品质的逆向影响能够获得控制，或是政府工作者未曾明显庇护集团利益时，就应当针对公众服务采用私有化举措；相反，就由政府自行提供服务。哈特把这种理念看作民营化公用事业问题。

从根源上说，特许经营属于合约关系活动的一种，此种合约本身就是不完全的，易于引起机会主义倾向且引发违约风险，在合约的订立中如何治理合约不完全、减少机会主义行为，这对于我国基础设施产业特许经营的有效开展具有一定意义。然而，GHM 理论仍然是在正规合约，同时也是在一次性静态化斗争构架中分析问题，没有关注到非正规合约以及反复斗争构架下的问题。同时，抽象化地在绝对意义层面探讨合约不完全理论没有多少实践价值。实际上，人们并未由于合约本身不能规避存在的不完全属性而不去尽量健全合约，是由于人们关注的并非合约本身不够完备，而是其完备程度与合约的决定性因素。

2006 年，杨瑞龙等将合约完全和不完全理论进行了比较研究，指出合约完全之时，假设具备完全理性化的当事人能够预知未来发生的所有情况，因此可以在事前对今后各类情况产生时当事人具备的权力与责任做较好的合约缔结，因此合约完全的重点是事后的监管工作。而不完全合约由于其当事人理性思维受到一定的制约，不能提前规定在今后各类情形产生时当事人具备怎样的权力义务，所以倘若缔结合约的两方产生了矛盾与争论，唯有凭借之后的再谈判解决问题。这样看来，不完全合约重点就是设计并安排事前权利机制。

因为基础设施产业项目的建设复杂、合约期长等特点，要预先将合约当事双方的相关信息及未来不可观测的偶然事务都细致地纳入条文内，这一般是无法办到的。因此，基础设施特许经营合约所具备的非完备属性表现得尤为显著。

对基础设施产业的特许经营合约不完全性产生影响的因素包括：合约特殊性、合约长期性、合约主体地位的不对等性及其有限理性和机会主义行为、资产专用性与套牢等。为降低基础设施产业特许经营合约的非完备性，应当有效规划特许经营权力的具体期限、提供有效政府保障与支撑。

第二节　基础设施产业特许经营中的承诺与再谈判：文献回顾

在基础设施产业中纳入竞争机制的一个典型特点就是原来的行政管理被合约取代了，而纳入竞争机制的一种方法就是进行特许权的招标。因为特许权受到一定的时间限制，招标的方法不只是使企业产生了一些竞争压力，也让其再谈判风险增加了很多。因为环境与技术产生了变化，个体计算能力也有所不同，所有的合约都无法做到真正的完备，因此都可能引发再谈判。

正如我们在导论中所说的，通常而言，因为出现了政府承诺的问题，私企在运营基础设施产业时，会形成大量的再谈判成本支出。可是国企在运营基础设施产业时，通常会应对预算软约束问题。实际上，政府部门缺少承诺能力也是屡见不鲜的。

亓霞等（2009）主要研究了我国 PPP 项目出现问题甚至产生失败结果的 16 个经典案例，得出政府信誉风险是引发问题的重点因素这一结论。王涯茜（2010）研究探索了邛崃不能一直履行 CBOT 项目合约、上海大场水厂解除项目合约以及长春汇津解除污水项目合约等问题，意识到上述项目产生矛盾的根源都在于政府缺少承诺能力。白杨（2011）论述了广汉政府部门采用 BOT 模式创建三星堆汽车客运站的案例。由于政府部门违背合约内容，未曾将特许经营权转让出去，不但让投资商亏损了很多，也让消费者权益受到了很大的伤害。宋金波等（2009）论述了有关刺桐大桥的个案。由于政府对投资者未曾信守承诺，在授权项目旁边另外修建了一座收费的大桥，此外在与附近的高速公路连接方面还歧视原来的桥梁项目，让投资商深陷困境。

既然如此，政府缺少承诺能力是怎样引起的？政府缺少承诺能力会导致怎样的影响？怎样利用再谈判的方式予以救济？下面以梳理文献资料的方式解答上述问题。

一、政府改变承诺的影响因素

根据国内外的实践发展形势，BOT 项目最终失败经常是由于合约难以实施，很多时候都是由于政府部门缺乏承诺能力才引发的。既然如此，引发政府部门缺乏承诺能力的因素是什么，研究者们从差异化视角进行了深刻的探讨。

1. 政府换届更迭

如果政府领导换届，新领导上任之后通常不会继续和原来企业履行合约，导致政府承诺难以连续。王涯茜（2010）通过对泰国曼谷高速公路以及希腊雅典机场这两个经典案例进行分析提出，基础设施产业的特许经营时间一般都超出政府领导一届任期，如果政府领导换届更迭，下届领导因为受到政绩驱使也许会转变原来的发展策略，无法履行上届政府所做的承诺。唐雪漫（2012）指出，政府各届领导在执政时在利益需求方面都和其他届领导有所区别，这届领导会废除上届领导的很多东西并在制定新政策法规时不衡量下届领导的利益诉求，因此导致政府部门承诺能力的缺乏。郭栋（2012）提出，地方政府部门受到政绩的驱使，通常会对上届领导的行为予以全面否定，忽略当地企业与消费者利益，随意使用承诺。

2. 政府具备自利性

王俊豪（2011）提出，部分城市的政府部门为了吸引到足够的投资者，在质量与价格方面做了一些承诺，然而伴随市场与技术等因素产生变化，或是因为政策产生调整，使政府部门无法真正完成承诺，导致政府部门缺乏承诺能力。王世君等（2009）指出，尤其是在经济欠发达的地方，政府部门为了获得政绩而大范围吸引投资，但是因为不能实现预估的经济发展状态，许多超前创建的基础设施不能充分利用，投资者不能从消费者付费之中获得合理化回报。当投资商需要政府部门兑现其承诺时，政府部门由于缺乏充足的财政能力来支撑承诺的完成，只得违背合约。郑雪英等（2010）指出，地方政府部门的领导本身都具备经济人色彩，一个方面政府领导追求最佳的地方财政收益，因此会过分使用政府承诺从而吸引更多的投资；另一方面由于基础设施资产具备很强的专用性，根据边际成本制定价格很难确保成本能够收回，为了在事前保障投资者收益，两方会在合约之中订立收益率或是最高价格限制，事后倘若投资者采取新的技术减少成本，政府部门就会要求对合约进行修改，自利性让政府部门缺乏承诺能力。廖福英（2008）指出，如果已经确定了经营的期限，政府部门不可因项目企业已获得了大量的盈利而要求将项目提前收回或采用其他方式贬损权益。亓霞等（2009）指出，政府部门为了吸引更多的投资，签订合约时承诺很高的回报率、制定过高的收费标准、承诺过长的特许经营时间，这类风险超出了政府部门本身的承诺能力范畴；同时，一些政府领导会运用其影响力非法索要财物，引发项目企业需要消耗过多的成本，这同样增加了政府部门的违约风险。此外，如果政府部门采取固定的回报率来吸引企业投资，企业过度投资及隐藏信息行为，也会扭曲政府承诺。例如，在固定回报率的合约下（在江西省各县区污水处理厂的特许经营合约中，大多是采取固定回报率方法），蒋达（2008）提出，企业会按照资本回报率刻意拓展资本的投入，导致投资过大，同时企业会运用信息无法对称这一优势将部分信息刻意隐藏起来，获得信息收益，这会引发回报率监管对企业成本形成弱激励，最终导致政府部门缺乏承诺能力的风险。

3. 消费者压力

从最佳社会福利的视角着手，特许权在经营项目时产生的高盈利会让消费者指责该合约。王涯茜（2010）指出，合约如果在特许权主体方面给予了太大的优惠，政府部门受到来自消费者的压力也许会违背合约，比如政府也许对某次计划中应当上调价格的活动进行取消，或是根据特许权主体的具体表现提升下次评估业绩的标准等。高盈利也许是运营商本身非常努力才带来的，并非签约的时候特许权主体得到了怎样的好处，因此如果特许权主体签订合约之前就预估到会产生这样的结果，也许就会将其投资活动放弃。亓霞等（2009）指出，基础设施项目和民众的利益有紧密的关联，尤其是环保与收费等项目由于十分敏感而受到了民众的广泛重视，合约中倘若存在触犯民众利益之处会引发民众强烈抵制，政府部门受到来自民众的压力就无法兑现当初的承诺。

4. 专业评估的缺乏

廖福英（2008）指出，倘若政府部门在前期调查项目市场情况时，获得的数据不够真实，会让承诺超出政府本身的承受力从而产生违背合约的现象。因此，政府部门与项目企业两方都必须有一些专业性较强的人才，能够从科学的论证流程以及前期调查中保障合约条文的实现。沈际勇等（2005）指出，项目投资决策并非依托于合理、科学的可行性研究与回报率预估，而是依托于政府部门在回报率方面的保障。当政府部门缺少资金，投资者没有项目做的时候，两方就易于形成此种政府承诺回报率高的合约，缺乏可操作性，项目必定以失败告终。唐雪漫（2012）指出，政府领导因为缺少专业理论与丰富经验，未曾认识到自身能力的不足，在经济活动中容易形成后续发展明显超出预估与决策的情况，这就使政府信誉风险增加了很多。

5. 法律和监管不完备

亓霞等（2009）指出，我国关于 PPP/BOT 项目的法制规章尚未健全，尤其是缺少国内统一化的立法规定。周耀东等（2005）深刻分析了缺乏政府承诺能力的城市水务特许经营问题，指出监管部门与监管法制的缺乏是缺乏承诺能力的本质表现，政府部门只思考吸引投资却未曾深入思考监管部门的职责，导致运营时产生的各类问题都是以政府行政方式来保障，同时在缺少法律参考时，依托于合约的特许经营机制不再具有生存的基本条件，就易于产生缺乏承诺能力的现象。此外，王涯茜（2011）提出，国内有关基础设施产业也许尚未形成权威性的法规条文，与政府承诺相关的内容非常少，都规范在项目企业外汇兑换等层面，对项目企业由于政策转变而受到亏损时能够拓展经营时间的保障方面，以及对投资者重视的土地保障、限制竞争保障以及回报率保障等方面都未曾做出明确规定，也就是说政府部门在没有对这些方面提供保障的情况下本来就能够违背合约，这让再谈判的困难也增加了很多。

6. 特许权项目原本就具备不确定性

从基础设施资产专用性角度来说，龚利（2011）指出，因为基础设施项目在前期的建设过程中投入了大量的资金，不能将这些资产用在其他方面，也不能在市场内套现，具备非常高的资产专用属性，同时只需项目建设成功且投入运营，不管投资者是不是获得了收益，政府部门都在项目中获得了价值，继而达成了其本身的政治目标。所以，投资者也许会被政府部门"敲竹杠"，或是攫取可占用租金，政府部门能够不履行或是不彻底履行其原本的承诺与保障。例如，在价格上设定限制，或是通过更低的价格将项目资产强制收回、减少经营期限，这都会对投资者收益产生极大的影响。从特许经营期限长短角度来说，孙慧等（2011）指出，倘若特许经营权项目存在很长的特许期限，在该时间段内各类外在环境因素转变的概率很高，如政局转变与经济周期变化等，都会引发政府部门不能继续保障合约的履行，只得开展再谈判。从合约不完全视角而言，张丽娜（2007）指出，基础设施产业两方订立的合约同样是不完全的，难以规避因为政府不够理性、信息无法对称而订立的合约会对公共利益造成损害，也难以规避因为逆向选择信息难以对称而引发政府缺乏承诺能力。

二、政府承诺能力缺失的影响

在基础设施产业，政府承诺可信度会对投资者的预估产生直接影响。王会妙等（2003）指出，政府承诺可信度问题是成功施行激励规制的主要保障之一。倘若企业觉得政府部门不可信，就会担忧其努力或是投资收益会受到政府部门的侵蚀，所以不愿在技术上改造，不愿在减少成本上投资。龚利（2011）指出，抵制"敲竹杠"风险的水平，会对当事人事前专用性投资热情产生直接影响。学者还在实证研究中提出，在特许经营权的谈判过程中，政府部门的担保能够明显引发项目投资热情。发展中国家政策方面的权宜主义会让规制机构承诺能力明显降低，陈剑（2012）提出，规制机构承诺能力有所不足会形成进一步的套牢问题与棘轮效应，前者会让企业投资能力下降，后者会引发信息的更不对称。王世君等（2009）指出，政府部门缺乏承诺能力会使投资商预估合约项目时低估期望净现值，为了获取预估的收益并对风险溢价进行弥补，投标报价能力一定会高，比如特许经营期限较长、收费标准较高、政府支持力度较强等，这些都会使特许权竞争面临很大的困难，最后还会使社会福利受到侵害。杨萍等（2005）提出，根据协议经济学相关理论，经济协议内的所有承诺都存在其相应的承诺成本，同时存在因违背合约中的条文而引发的违约成本。为此，林旭菁（2010）先阐释了政府过分保证：政府过分保证就是国家与地方政府由于在特许权合约与其附则合约中，缺少对项目的整体调研或是忽略许多年之后的条件转变，过低地预估承诺成本而使自己面临信誉风险与违约风险；然后对继续履行合约以及违背合约的成本展开研究：政府部门继续履行合约就是在特许期限内用巨额资金亏损担负履行合约的成本，如果政府部门违背合约，就会丧失其公信力，让国家形象受到危害，尤其是对今后的招商引资产生非常大的消极影响，因此，政府部门违背合约的成本明显超出了履行合约的成本。亓霞等（2009）通过案例研究认为，政府信誉风险是导致我国 PPP 项目最终失败的关键因素，对投资者热情产生极大的消极影响。沈际勇等（2005）指出，政府不遵守原先的承诺造成外商无法获得投资回报，同时对其在国内的长时间发展以及后续项目的投资都产生消极影响。李国民（2006）指出，规制承诺相关问题对输电网络缺乏投资产生很大影响，因此出现了套牢问题，规制机构也许会不遵守承诺，推动电力价格的下降。电力容量上的投资对规制机构相关行为十分敏感，规制机构的机会主义会给投资者带来负面的激励。

三、政府承诺能力缺失的救济

如果政府部门缺乏承诺能力，能够以普通救济及再谈判的方式进行纠正。

1. 政府缺乏承诺能力的普通救济

对政府缺乏承诺能力的救济方式，许多研究都是着力于政府缺乏承诺能力的影响因素方面，来找寻解决的对策。沈际勇等（2005）归纳我国运用 BOT/PPP 时认为，项目最终失败的影响因素主要是主权风险与政治风险。学者们还从下述三个方面给投资者提出了应对策略：一是政府部门与项目企业合理化担负风险；二是投资商合理预测经济发展和投资趋势；三是在合规的基础上和政府部门维持良好关系。王世君等（2009）指出，创建政府投资信誉制约机制是维护私有部门投资基础设施建设以及保障政府信誉的重要方面，对项目企业而言，不但要获得政府部门，尤其是国家权力部门的支持；同时也要合理化担负项目风险。对政府部门而言，不但要保障政府领导更迭换届后仍然贯彻实施特许权合约，而且要健全政府信誉监管机制，将政府信誉问题视为政府领导绩效评估的关键因素。王涯茜（2011）对比了违约成本、履约成本以及履约赔偿成本三种违背合约的救济方法的实际效率之后指出，政府部门缺乏承诺能力时，违约金制度能够同时兼顾最佳信任投资与效率，让投资者达到最佳投资能力，提升投资成效。陈剑（2012）指出，预防规制机构施行机会行为能够以分权的方式让规制机构之间产生竞争，也就是以分权的方式提升规制机构政策变更难度，继而提升规制承诺履行力。

2. 政府缺乏承诺能力的再谈判救济

再谈判也能够视为政府缺乏承诺能力形成后果后的一种弥补救济方式。拉丰等（2004）深入分析了自然垄断产业的特许经营权的规制、拍卖与承诺等问题。学者们将承诺方式分成纯粹承诺、无承诺以及承诺与再谈判，后两者明显更加适应实际情况。规制机构能够承诺长时间的合约，然而无法承诺今后不开展再谈判。只需至少一方继续执行，则合约就能够获得执行，然而两方在互相获利的前提下能够进行合约的完善。如果初始合约能够以再次谈判的方式让企业获得更多的激励从而让两方的利益更大，此时就会开展再谈判。加什（2004）指出，受到限定的承诺会给未来的再谈判埋下伏笔。另外，也有学者指出，最高限价会让资本成分产生很大的风险；同时，政府信誉水平不高，一定会引发再谈判。而且，选举周期会让政府部门违背合约的概率增加，更容易产生再谈判。但是，再谈判势在必行吗？是进行诉讼保障自身权益，抑或是以友好再谈判方式达成全新合约，这受文化因素、策略因素、制度因素共同引发的决定性影响。

此外，由于政府部门缺乏承诺能力会让原本订立的规制协议具备不完全特点，如果协议实施过程中产生了偏离于帕累托最优、甚至无法达成合作的预估剩余的情况协议方也许会重新进行谈判。龚利（2011）指出，合约中，如果政府部门觉得此次政府担保需要补贴必要的政治成本，政府也许会优先要求再谈判，所以会塑造出全新再谈判博弈区域，继而使再谈判概率增加，因此其提倡以适当降低政府担保的方式减少再谈判区域，使再谈判产生的概率下降。黄腾等（2009）指出，英国罗列的PPP项目纷争解决伴随其严重性的增加而呈现出三个阶段，也就是互相协商解决阶段（再谈判阶段）、专家提供建议阶段、宣判阶段（法律仲裁阶段）。法律仲裁是最终的选择。

四、再谈判的影响与救济

因为政府缺乏承诺能力导致的BOT/PPP工程失败，能够利用再谈判来补救。而在社会现实之中，再谈判的结局一般都是以牺牲公众利益为代价的，这是再谈判进程中必然发生的现象，对这种现象的处理关系到再谈判体制与再谈判的流程。

1. 再谈判产生的影响

中外研究者对有关特许经营协议与再谈判的结果和影响的分析研究，基本形成了共识。例如，外部政治和经济环境的影响、基础设施项目特许经营的期限、特许经营准入方式的选择（竞争性谈判与招投标及直接授予）以及诚实信用的缺失，都可能引致再谈判（何茜、周优，2017）。加什（2004）分析了1000多份1980~2000年拉美国家的特许经营合约认识到，有30%以上的合约仍然需要实行再谈判，而水利部门与交通部门分别高达74.3%与54.3%，而且再谈判是损害社会利益而有利于企业的，有61%的再谈判能够引起国家关税的提高，有37%延长了合同的年限，有63%降低了投资性债务。在谈判的时间方面，水利部门谈判的平均时间是1.7年，而交通部门谈判的平均时间是3.2年，由于再谈判的时间过长，导致了资源的浪费以及成本的增加。加什（2006）指出，再谈判对客户造成了极大的消极影响，例如，服务停止，不能信守扩展指标，为了降低成本，向客户收取很高的费用。墨西哥中部的高速公路项目始建于20世纪90年代初期，最后于1997年由行政当局花巨资把特许经营权收回，这项经费占到了墨西哥当年GDP的1%~1.5%，政府部门付出了高昂的代价。斯特劳伯和马蒂莫（2006）利用大量原始协议的再谈判资料得出了如果合约不可能执行的时候必然损失公众利益的结论。

行政部门为了吸纳投资常常用固定资产回报率给产品制定价格，然而这可能导致政府财政压力过大而不能履行合约。通过再谈判，为了保障投资者获得较高的固定回报，政府部门与投资人可能采用提高价格、无偿供应土地等方法，把财政压力和风险转嫁到社会和民众身上。孙晓鹏等（2011）在全球经验的基础上，论述了再谈判的结果：其一，项目建筑周期加长；其二，特许期延长；其三，运营期收费标准提高；其四，政府部门的投资主体责任加强。柯永建等（2008）认为，英国和法国在海底隧道再谈判的进程中，项目经营商要求两国政府部门对因为增添安全防范和环境保护方面的措施而导致工程成本增加的部分实行补偿，最后的解决方法是延长特许经营时间，从55年的特许经营时间延长到99年，2012年我国国庆节之前颁发了在重要节假日期间高速公路对小型客车实行免费开放的办法，使经营特许权拥有者蒙受了极大的损失，只好允许各地延长特许经营时间和提升收费标准，最终导致高速公路收费失去期限限制。在这两个例子中，再谈判所导致的成本增加，全部由使用者承担。于国安（2004）指出，再谈判可能关系到下列两方面成本：第一，因为在再谈判的进程中，双方需要付出许多人力和物力，如果出现的意见相差过大，就可能需要以法律的手段解决，其成本是非常高昂的，会对原有的合作关系造成不良影响。第二，如果投资者事前估计到以后的成本多于收入，投资人就可能停止或者取消投资计划，造成社会效益的损失。总体来说，再谈判所产生的最后结果，大多是以牺牲民众的实际利益来实现政府与投资方的妥协。

2. 再谈判机制

在机制构建的学术研究中，首先是必须明确社会目标和经济目标，其次是如何构建一个经济体系来实现这些目标。田国强（1995）认为，经济体制的构建学说所探索的主要问题是对随意确定的经济与社会目标，在自愿参与、自主选择和零散化决定的前提下，是不是能够和怎样构建一种经济体制，让所有经济活动参加者的利益和体制构建者的希望一致。体制设计者大的能够是国家社会经济政策的制定者，其目标自然是为社会服务；小的也能够是仅有少数人参与的委托人，其目标仅为本人的利益最大化。研究者深入地阐述了激励机制的相容性问题，如果委托人认为设计的目标是正确的，是可以实现的，那么，对于所有参加者是不是具有激励手段让他们为实现这一目标去努力？换句话说，委托人必须设计一种怎样的制度，才能使这种经济运行中的所有成员对自己有利的行动结果同预先设计的目标吻合？马斯金等（1999）分析了假如需要结果全部达到帕累托最佳条件，这一办法的好处就是不但可以防止混合手段的不均等，而且还可以防止均等途径以外的无法置信的差结果。但这种方法存在的问题就是暗地里肯定了体制的结果，这就导致再谈判过程在一定程度上具备了独裁性质。这时，最佳的处理方案就是再给予双方一次讨价还价的机会，用来防止在博弈无果的情况下解决这一矛盾。

哈特等（1988）所推出的体制计划说明，谈判双方不一定要完全废弃原来的合约而重新签署一份合约，因为当事双方拥有很大的能力来实现收益与成本的多种形式组合，也就能够利用再谈判将重新修改的条款写进合约之中。事实上，双方一般都会签订具有制约性质条件的合约，目的就是当合约达到期限的时候开展再谈判。1994 年，阿卉等构建了 ADR 模型用来对合约设计的特点与性质开展分析，按照 ADR 模型，假如开始的合约可以塑造一个防止事后产生敲诈现象的再谈判基础，无法证实合约性质所引起的敲诈现象是完全能够避免的。车和萨卡维奇（2005）构建了一个有关投资和讨价还价的动态模型，用于探索因为敲诈而导致原有合约失效的现象。

在再谈判的进程中，最引人注目的问题是对消费者权益产生损害的可能性。因此，运用什么样的谈判形式才能做到兼顾企业、政府部门以及普通消费者的权益，实现三者共赢的目标，也就是说这种平衡能不能建立，是一个值得思考的问题。陈富良（2002）指出，在佩尔兹曼开发的规制模型中，规制人员所追求的是政治上的支持，也就是获取最多的选票，而企业所追求的是利益最大化，普通消费者所追求的是使用效率最大化，政府即规则的制定者，不管偏护哪一方，都有失去另外一方选票的可能性，所以，一种规制措施常常可以在某一平衡点上让三方都满意。然而在政府与企业结盟的情况下，就无法实现三方满意的效果。但是，在具体工作中，政府的规制措施总是可以在特定的期限内比较稳定，而且有较长的延续能力，说明政府部门规制措施的平衡在经济的转型过程中是客观存在的。史普博（1999）指出，规制的进程就是由被规制的企业和消费者，根据企业技术与消费者的爱好，运用资源和规则来裁判的一种共同博弈过程。并且在涉及特许权的竞争过程中，潜在竞争者对于特许权竞争的参与突破了租金的垄断，利用一种价格体制的构建，以达到进入竞争行列的目的，只要体制的价格高于所支出的成本，就可能降低竞标价，这样做不仅能够激励公司披露自己的实际成本，并且也可以利用竞争获得特许权取得效益，同时给消费者提供的服务收取的费率可以尽量降低，达到社会效益和社会福利最大化，真正实现三者共赢。所有的博弈都是由其中的参加者、竞争目标函数、各种可以运用的策略和博弈的要求来确定的。因此，再谈判的过程被人们看作是规制者、接受规制的市场中企业和客户之间的博弈过程。罗姆波斯（2013）指出的再谈判实际上就是一个双方讨价还价的过程，在再谈判的权力与回报的学术基础上构建的再谈判构架，在希腊国家公路的特许经营权项目再谈判中根据有关利益方对于不同办法的选取进行评估，而利用实例研究得出资本效率调整是一种照顾双方利益的最好方案。王慧敏等（2006）对在政府承诺缺失的情况下城市供水特许经营竞争博弈过程进行了分析，指出在这一博弈的过程中，自来水的提供方、需求方和生产方三个主体之间利益共享和互利互惠的交易形式，是保证三个主体具有共同利益的体制，如果哪个主体不遵守这一规则，就有可能导致体制中某一个环节出现断裂。研究人员提出，依据各主体的目标函数运用一定回报率的形式可能是使三个主体都能满意的最佳办法。

3. 再谈判流程

再谈判的流程关系到再谈判的目的、方法和结果的利用三个方面。

再谈判流程中牵涉不同的利益方以及他们的目的诉求。在基础设施行业特许经营的再谈判流程中，涉及的利益主体有普通消费者、政府部门、投资方、经营商以及规制方。罗姆波斯等（2013）认为，再谈判流程中利益攸关的几个主体效率函数关系是十分复杂的，重点是由其经济实力、社会地位、政治需要等要素构成，再谈判的结局是由各利益攸关方的实力配置决定的。吴昌南等（2010）指出，作为规制主体的地方行政部门所追求的最大效益能够归纳为三个最大化，即地方政府的财政收入最大化、个人利益最大化以及地区的民众社会福利的最大化。王慧敏等（2006）指出，在特许经营的过程中，地方行政主管部门的目的就是在市场化进程中套取更多资金，但企业追求利益的目的更是显而易见的，而消费者所要求的是自身福利水平的最大化。

史普博（1999）指出，政府部门规制社会公共事业的一般形式是采取价格听证。在这一听证的进程中，涉及市场竞争参加者、规制者以及市场竞争参加者自身之间的信息传递，并且是一个双方讨价还价的博弈过程。郭栋（2012）指出，公共策略要降低对公共权益产生的不良影响，最佳的方法就是建设一种由决策者、普通消费者以及生产者联合的决策体制，也就是所谓的听证机制，最大限度地听取各方面的意见。而在这三方博弈中普通消费者处在弱势的地位，其表现是，参加听证的普通消费者人数并不多，他们根本不可能全部代表广大普通消费者的切身利益，普通消费者缺少相关知识、信息不对等，使消费者处于劣势，施蒂格勒（1996）研究指出，生产者给立法过程带来的影响比消费者给其带来的影响更有优势，由于企业数目更少，耗费少量成本就能组织起来。企业平均收益比强行分摊给消费者的人均亏损要高，所以，生产者比消费者的行动激励更强一些。对此，贾西津（2007）提出，需要特别确认哪些是可能的不利地位者，保证他们所发表的意见在听证全过程中得到重视、不缺位。那么，由谁来裁决才最能保持整个过程的公平性呢？他认为，裁决者应该对裁决涉及的利益相关者没有利益关联或者观点倾向、歧视与偏见，裁决者的任何裁决结果都不会对自己的地位有影响。并且他还就2006年北京行政主管部门对出租车价格调整举行的公开听证作了一项实例研究，验证听证过程的原则性。听证的结果必须向社会交代，这是一种确保听证流程作为最后决定依据的监督管理体制。程序包括听证过程的记录、及时终结、结果反馈等。

五、小结与述评

基础设施产业的特许经营合约的许多案例都以失败告终，由此看来，政府缺乏承诺能力是一种普遍存在的现象。为此，当前部分文献研究了政府缺乏承诺能力的影响因素，大致分为政府领导主观动机以及特许权客观问题两方面。国内外文献普遍认为，政府缺乏承诺能力引发的影响对投资形成了负面的激励。

对政府缺乏承诺能力引发的后果应当如何救济，进行再谈判也许是重要方法。然而再谈判带来的影响使消费者利益受到了损害，由此看来，其同样存在很大的问题，因此要引入一种全新的再谈判机制从而适应公共领域规制合约。

政府缺乏承诺能力一定会导致规制合约具备不完全性特点，而哈特等人认为，不完全合约必定会导致两方开展再谈判。既然这样，政府缺乏承诺能力就必定是开展再谈判的前提吗？西方国家在该问题上的探索多数集中在国家选举以及政府换届和再谈判之间的关联方面，由于两者很可能引发政府违背合约，继而易于产生再谈判现象。我国对该问题的探索大多是针对政府缺乏承诺能力的影响因素找寻改善其承诺能力的对策，几乎没有多少文献谈及以再谈判方式进行救济。

所以，当政府承诺能力受到限制时，基础设施产业的特许经营合约有关再谈判问题的探索，至少在下述两点中存在继续拓展的领域：

第一，有关再谈判机制的设计。陈富良（2006）提出，不完全合约能够看出开展再谈判无可规避，分析的核心不该是怎样抑制再谈判现象的形成，而是怎样进行一种再谈判机制的设计，从而同时关注特许经营活动中各种利益关联者的利益。机制的设计存在两种制约条件：一种是参与制约，另一种是激励相容制约。两者在私人领域或许能够获得较好的利用，然而在基础设施产业特许经营再谈判工作中，会受到一些限制，所以，适应基础设施产业特许经营设计再谈判机制，也许是个能够拓展的空间。

第二，有关再谈判的流程。怎样形成一种公平化、规范化、公正化的再谈判流程，不但保障基础设施持续建设，而且能够同时顾及各个利益主体的权益，这或许是另外能够拓展的空间。该流程至少应当包含再谈判参与主体、再谈判参与方法、再谈判结果应用等方面。

第三节 分析框架

一、不完全合约理论视角

基础设施产业的特许经营，本身就是一种合约安排。而特许经营合约与任何合约一样，也是不完全的。因而以不完全合约理论为视角，研究和解释基础设施产业特许经营合约中政府承诺及其治理问题，将会是一个合意的选择。即从不完全合约的视角，审视基础设施产业特许经营合约中的政府承诺问题，以及由政府承诺能力缺失或不足所引起的再谈判问题。在不完全合约的框架下，我们将讨论以下问题：在借鉴基础设施产业特许经营合约中政府承诺问题治理的国际经验基础上，如何改进政府的承诺能力，降低再谈判的成本，完善再谈判的程序，进而对基础设施产业的特许经营进行有效的规制。

二、再谈判的影响因素分析

通过调查问卷的方法，研究基础设施产业特许经营合约再谈判机制的影响因素，继而运用因子分析法对多项影响因素进行综合打分，然后通过设计双对数实证模型来探讨该机制各项影响因素在减弱合约非完备性带来效率损失上的福利提升效应。

三、再谈判机制的优化设计

首先，利用再谈判机制的影响因素及打分排名情况进行再谈判机制的初步优化设计，这种优化至少体现在目标、手段和机构等方面。其次，通过构建政府承诺能力指数，并将其纳入特许经营合约谈判和再谈判机制中，从而实现再谈判机制优化过程中的定量化优化。最后，从制度经济学和规制经济学角度对特许经营合约的再谈判机制进行定性化、综合优化。

四、政府承诺问题的综合治理

从行政角度和合约角度对基础设施产业特许经营合约中的政府承诺问题进行综合治理策略优化设计。内容包括：提升基础设施产业特许经营合约完备性的规制政策设计；应对基础设施产业特许经营合约非完备性的再谈判机制设计；综合治理基础设施产业特许经营的长效机制构建等。

第三章 基础设施产业特许经营合约中的政府承诺问题：现状描述与国际经验

本章在回顾我国基础设施产业特许经营发展历程的基础上，对基础设施产业特许经营合约的类型与条款做出概要性的说明，分析特许经营合约不完备的表现及其所引起的问题，并讨论特许经营合约中的政府行为。同时，对基础设施产业特许经营合约中政府承诺问题的产生机理进行描述性分析。并从美、日、欧等国外特许经营政府承诺的案例中，总结出相应的经验与启示。

第一节 我国基础设施产业特许经营合约的非完备性及政府行为

一、我国基础设施产业特许经营的发展历程

基础设施是用于保证国家或地区社会经济活动正常进行的公共服务系统，是社会赖以生存发展的一般物质条件。基础设施的增加还能够不断扩展其他生产要素的生产边界，从而提高整个社会要素投入的边际产出（张浩然、衣保中，2012）。可以说，基础设施对任何一个国家或地区的国民经济各项事业发挥着先导和基础作用。我国作为疆域、人口以及经济规模三重意义上的发展中大国，基础设施供给能力问题一直是限制我国经济持续、快速、健康发展的重要因素。由于我国改革开放前留下的公共基础设施存量较少、服务水平低和结构性缺陷（尹恒、朱虹，2011），加上提供基础设施一般需要巨大的投入成本、较长的成本收回期限以及较多的行政性经营限制，使得改革开放后我国公共基础设施供

给落后于经济增长的速度①：一方面，科层治理结构下完全依靠政府力量往往无法迅速、及时地对基础设施供给与经营中存在的技术、质量问题进行反馈；另一方面，传统政府规制政策也限制社会资金进入基础设施建设领域，而且在得不到政府的有效支持与可置信承诺时，社会资金也缺乏提供公共设施的主动性，所以公共设施特许经营②是提供基础服务的新型模式，被我国中央与地方政府在基础设施建设领域频繁采用。

采取政府特许经营模式供给基础设施可以通过引进国际或国内资金以及经营效率更高的市场运行机制，有针对性地缓解公共设施创建过程中存在的资本不足以及效率不高的缺陷。公私合作项目一般通过招投标方式选择运营商，因为这样可以通过相对公平的竞争有效节约政府开支，最大限度地获得运营商自身的资质信息。当然，在政府特许经营模式下，其通常会对基础设施项目承担法律允许范围内的指导、监督和救济职能。

实际上，无论是西方发达国家还是中国等发展中国家，都采取基础设施特许经营模式建设了大量公共工程，如英吉利海峡隧道、马来西亚南北高速公路、北京奥运场馆建设、北京地铁、杭州湾跨海大桥等。尤其是随着市场化进程的不断深入，国际或国内社会资金不断进入我国基础设施建设领域，并且在这方面，政府的行政规制也在逐步放松（如在准入方面引入负面清单制度），新的制度变革带来的增长红利蕴含了较多公共投资机会。基础设施产业特许经营模式被优先应用于初始建设资本密集、投资收回期限较长的公用事业，所以我国各级政府在供水、供气、供热、公共交通、污水处理、垃圾处理等直接关系社会公共利益和涉及有限公共资源配置的行业进行了基础设施特许经营模式的试点和推广。

从 20 世纪 80 年代初期起，国内把特许经营模式纳入基础设施建设体系内。按照时间演变、差异化阶段的发展情况与特点，我们把该历程分成以下几个时间段：

1. 引入阶段（20 世纪 80 年代中期至 90 年代初期）：试行期

20 世纪 80 年代中期，我国开始改革投融资体制，国家建设项目投融资体制从拨款改为贷款。基础设施建设基金的预算约束相应收紧，投资不再由中央政

---

① 在基于 GDP 总体规模与量化增长速度的一维政绩考核体制下，地方政府为了追求尽可能高的经济增长率，其所执行的政策往往偏向于生产性基础设施，而不是社会福利性基础设施。

② 基础设施特许经营属于政府许可范畴。政府通过特许经营合约，授权企业进行基础设施项目融资、设计、建造、经营和维护，在规定的特许期限内向消费者收取费用，收回项目成本并获得稳定而合理的回报，特许期限届满后一般是将基础设施资产无偿移交给政府。

府财政资金统一支付，而是转变为政府授权企业进行一定期限的基础设施经营，所需资金由企业承担。当然，此时能够获得特许权的企业还主要是政府成立的各类融资平台，如城市建设投资发展公司等，而企业投资最终资金来源主要是以土地批租①为配套措施向世界银行、亚洲开发银行等国际金融组织贷款。实际上，出售、出租公有土地或运用土地开发权为担保来为基础设施建设融资历来是发展中国家政府缓解财政压力的重要渠道（Altshuler et al.，1994；Peterson，2009）。

　　位于深圳沙角的 B 电厂是国内首个通过公私合作方式进行建设的项目。该电厂由深圳经济特区电力开发公司②与香港合和电力（中国）有限公司于 1985年合作兴建，1988 年正式投入商业运行，并于 1999 年顺利移交我国政府。由于当时我国尚没有关于政府特许经营的法律规定，所以项目合同中并没有出现特许经营字样，但该合同仍表现为一个典型的特许经营项目，在达成协议、筹资、建设、实际经营与转移的不同环节所借鉴的标准均为全球通行标准。然而，不得不承认，此时期以该项目为代表的特许经营仅是国外经验的简单移植。具体来讲：第一，目标单一化。基础设施特许经营的实质是将市场化竞争机制引入到基础设施供给之中，有效发挥公共部门与私人部门各自的要素禀赋优势，从而互补性地为居民提供高水平的公共产品和服务。然而，我国政府此时更多的是把特许经营作为吸引外资进入基础设施供给领域的工具，其目标定位为缓解政府财政资金的预算约束问题。第二，对经营准入主体进行策略性限制。这一阶段，政府部门对海外资本展现出较大的热情，将这一系列资本用于公共设施特许经营项目的积极性远大于国内资本，异常优惠的税收、低廉的土地价格、廉价的劳动力等配套待遇成为政府吸引外资的手段。究其原因，一方面可能是因为国内资本规模在当时还相当有限，缺乏进入基础设施经营的实力与经验；另一方面是因为政府还受限于对公共产品的传统认知，无法信任国内企业可以部分地代替政府部门来进行基础设施建设。第三，监管失当。政府部门把公共设施特许经营体系简化为一种资本短缺时期的招商引资手段，重引资、轻监管的"放羊式"管理，使这一时期政府监管范围较窄，仅涉及招投标与工程质量验收环节的监管，导致无法充分了解特许经营企业的技术以及成本等不对称性较强的信息，缺乏对特许经营企业经营效率进行系统性判断的标准。

---

　　① 土地批租是有偿使用国家土地使用权的一种形式，即将若干年内的土地使用权一次性地出让给土地使用单位。土地批租的费用，即土地使用权出让金由用地单位一次交付。出让土地到期后，国家有权将土地连同地上建筑物、构筑物一并无偿收归国有。

　　② 深圳市能源集团有限公司的前身。

2. 第二阶段（20世纪90年代中后期至2008年）：快速发展期

在"八五"时期，我国相关部门对公共设施特许经营做出四项要求：一是率先试点，二是逐渐展开，三是宏观指导，四是标准化发展，这为基础设施产业特许经营的持续发展提供了基本的发展路径。之后，针对一部分参与基础设施创建的海外资本的约束更为宽松，同时特许经营的实际运用也同样涵盖在"九五"计划中，并逐步从提高项目决策科学性和建立投资约束与预警机制两个方面对政府特许经营模式进行完善。其中，采取的主要措施包括三项：其一为项目法人责任制①，其二为项目资本金制②，其三为特许经营制③。然而，这些措施在执行过程中往往因为监管缺失而出现扭曲。以项目法人责任制为例，项目总经理为了控制工程造价并保证盈利，很可能会雇用缺乏资质但施工成本较低的企业参与基础设施建设，甚至会将建设任务分包出去，导致工程质量难以保证。这实际上就将公共投资失败的风险和责任单方面转嫁给了政府一方。

为了避免上述问题，1994年，原国家计划委员会与世界银行、亚洲开发银行一起相继两次举办针对吸收外商投资参与到国内公共设施项目的全球化会议，同时召集人员针对菲律宾、英国以及中国香港等地区进行实地考核，分析研究了这些国家和地区吸引私人资本投资基础设施的操作方式以及经验教训，并对BOT模式的操作方式、政策导向、经验教训、管理办法等做了重点研究。这为我国进一步借鉴基础设施产业特许经营模式的国际经验奠定了专业性和技术性的理论基础。1995年，我国相关机构通过BOT模式引入外资的有关文件，正式将BOT方式引入公路、铁路、电站、废水处理等基础设施项目建设领域；1995年8月，我国电力、计委以及交通部门共同提出《关于试办外商投资特许权项目审批管理有关问题的通知》，并且再次明确BOT试点工作内的企业责任、政府承诺等具体事项。

在当时政策环境下，关于BOT方式的各种规范性文件中均指出，政府机构一般不对基础设施建设项目做任何形式的担保或承诺，尤其是在不存在相对稳定回报率的情况下，并且在资金筹集过程中，我国不论是金融机构还是非金融机构均不会对其进行担保。虽然如此，自BOT方式有了正式依据以后，针对不

---

① 项目法人责任制是指项目法人对项目策划、资金筹措、建设实施、生产经营、偿还债务和资产的保值增值实行全过程负责的一种项目管理制度。

② 项目资本金是指在项目总投资中，由投资者认缴的出资额，属于自有资金。

③ 国有资产授权经营指政府将国家以各种形式直接投资设立的国有企业的产权授权给一定的集团公司统一持有，集团公司依据产权关系成为授权范围内企业的出资人，依法统一行使出资人职能，即资产受益、重大决策、选择管理者等权利，统一对国有资产保值、增值负责。

同基础设施建设项目的相关激励政策相继颁布，例如，1999 年，我国首先出台了《关于扩大外商投资企业从事能源交通基础设施项目税收优惠规定适用范围的通知》，2001 年原国家计委发布了《关于促进和引导民间投资的若干意见》。值得强调的是，2002 年我国建设部再次出台《关于加快市政公用事业市场化改革进程的意见》，对特许经营的目的进行了阐述，认为应当涵盖三个方面：一是在确保民众利益不受损的同时提升基础设施的安全性，二是大力推动城市公共服务的快速发展，三是促进公共服务的高效性。必须要提升基础建设市场化进程发展速度，通过经济体系创建相对完善的特许经营机制。这一意见的颁布，第一次阐述了民营部门以及外资部门投入公共设施项目获得特许经营权是具有法律效力的，同时也为特许经营的实际运用解除了部分约束。2004 年，再次推出了《市政公用事业特许经营管理办法》，这一办法的最终目标是推动基础设施建设市场化进程速度，制定基础设施特许经营活动的相关标准，并加大市场监督与管理力度，确保民众的实际利益以及基础设施的安全性，大力推动基础设施建设长远稳定发展。

2005 年，建设部又一次公开提出《关于加强市政公用事业监管的意见》，明确表示针对基础设施建设市场化进程必须要依赖于特许经营制度，必须要凭借立法方式将特许经营提升到法律层面。并且，对过去较宽松的监督进行改革，创建相对完善且全面、系统的监管机制。由此可知，这一时期在我国特许经营实践快速推进的同时，对其进行系统化的监管也受到了重视。相关文件的出台正是对前期特许经营实际操作过程中出现的不足以及缺陷进行充分思考的结果，反映国内公共部门针对公共设施创建方面思想观念的改革以及创新。

3. 第三阶段（2009 年至今）：调整与再发展期

国家发展和改革委员会《关于 2009 年深化经济体制改革工作的意见》以及国务院《关于调整固定资产投资项目资本金比例的通知》① 两个文件的出台预示着我国基础设施产业特许经营发展与整个经济体运行一样也进入了调整期。在新的形势下，中央政府把全球金融危机作为进一步创新的重大机遇，不断改善政府垄断的局面，有效扩大民营部门投资范围以及途径，同时对地方政府提出明确要求，规定其必须加大力度推动基础设施建设变革，在"三废"处理、交通以及污染处理等领域大力开展特许经营项目。这无疑可以继续为社会投资者进入基础设施建设领域提供稳定的预期与政策环境。从一定意义上讲，基础设施特许经营因金融危机背景下的经济改革要求，成为提升经济活力的突破口之一。

---

① 铁路、公路、城市轨道等基础设施行业是其重点调整对象，其资金比例由 35% 降至 25%。

2010 年，我国再次提出《关于鼓励和引导民间投资健康发展的若干意见》，明确了我国将通过市场竞争，对公共事业项目通过招标的方式进行，以不断完善公共事业特许经营机制。这一阶段，政府已经将民营企业投资机制以及政策方面的阻碍彻底去除，其中，基础设施为政府指导以及激励的最重要范畴，而政府推广的运作方式便是特许经营。值得肯定的是，《关于鼓励和引导民间投资健康发展的若干意见》除了能够有效保证在全球金融危机之后经济依旧呈现持续发展趋势，同时也是政府再一次对特许经营运作方式的一种激励措施。2013 年，国务院发布的《关于加强城市基础设施建设的意见》则进一步推进了基础设施投融资体制和运营机制改革，其目的在于建立政府与市场合理分工的城市基础设施投融资体制。《关于加强城市基础设施建设的意见》再次明确指出政府应集中财力建设非经营性公共设施，就必须要应用特许经营等方式，像涵盖民营资本在内的社会资金，参与投资、建设和运营有合理回报或一定投资回收能力的可经营性城市基础设施项目，在市场准入和扶持政策方面对各类投资主体同等对待。至此，在特许经营方面，虽仍然缺乏正式的立法文件，但我国各级政府通过红头文件所创造的宽松体制环境已经非常优越。而从 2014 年底开始，国家有关部委密集出台了一系列有关政府与社会资本合作方面的文件和规章。2015 年 4 月，国家发展改革委、财政部、住房和城乡建设部、交通部、水利部、中国人民银行六部委联发的《基础设施和公用事业特许经营管理办法》率先提出，高度重视特许经营合作协议的如期履约、变更、终止等环节中的实施机构和特许经营者的主要责任和义务（如不间断服务、利益受损补偿等）。至此，基础设施产业的特许经营又进入了一个新的发展时期。

二、基础设施产业特许经营合约的类型与条款

基础设施产业特许经营合约规定了特许经营商和政府在项目建设、运营、维护以及最后移交过程中的权利和责任，是处理双方合作关系的核心依据。因为签约双方中有一方是掌握公共权力的政府，故特许经营合约的性质更接近于行政合同①。政府作为合约当事人，签订合同的目的是提供公共服务，合约也是行政主体在实施行政管理活动而不是纯粹的市场交易活动过程中形成的，这就造成签约双方主体地位不平等，政府享有对合约执行的指挥权、监督权、强制

---

① 法国、德国等大陆法系国家明确规定公共工程合约、公共产品占有合约、公共产品采购合约等与基础设施供给相关的经营形式均隶属于行政合同。然而，在英美法系国家基础设施特许经营合约则被认为是商事合约。我国社会主义法系比较偏向于大陆法系，故基础设施特许经营合约被大部分学者视为行政合同。

履行权或制裁权，甚至可以单方面变更合约标的或终止合约。基础设施产业的特许经营使社会资金能够有机会参与到国家公共基础设施项目中，在合作产生经济剩余的基础上分享或分担该项目的收益或风险。对于政府来说，特许经营可以缓解政府面对庞大的基础设施建设需求而产生的财政负担，虽然代价是一定期限的基础设施经营权转移给了市场主体，但是最终可以无偿或以较小的成本得到财产所有权；对于特许经营商而言，则可以获得垄断程度较强的基础设施项目投资机会，获得项目运营期间的比一般商业项目更稳定的利润来源。

1984年，尔扎尔率先提出了BOT的理念，并将其运用在公共设施项目之中，现阶段其俨然是公共设施特许经营最为广泛的形式。标准的BOT概念是指公共部门针对特定的公共设施创建跟私营部门之间达成合作，并经过共同协商达成一致意见之后签署特许经营权协议，要求形成合作关系的私营部门负责这一基础设施的投资、建设、融资以及维护方面的工作，并且在合同约定的特许经营年限中，私营部门有权利要求使用人根据规定缴费，通过这样的方式进行资金回笼，并取得一定收益；政府对这一基础设施有监督权、调控权，特许期满，签约方的私人企业将该基础设施无偿或有偿移交给政府部门。

在BOT实际应用过程中，根据期限、经营标的物、政府承诺内容的不同出现了各种派生形式，如BOOT（Build-Own-Operate-Transfer）[1]、BOO（Build-Own-Operate）[2]、BT（Build-Transfer）[3]、ROT（Rehabilitate-Operate-Transfer）[4]、BLT（Build-Lease-Transfer）[5]、TOT（Transfer-Operate-Transfer）[6]、DBOT（Design-Build-Operate-Transfer）、BOOST（Build-Own-Operate-Subsidy-Transfer）以及ROMT（Rehabilitate-Operate-Maintain-Transfer）等。这些形式在具体运作和转换方式上各不相同，合约形式多种多样，但均是设计、建造、融资、运营和维护的一体化整合，其利用市场中的非公共主体实现公共职能的基本目标是一致的。

特许经营合约是基础设施项目运作成功与否的法律依据，应该能够使其从

---

① BOOT即建设—拥有—经营—转让，BOOT与BOT的区别在于，BOT方式在项目建成后，特许经营商仅拥有基础设施项目的经营权而不是所有权，而BOOT项目的经营商在特许期内既有经营权又有所有权。

② BOO即建设—拥有—经营，这种方式是经营商根据政府赋予的特许权，建设并持续经营基础设施，并不转让给政府。

③ BT即建设—转让，特许经营商在基础设施项目建成后以一定的价格将项目资产转让给政府，从而完全脱离该基础设施的经营和管理，转而由政府负责。

④ ROT即修复—经营—转让，政府授权经营商把公共项目修复完整，在授权期内允许其进行经营和管理，获取利益，期满后将基础设施资产转让给政府。

⑤ BLT即建设—租赁—转让，公共项目建成后并不由投资方直接经营，而是以一定的租金转让给政府经营，授权期满后，将项目资产无偿移交给政府。

⑥ TOT即转让—经营—转让，政府将已建成的基础设施移交给经营商，其在约定的期限内通过收费取得回报，期限届满后无偿移交给政府。

运作管控、筹资、建设与转移等多个环节进行明确规定。公共设施项目特许经营合约必须涉及以下内容：政府与运营商之间约定的关于双方权利和义务、价格确定以及执行的具体方式等。虽然不同行业的基础设施经营合约很可能千差万别，如行文上有些有4~5页，有些则达50~60页，但是特许经营合约的基本条款可以概括如下：

（1）授予条款。包括特许经营的目的、范围、期限，对特许经营商的资质要求，项目经营权与所有权归属，特许权的转让与调整、生效条件及日期等。

（2）建设条款。具体为：①土地购置和使用方案。②设计条款。对项目设计的要求、设计标准及变动条件、审查计划等。③施工条款。工地清理准备、质量要求、监测与检测、逾期竣工或缺陷的处罚以及责任承担等。

（3）运营和维修条款。包括技术与服务标准、收费方案及适度调节、财务报表的建立等。

（4）移交条款。包括移交范围、移交条件、移交费用设定、移交程序及效力等。

（5）一般义务条款。包括政府与特许经营商各自针对公共项目实施所作出的政策或经营承诺，这其中最重要的部分就是政府承诺。如特许经营商只能从政府批准的供应商处采购，规定最高的收费价格并明确政府对产品价格进行干预的范围和程度，保证运营商在特定地域内对基础设施享有的独占经营权等。

（6）争端解决条款。包括规则的解释权利、争端解决途径、法律适用等。

三、基础设施产业特许经营合约不完备的表现及引致问题

将公共设施项目特许经营协议作为研究对象进行深入探讨，原有文献大多采用完全合约分析模式，即认为缔约双方都能完全预见合约期内可能发生的重要事件，愿意遵守双方所签订的合约条款，当缔约方对合约条款产生争议时，第三方法院能够强制其执行。完全合约的交易双方可以根据已掌握的完全且对称信息建构出完美的合约系统以约束双方可能存在的违约行为。当然，完全合约的分析必须基于个人充分理性[1]、信息完全且对称[2]、交易成本为零[3]以及交

---

[1] 理性人具有稳定的偏好，能够依据个人偏好次序进行选择，可以预期到未来自己的完整收益与成本，并可在预算约束范围内实现自己的效用最大化。

[2] 信息完全是指市场主体获取或掌握的信息足以使其做出满足最大化条件的判断或决策；信息对称是指缔约双方掌握的交易与收益信息具有对等性，任何一方不具备依赖私人信息获取额外收益的可能性。

[3] 这意味着寻找签约伙伴、洽谈合同、草拟合同和解决合同纠纷等形成一份完全契约的过程被假定为无成本的。

易市场完全竞争①等苛刻条件假设（Hart，2003）。

　　然而，基础设施产业的特许经营是在政府官员任期有限但经营期限动辄几十年，且居民公共消费水平不断提高的情况下的交易行为，完全预测未来各种可能出现的收益或成本变动情况、事先确定每种情形下政府和投资者的行为是做不到的。无论是机构还是个人，合约当事人不可能具有完全理性，缔结合约又面临着搜寻、谈判、监督等交易费用，故合约不完备是合约执行过程的内生缺陷。更为重要的是，由于基础设施自身的特性，其特许经营合约相比于一般商业特许经营合约具有更加严重的不完全性（聂辉华，2005，2011）。

　　经营公共基础设施的突出特征在于期限的长期性与资产的专用性（asset specificity）②。一方面，虽然长期合约可以增加投资商的积极性从而满足参与约束，但此时激励约束满足的条件也相应提高。实际上，政府往往利用其强势地位不断修改合约剥夺经营者的权益，由此产生棘轮效应（ratcheting effect）（Bouwens and Kroos，2011；陈富良，2014）。合约持续期限越长，不可预测因素的干扰越容易积累并使合约执行环境发生变化，动辄数十年的经营期限使基础设施产业特许经营合约面临的不确定性远远超过了其他纯粹商业类型的合约，包括消费者未来需求水平提升、基础设施投资者的经营质量与成本变化、政府职能部门的官员任期限制等。另一方面，Klein等（1978）已经指出，如果合约本身不完备，缔约一方或双方又需要投入专用性资产，那么事后就会陷入单边或双边垄断的锁定状态。这时被锁定的一方将面临被对方"敲竹杠"（hold-up）的风险，且由于合作而产生的经济租金也容易被榨取。显然，基础设施资产往往就是具有高度专用性的资产，基础设施资产专用性越强，合约签订后"敲竹杠"行为发生的概率也就越大。由于政府作为基础设施产业特许经营合约中具有公共权力的一方，在缺乏可置信承诺的前提下，会导致当事人的投资或努力水平降低，从而给整个社会的公共产品供给带来低效率（inefficient）（Williamson，1985；Grossman and Hart，1986；Hart and Moore，1990）③，如基础设施资产的服务质量低于预期，甚至在特许经营到期时转交给政府部门的基础设施功能

---

　　①　市场上存在足够多的现实或潜在交易主体，双方均可以自由地选择交易对象，自愿缔结契约，而不接受也不能施加市场垄断权。

　　②　资产专用性是指用于特定用途后就被锁定，从而很难再用于其他性质的资产。如果改作他用则价值会降低，甚至可能变成毫无价值的资产。

　　③　Williamson，Oliver. The economic institutions of capitalism：Firms，markets，relational contracting［M］. New York：The Free Press，1985；Grossman S.，O. Hart. The costs and benefits of ownership：A theory of vertical and lateral integration［J］. Journal of Political Economy，1986，94（4）：691-719；Hart O.，J. Moore. Property rights and nature of the firm［J］. Journal of Political Economy，1990，98（6）：1119-1158.

严重减退①。

与此同时，即便缔约双方意识到不确定性的存在，也难以使用双方认可的共同语言来描述这种不确定性，更难以用正式的方式写入合约之中并且被第三方实施。这种情形具体表现为如下现象：

其一，合同语言精确度不高。基础设施产业特许经营合约的严肃性要求其必须使用正式的合同语言。然而，现实中由于我国地方政府在"招商引资"过程中更多地关注数量而不是质量，对合同行文的重视程度不足，由此而产生的分歧不时发生。比如行为主体不明确，尤其是在政府部门（职能）存在交叉的情况下发起部门与配合协同部门界限模糊；语言表述简单地从英文翻译过来而不符合汉语表达习惯，使用无计量标准的措辞等。

其二，遗漏重要条款。我国一些地方政府制定基础设施产业特许经营合约时往往倾向于套用国际化格式合约，对于项目特殊性的一些补充说明却弃之不顾。同时，由于缺乏实践经验及对未来政策实施环境变化估计不足，许多基础设施产业特许经营合约中缺乏对意外情况的处理条款，如争端解决规则和程序、政府介入方式和深度等。

其三，信息不可验证。合约的作用之一在于分配执行过程中意外事件带来的风险。尽管合约当事人在签订合约时有可能预见并观察到未来可能发生的不确定事件会造成交易阻断，但是双方都没有对这种模糊风险产生的成本进行讨价还价并分配承担比例。在超出预期之外的违约情况出现时，虽然基础设施合约未被执行的状态可以被双方观察到，但是很可能这一信息无法被第三方验证，或者要将观察到的信息传递给第三方有时候费用极高，从而造成合约修正的困难。这种即使在双方信息对称时也会存在的状况是无法以事前合约来预防的。

特许经营合约不完备产生的一个重要后果是对签约双方的约束力减弱，并加剧其行为扭曲，在政府承诺与保证条款不可置信的情形下更是如此。为使不完备的合约按照程序执行，往往需要重新谈判并不断进行修正。从理论上讲，通过重新谈判可以不断调整特许经营合约条款以适应长期经营期过程中遇到的意外情况。然而，每一次重新谈判都是新的交易行为，合约双方会努力针对修订条款进行信息搜寻、讨价还价，而且也可能在付出大量诉讼费用后仍然毁灭性地破坏合作关系。我国有基础设施特许经营项目经过重新谈判的结果是，一

____
① 这一经典命题背后的逻辑是这样的：如果投资者在事前进行了专用性投资，并且这种投资是无法写入合约或者被第三方所证实的，那么他在事后的再谈判过程中就有被对方"敲竹杠"的风险，对方会攫取部分专用性投资带来的收益。在事前预料到这种"敲竹杠"风险，投资者就会缺乏足够的投资积极性，从而使投资额度低于最优水平。

些项目政府在投资方投入沉淀成本后取消其经营权或者改变原合约的非竞争承诺保证条款等，而在另一些项目中投资方则将重新谈判引致的成本隐性地转嫁给了公共产品消费者。

四、基础设施产业特许经营合约中的政府行为

1. 政府承诺缺失

客观地讲，我国采用特许经营模式增加基础设施供给的时间并不长，实践中也还存在着各种各样的问题，而且市场经济体制仍处在不断完善过程之中，相关规章制度也可能不健全，相应法律法规的位阶也可能较低，公共项目受国家宏观政策的影响较大，故投资商面临的不确定性明显大于成熟的市场经济体制国家。面对掌握公共权力的政府，投资者为尽可能地降低自身的经营风险，必然会要求政府对项目中的有关事项做出可置信的承诺，这就是基础设施特许经营中的政府承诺，这种保证通常使未来风险在政府与投资方之间达到均衡分配。从这个意义上讲，政府承诺条款是基础设施特许经营合约的核心内容。

基础设施产业的特许经营能够有效缓解我国政府公共服务投资的资金约束问题，也正因为如此，为了吸引更多的社会资金进入本辖区进行基础设施经营，地方政府往往给予投资方许多优惠政策，如违规承诺投资回报率或财政补贴、为特许经营商减免税收以及承诺原材料供给等。如出于投资商经营失策、技术选择不当或者成本超出预期等原因造成合约执行困难时，政府为保证基础设施的连续供应，不得不给予其一定的财政补贴。这种预算软约束①使得双方的风险分配效率低下，也给投资商造成了"政府一定会救我"的负向激励。也有学者把这种庇护行为称为"父爱主义"。

政府承诺同时也是政府对自身行政权威的约束和限制，是政府对其在特许经营合约中遵守应尽责任的一种承诺。政府承诺是否可信以及保证范围的大小，很可能成为特许经营项目能否成功实施的重要影响因素。政府对特许经营商所做的承诺一般包括表3-1所列的内容。

---

① 预算软约束是科尔奈1986年在《短缺经济学》中提出的概念，指政府支配财政资源的行为缺少制度性的制约。

表 3-1　政府承诺的基本内容及效力

基本内容	概述	适用法律
禁止同一地区同类项目竞争	基础设施的准公共性决定了如果在同一地区有多个同类项目的建设，则每个项目的投资收益率都将受到极大影响，也会造成社会资源的浪费。因此，政府有必要作出禁止同一地区同类项目竞争的一定保证	《反不正当竞争法》《招标投标法》
适当的投资回报率保证	基础设施项目往往投资庞大，政府不对投资者进行某种条件下的投资回报保证有很大概率会降低投资人的积极性。现阶段，国内公共设施明显无法满足居民需要，因此可以适当地默许地方政府对项目的投资回报率提供一定范围内的保证。当然，这种保证的资金来自地方财政。过度的投资回报率保证会损害整个社会的福利，同时也很可能带来投资商的机会主义行为	《关于协办外商投资特许权项目审批管理有关问题的通知》《关于妥善处理现有保证外方投资固定回报项目有关问题的通知》
保障土地使用的便利	政府保证向建设项目提供建设用地	《土地管理法》《物权法》《城镇国有土地使用权出让和转让暂行条例》
给予税收优惠	国家对投资人制定的税收优惠政策通常涵盖五个方面：第一，免税，在协议约定的特许年限内，投资人享受免交所得税优惠。第二，针对原材料、设备以及施工过程中的建设与运营和完工后进行维护的零部件进行增值税优惠。第三，投资者将利润投入到新的基础设施时享受退税待遇。第四，后勤方面供应，如电力、水和运输开支从应税收入中扣除。第五，通过折旧或分摊形式获得资本减税	《税收征收管理法》《企业所得税法》

资料来源：王守清，柯永健. 特许经营项目融资 [M]. 北京：清华大学出版社，2008.

当然，地方政府对基础设施投资商作出的政策性承诺必然会受到其他法律法规的限制。比如对于税收优惠政策，由于我国税权集中于中央，地方没有税种和税率的决定权，《税收征收管理法》规定，任何机关、单位和个人不得违反法律与行政法规的规定，擅自作出减免税的决定。减免税的申请必须合法合规并且获得相关部门的审批，而地方政府并不具备审批权限。但是，这并不意味着地方政府无法从税收角度给予基础设施运营商优惠政策，地方政府对基础设施企业可以策略性地降低征税努力程度与监管程度，使其实际负担的税率大大降低。

政府承诺实际上相当于其分担了公共设施运营风险。从理论方面来说，政府本身不需要担负这部分风险，然而特许经营模式下的风险分担分配比较复杂。政府并不愿意一味地将所有的风险转移给经营部门，将不合适的风险转移给特许经营商只会增加其成本，因为运营商并不能以降低成本的方式管理这些风险，而且能够以非常隐蔽的方式将成本转嫁到消费者身上。这些优惠措施当然会对吸引投资起到激励效应，但是却会增加政府所承担的风险，最终要么是政府减少其他公共支出从而为这些过度的优惠政策"埋单"，要么是政府采取机会主义行为使事先的优惠承诺打折扣。政府承诺不可置信反过来会增加投资人的经营风险。

　　2012 年，我国学者陈强以及汤玉刚表示，公共设施建设需要先经历公共决策缓解，之后才具有市场体系实际应用的问题①。政府部门具有选择特许经营商和评估所移交公共资产的最终决定权，从基础设施建设的初期招投标阶段到后期移交环节的整个过程都离不开政府相关部门的参与。对于基础设施产业的特许经营合约而言，事实上存在着大量的政府失信行为、基础设施运行效率偏低甚至公共项目中止等情形，这也造成了政府承诺不可置信以及公共权威受损。这种政府失信行为主要来源于地方政府只重视政绩工程的短视行为。因为政府由大量公职人员构成，其行为往往通过这些公职人员的行为来实现，他们也是追求利益最大化的理性人，而且其理性的实现程度也是有限的，故政府在基础设施产业的特许经营过程中也不可避免地存在机会主义倾向。尤其是当政府部门职能交叉严重、相关部门之间职责界定不清、边界模糊、职能运行协调配合机制不够健全、主辅关系不明时，则会经常出现相互干扰的现象，甚至无法明确在特许经营合约谈判或签订合同时哪个部门具有合法的代表资格；在出现违约时，也无法确认哪个部门能够承担责任。图 3-1 以水务公司为例展示了特许经营协议涉及的众多政府部门。

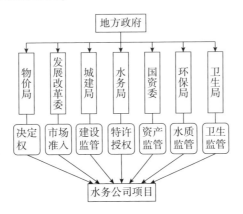

图 3-1　水务特许经营项目所涉及的政府部门

---

① 汤玉刚，陈强 . 分权、土地财政与城市基础设施 [J]. 经济社会体制比较，2012（6）：98-110.

　　为了快速吸引社会资金，增加短缺的基础设施供给，同时也为了在官员晋升竞赛中在发展速度方面不输给其他行政辖区，地方政府往往脱离对市场规律的尊重和对公共需求的考察，不计成本地上马大批基础设施项目，最终频繁地导致政策性承诺不能实现。再加上我国一直以来执行的官员考核体系都是自上而下的，上级政府对于地方重要官员的升迁具有相当重要的影响力量，这使得地方政府总是倾向性地滥用政策承诺发展大型基础设施以引起上级关注。然而，每届政府官员任期是有限的，政府换届后基本上都会对上届政府行为加以否定并开拓新的政绩方向。政治考量也在选择特许经营商过程中发挥重要作用，从而往往是政府投融资平台或者国有控股的工程企业中标。这些因素都成为了政府承诺如期实现的潜在障碍。

　　政府的失信行为，当然会直接增加投资人所面临的风险。预期到政府总是存在违约的可能性，处于动态博弈中的潜在投资商会相应地采取应对之策，进而出现在特许经营招投标市场上的"逆向选择"问题。举例来讲，在向政府提交投标书时，如果竞标人完全相信政府会在签约后按照协议履约，就会在可以获得预期投资收益且弥补风险溢价的前提下提出符合市场现状的方案与报价；而认为政府承诺不可置信的竞标者则会不断地在后续时间内跟政府讨价还价，为了取得特许经营权会人为地降低报价以使其投标方案看似具有竞争力。如果政府选择后者，未来合约的执行过程必将产生更多的意外情况，这正是投资商"逆向选择"行为的后果。这些因素造成了特许经营合约被重新谈判的现象频繁出现，还有的合约已经无法继续维持从而只能由政府回购。章志远、朱志杰（2011）考察了 1985 年至今我国城市公交、城市供水、城市污水处理、城市供暖供气、垃圾处理五大公用事业领域的 40 个案例，发现基本成功的有 16 个，占总数的 40%；明显失败的有 22 个，占总数的 55%；成效尚待进一步观察的有 2 个，占总数的 5%。

　　在文献中，我们已经介绍了许多基础设施产业特许经营的案例，如上海大场水厂项目、广汉三星堆汽车客运站项目、福建泉州刺洞大桥项目等，这里，我们再介绍几个基础设施产业特许经营合约中涉及政府承诺的典型案例，为下一节关于承诺问题的理论分析作铺垫。这些案例是我们根据网络资料收集并整理的：

　　（1）杭州湾跨海大桥项目。17 家民营企业以 BOT 形式参股杭州湾大桥发展有限公司。但由于资金回收评估不科学，以及嘉绍大桥、钱江通道等竞争性通道与合约严重冲突，导致大量民营企业退出，政府通过国有企业回购赎回 80% 的股份。

　　（2）汇津中国（长春）污水处理有限公司项目。由长春市排水公司与香港汇津合资建立。由于市政府废止《长春汇津污水处理专营管理办法》，排水公司停止支付污水处理费，汇津停产，污水直排松花江。最后由长春市政府回购。

（3）山东中华发电项目。由山东电力、山东国际信托、香港中华电力、法国电力共同发起的 BOT 项目。项目公司与山东电网签署运营购电协议，规定了最低售电量和入网电价。但由于一方面固定回报承诺缺乏长远考虑，另一方面 2003 年的电力改革使运营购电协议失去了继续执行的体制机制基础，也缺乏科学的风险分担机制，所以后来降低入网电价，就使得合作无以为继，项目收益锐减。

（4）天津市双港垃圾焚烧发电厂项目。由天津市政府与泰达股份合作的 BOT 项目。由于项目选址缺乏听证程序，监管不力，垃圾焚烧导致周围居民群体事件不断，政府补贴不到位，项目进退维谷。

2. 违约救济与补偿

如果特许经营合约的签订双方可以设计一份满足帕累托最优条件的完美合约，那么违约救济就是不需要的，即使需要也总是最优的。然而，正如前文所言，合约天然地具有不完全性，而基础设施产业的特许经营合约更是如此。此时，适当地采用违约救济条款来替代合约中的或然条款，可以部分地弥补合约的不完全性，使双方做出符合共同利益的履约决策，实现合约效率（胡蓉，2011）。违约救济条款可以为合约构建一种内在激励机制，使得双方面在不完全合约的情况下，所采取的行为与在完全合约条件下一样不断地进行帕累托改进，直至最终与最优状态趋于一致。

违约救济方式主要是指行政补偿，我国各地政府均通过地方规章或立法确立了基础设施产业特许经营中在某种条件下进行行政补偿的合理性。总体来说，与其他经济发达或较为发达的国家相比，目前我国对行政补偿的内容设置还较为简单，补偿额度相对较低。救济补偿类型如下：

（1）政策损失补偿。由于投资规模庞大，基础设施建设比较容易受到政策因素的冲击或影响，如用水价格调整、污水处理费征收标准变更、电力入网价格变动等，其中有些政策改变足以造成对基础设施建设或后续经营的重大影响。这种因国家或地方政策调整导致公共项目投资商的利益遭受损害时给予的补偿在我国比较常见。如果无合适的政府补偿，很可能无法继续执行合约。当然，补偿的形式并不一定要求是经济补偿，还可以采取变通的办法，比如延长特许经营期限、土地占用补助、生产经营规模增加等。

（2）合约变更补偿。政府部门在与基础设施特许经营商签订合约后，如果双方协商一致，可以在一定条件下变更协议内容。由于投资商专用性投资的存在，政府需要给予补偿。如果协议终止的最终原因在经营商一方，则出现解除合约情况时，一般不给予补偿。

（3）合约终止补偿。政府出于社会整体福利的考虑，需要提前终止合约时，必须给予投资方不低于市场平均回报率的补偿。

（4）争议诉讼补偿。在一般情形下，政府通过政策补偿、合约变更或终止补偿已经可以弥补投资商所遭受的损失。但有时候也会发生因其他不可预测因素而导致的行政损害或侵犯无法在合约框架内得到解决，即存在争议问题时，我国现有法律法规仍然为特许经营商开辟了救济通道，即通过申请行政复议或行政诉讼的方式请求复议机关或法院支持以获得补偿。

（5）突发应急补偿。当突发不可抵御的自然灾害以及社会公共事件时，基础设施项目往往是最先受到损害的，合约中应该尽量包含政府与特许经营商制定的各种应急预案。鉴于社会公平的原则，在意外情形发生过程中投资商遭受的经济损失，政府部门有义务给予相应补偿。

对于以上五类救济补偿类型，表3-2以2006年生效的《北京市城市基础设施特许经营条例》为例列举了对应条文。

表3-2　《北京市城市基础设施特许经营条例》中的补偿条款

补偿类型	《北京市城市基础设施特许经营条例》对应条款
政策损失补偿	第三十条规定：因政策调整损害特许经营者预期利益的，政府应当给予相应补偿
合约变更补偿	第三十一条规定：特许经营期限内，特许经营协议的任何一方不得擅自变更或解除原协议。一方认为需要变更或者解除协议的，应当与另一方进行协商。经双方协商一致的，可以变更或解除协议；协议不一致产生争议的，可以按照协议约定的争议解决方式处理
合约终止补偿	第三十二条规定：任何单位或个人不得违反法律、法规以及本条例的规定收回或者限制特许经营者的特许经营权。确因公共利益需要，政府可以收回特许经营权、终止特许经营协议、征用实施特许经营的城市基础设施、指令特许经营者提供公共产品或者服务，但是应当按照特许经营协议的约定给予相应补偿
争议诉讼补偿	第三十三条规定：特许经营者对市和区、县人民政府及其有关行政主管部门作出的具体行政行为，认为侵占其合法权益的，有陈诉、申辩的权利，并可以依法申请行政复议或者提起行政诉讼
突发应急补偿	第三十四条规定：实施机关与特许经营者应该制定应急预案，在突发自然灾害、事故灾害以及公共卫生、社会治安等公共事件时，最大限度保证城市基础设施的正常运转

资料来源：《北京市城市基础设施特许经营条例》，2006年。

第二节　基础设施产业特许经营合约中的政府承诺问题

为理解基础设施产业特许经营合约中政府承诺问题的形成机理，我们首先讨论基础设施产业的特殊性，以及基础设施产业特许经营合约不完全性的内在机理。

一、基础设施产业的特征

为深入研究在公共基础设施建设过程中特许经营协议内产生政府承诺的具体原因，我们首先需要了解基础设施的特殊性和其与纯粹公共产品（pure public goods）的不同，基础设施属于准公共产品（quasi-public goods），即纯公共产品和私人产品之间，消费上具有有限非竞争性与有限非排他性的产品。以公共道路为例，受到特定路面的宽度限制，车辆在利用道路上特定路段时，不允许其他车辆一起占据该路段，如果一同使用就会产生明显的拥挤，这时，道路非排他性并不完全充分。然而，公众道路也具备一些非竞争性，体现在，如果没有达到规划好的车流量，增加一定车辆行驶的道路，其边际成本是零；然而如果达到或是超出规划好的车流量，会变得十分拥挤，就必须投入大量的资金对其进行拓宽，就不能用单辆汽车来核算边际成本。

经营基础设施过程中往往花费较小的成本就可以对消费者进行排他处理。当然，准公共产品部分排他性的实现依赖于社会法律架构和技术实现能力，如果由私人投资的公共产品不能把不付费的免费搭车者（free rider）排除在外，从而通过对"选择性进入"的消费者收费来收回其投资成本，那么私人资本不可能产生进入公共产品生产领域的激励。基础设施的部分非竞争性表现在，其投入运营后，在尚未达到饱和状态时，多增加一个消费者的使用并不影响其他消费者使用基础设施。实际上，也正是因为这类准公共物品存在消费上的"拥挤临界点"才需要付费。值得注意的是，基础设施的准公共产品特征也具有地域差异和时变差异。具体来讲，在经济落后地区和基础设施发展的初期，投资只来自政府，此时基础设施更接近于纯公共物品一端；在经济发达地区和基础设施发展到高水平时期，投资于基础设施已经具有较好的经济效益，社会资本也已经探索到特许经营等模式进入基础设施行业，使政府在基础设施投资中所占的比例逐步下降，从而使基础设施接近于私人物品一端。

基础设施有限的非竞争性和不充分的非排他性使得基础设施产业具备了以下特征：

其一，社会公益性。基础设施是为整个社会公共服务的，消费群体广泛，是居民公共生活过程中不可或缺的内容，表现出非常显著的公益性。例如，城市交通系统绝不单纯被广大市民所用，它同时还保证了城市生活的正常性，具有很强的外部经济性。

其二，初始资本集聚性。在基础设施项目创建的过程中，通常都需要具有与之对应的配套设施才可以全面发挥出其具体作用，例如，在创建水力发电站的过程中，除了必须进行河道、水坝以及水库等方面的修理与维护外，还必须建造相应的建筑物，并且也必须要采购相关机械设备，同时还应当创建交通与通信设施，以及与生产和生活相关的服务设施，等等。因此，任何一个公共设施项目创建都必须具备充足的资金，存在非常明显的资金密集特点。所以，项目工程一开始就需要有大规模的投资预算。若是投资金额较少，并且没有形成配套设施，则极有可能在项目完工之后依旧无法取得相应收益，甚至会出现中途停工的现象。

其三，自然垄断性。现代化公共设施最普遍的特点体现在，服务往往是通过信息化机制达成的，尤其是针对一部分通信、水电、公路等基础设施项目表现得更为明显。一般情况下，这种传输系统是专用的，用于传输系统的投资是最不可能重新修复的，因为它们不能移作他用或转移到其他地方。在前期投入相当大的沉淀成本后，单位产品成本随产量的不断提升而呈现降低的趋势，而产品市场供应量因为规模化生产而大幅提升。公共设施项目在完工并且实际应用的过程中，在相应的区间内，单位产品成本会随着量的增加而下降，即具有显著的成本弱增性[1]，这正是基础设施具有自然垄断性的根源。为杜绝出现重复投资的现象，政府通常会通过立法的形式提高准入门槛，除了能够约束别的公司进入，同时还通过协议的方式使负责特许经营的公司能够达到垄断的效果；同时，因为垄断的过程中往往会损害公共福利，政府又必须对处于垄断地位的合约企业的价格与服务质量等进行必要的监管（或规制）。

二、基础设施产业特许经营合约不完备性的内在机理

同上文所述，在公共设施特许经营的过程中，协议缺乏完备性是无法避免

---

① 形成垄断产业的充分条件是具有显著的成本弱增性，即由一家或极少数企业提供特定的产品或服务能使成本极小化。

的问题。Grossman 和 Hart（1986）经典文献所描述的博弈过程可以较为透彻地解释基础设施特许经营合约不完备性产生的逻辑。在这篇开创性论文中，Grossman 和 Hart 把合约中事前可以明确规定的权利称为特定权利，把无法事前在签约双方之间均衡配置的其他权利称为剩余控制权（residual rights of control）。合约双方主体均已意识到不确定性的存在，在事前签订一个初始合约，并由此而投入了专用性资产。Tirole（1999）总结了合约不确定性必然出现的理由：一是人的理性实现程度总是有限的，不可能准确估计未来所有的或然状态，更不可能度量出每种意外情况出现时收益与成本的变化值；二是即使可以预见到所有可能出现的状态，但是将其用可以一致理解的语言表达出来非常困难；三是即使事件参与主体双方可以对未来的意外情形达到一致认同，在分配风险以及剩余收益时也很有可能无法向法院等第三方传递可观察的信息。

在基础设施产业的特许经营合约中，政府只在事前选择运营商，专用性投资仅由运营商做出。在复杂的市场环境所带来的不确定性出现之后，签约双方必须对意外情况进行再谈判，而得到剩余控制权的一方在再谈判过程中将拥有更强的讨价还价能力。因此，为了最大化事前专用性投资水平和社会总福利，应该在事前的基础设施特许经营合约中将剩余控制权配置给对专用性投资更为重要的一方。然而，对于基础设施的特许经营而言，其剩余控制权的归属是复杂的，即在基础设施特许期限之前，基础设施收益的剩余控制权归投资商所有，而期满后则归政府所有，这种变更导致了双方行为的矛盾性和不一致性，也进一步导致了合约签订的不完全性。

基础设施特许经营合约主体在面对不确定性过程中所体现出的博弈行为，充分体现了它们之间的委托代理关系，而特许经营合约不完全性则进一步导致了在合约谈判及执行过程中双方都有可能出现的机会主义行为（Williamson，1985）。特许经营过程中产生的机会主义行为根源于双方掌握经营信息的不完全性与不对称性。基础设施特许经营合约中蕴含的委托代理关系的实质，是把属于准公共物品范畴的公共基础设施的建设、运营、维护和管理权利从政府向社会资本部分或全部转移。正是这一向市场主体转让，使过去公共部门与民众间的关联性发生改变，逐渐形成公共部门—特许经营商—居民—政府监管部门之间的多重委托代理关系（陈富良、王光新，2004），而基础设施特许经营的整个过程就转变为多方利益主体为实现各自目标函数而进行的动态博弈过程。这也必将带来多方参与主体之间信息不对称严重程度的增加，同时也进一步加剧了特许经营合约的不完全程度。图 3-2 展示了各参与主体之间的逻辑关联。

作为基础设施特许经营合约中的利益主体，政府主管建设部门、特许经营商与消费者的行为特征分析如下：

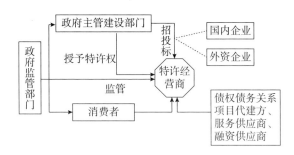

图 3-2　基础设施产业特许经营合约中各参与主体之间的逻辑关联

1. 政府主管建设部门

基础设施建设主管部门包括两个层次：一是主管基础设施建设的职能部门；二是各级政府官员。基础设施建设主管部门的目标是通过吸引社会资金以解决政府财政性建设资金投入不足的压力，创新性地实现整个社会对基础设施的需求；而作为具体政策执行者的各级政府官员，其目标函数并不是只有社会公共利益一个维度的变量，还包括薪酬、津贴、权力以及社会地位等，公共选择理论认为，他们与经济市场的参与者一样具有自利的意愿，只是参与到了政治市场中而已。因此，政府官员在面对谋求特许经营权力的市场企业时就有可能被捕获而使政策的制定或执行偏离社会福利最大化的政治目标。比如，在特许经营合约签订后，先前的双向选择关系将不复存在，投资者面对的将是具有强势力量的政府，此时在法制约束不到位的情况下其很容易对投资商"敲竹杠"（hold-up）①，即在投资商进行专用性投资之后企图按照自身的利益修改合约。

2. 特许经营商

特许经营商的目标在于实现利润最大化，而当获得了特许经营权后所享有的垄断收费权将是获取大规模收益的理想途径。如果经营商故意隐瞒自身掌握的私有信息，包括真实的经营状况以及潜在的违约行为，在招投标过程中政府很难确定投资商真正的经营水平，故而那些资质较差的竞标者往往更有可能夸大自身资质以提高被选中的概率。这就是典型的逆向选择行为（adverse selection）②。这样的经营商在获取特许经营权之后很可能会不断提高基础设施收费

---

① "敲竹杠"指合约当事人为了侵占对方关系专用性投资（specific investment）而产生的准租金（quasi-rents），而在进行专用性投资之后对合约内容重新讨价还价以分享收益的行为。

② 逆向选择是指市场交易的一方利用多于另一方的私人信息作出扭曲性的资源配置决策，从而使自己受益而使对方受损。

标准。

此外，基础设施建设行业设备专业化强、初始投资规模大、回收期限长的特征使其具有较高的转移成本，即具有高度的资产专用性。在基础设施特许经营中，投资者需要先行对项目进行专用性投资，在后续经营过程中讨价还价能力就会逐步降低。虽然政府主管部门在事前会采取多种甚至是不符合国家规范的优惠政策来鼓励投资者，但是在经营后期若政府不再遵守合约中的承诺，投资者将面临巨额沉没成本损失。在缺乏可置信的制度性保障前提下，为了预防"敲竹杠"行为，社会总体基础设施投资很可能就会低于最优水平，从而使双方的利益均受到影响。

3. 消费者

消费者是基础设施的直接使用者，其目标在于能够以较小的成本享受到高质量的公共服务。然而，消费者往往只能被动地接受现成的公共服务，而对于基础设施建设的规划则很少有机会参与，最终其利益很难得到完全的保证。这种情形的出现主要来自该利益群体的特征，即数量多且分散。这里的分散并不是指消费者在地理距离上的离散分布，而是指他们之间由于个体差异性使得进行信息交换的困难较大。这也是我们经常观察到客户通常都是具有较强忍耐力的群体，无法形成具有较强稳定性的代言者。实际上，当某一消费者通过各种努力来要求政府或者经营商提高基础设施水平时，成本往往由自己承担，而收益却由所有人共享，这当然会损害其积极性。这也符合奥尔森"集体行动的逻辑"所揭示的现象。

三、政府承诺缺失的形成机制

政府主管部门不能对事先的激励方案和合约条款信守承诺，是政府特许经营面临的首要问题。有两个重要的现象可以从侧面描述政府承诺不可信的形成机制：一是棘轮效应（ratcheting effect）。委托人将根据代理人过去的业绩不断修改评价标准。虽然代理人越努力，好的业绩出现的可能性越大，也越符合委托人的利益，但此时委托人往往根据自己的利益将评价标准提高。当代理人预测到更高的业绩表现会带来更高的考核标准时，其努力积极性与程度就会下降。这种现象被称为"棘轮效应"，在我国也被称为"鞭打快牛"。在信息不对称的合约环境中往往会出现这种现象。Roland 和 Sekkat（2000）研究表明，当公共部门管理者作为国民经济运行雇主时，棘轮效应随处可见。基础设施特许经营模式中政府充当了公共服务的购买者，虽然享有该服务的最终主体是消费者，但具有权威力量的政府在这个过程中实际上是买方市场中唯一的买者。棘轮效应本身就是政府承诺不可信的一种表现（Freixas 等，1985；Litwack，1993），也是对前期努力程度与优秀业绩的惩罚。动态委托代理理论显示，效率最高的代理人由于担心棘轮效应的出现，将不得不额外支付给委托人一定的信息租金，从而带来总体福利损失（Evans 等，2011）。二是预算软约束（soft budget constraint）（Kornai，Maskin and Roland，2003）。这里的预算软约束是指政府上级部门对下级的预算控制总是不能实现。从结构—功能主义视角，由于行政管辖区域的差异性，导致其在利益分配以及公共权力方面均形成相对稳定的布局，同时也会对政府部门的行为活动造成重大影响。我国有着世界上最多的政府层级（五级政府层级），而基础设施建设则绝大多数由市级以下政府部门承担。多层级政府治理体制下固有的信息监督成本巨大以及我国单一制国家结构体制所造成的上级政府对下级政府的"父爱主义"，使下级政府对于基础设施建设的连带责任约束大大减弱，即预算软约束的存在会使基层政府建设部门遵守特许经营合约承诺的潜在成本增加。即使是由于政府部门自身选择运营商失当或者监督管理不到位使基础设施运营出现非预期的损失，最终承担损失的也很可能是上级主管部门，因为我国地方政府往往把基础设施建设中出现的问题作为向上级部门申请专项财政补助的首要理由（渠敬东，2012）。当获知能够增加自身政治或经济收益的新信息时，也就很难抵制修改原有合约激励方案的诱惑。这就在客观上形成了掌握基础设施建设资源控制权的下级政府不信守合约的内在激励。

在以上逻辑的支配下，政府承诺缺失的外在影响因素体现在以下三个方面：

第一，任期及政策冲击。基础设施特许经营期限动辄数十年，远大于一届政府及相应主管政府官员的任期。当政府官员由于任期或者其他特殊原因发生更迭时，下一届政府官员往往会出于政绩多样化的激励而改变基础设施发展的思路与重点领域，从而使上届政府所承诺的基础设施特许经营优惠政策缺乏时间和空间上一致性的保证。这种基于政治周期而产生的政府承诺缺失的可能性在我国尤其严重，并根植于我国独特的财政分权模式与官僚治理体制之中，其特征在于将一个"向上负责"的官僚政治体制与地方政府所掌握的较强的经济管辖权相结合。公职人员在任期间，政府通常通过水平标尺竞争的方式进行，而不再局限于传统的政治教育，塑造了类似于市场竞争的经济发展激励，从而实现更快的经济增长和政绩改善（张军等，2007）。然而，由于受政府官员任期的限制，这种特征也使政府缺乏维持政策连续性的约束。

第二，部门利益调整。长期以来，我国政府职能存在界定模糊、政企不分、管理过宽的问题，许多本应由市场主体实施的职能被政府机构所取代。随着改革进程的推进以及一些行政主体的地位、影响和权能的不断变化，政府职能也被不断地进行切割划分和调剂配置。在此过程中，基础设施特许经营牵涉的部门较多，这为政府职能缺失带来了隐患。事实上，在我国政府部门利益调整过程中，各部门往往会先考虑自身的利益得失，忽视社会公众利益的现象经常出现。

第三，法律法规不健全。对于基础设施特许经营的规制而言，我国现有的规章体制都是以条例、试行办法或"红头"文件等形式下发的，尚未正式颁布法律位阶较高的成文法规。同时，现有规章制度中涉及政府承诺的实际内容也很少，对限制竞争保证、后勤保证、优惠政策的实施方案等都没有做出规定。这一方面反映了我国政府重视招商引资的数量而忽视实际执行的片面政绩观，另一方面又为其在一定条件下的违约提供了可能性。对基础设施投资者而言，也意味着经营项目的风险增加了。

第三节　国外特许经营合约中政府承诺问题治理的具体做法

20 世纪 80 年代以前，世界上绝大多数国家的基础设施都是由政府直接供给的，即实行国有化模式。自 20 世纪 80 年代开始，和平与发展成为世界主题，各个国家对基础设施的巨大需求与财政资金短缺的矛盾越发突出，由此激发了基础设施供给模式的创新。由于基础设施特许经营模式将规划设计、投资建设、运营维护等环节融合成为长期合约，实现了基础设施较为稳定的供给，无论是发达国家还是发展中国家都利用特许经营模式兴建了大量基础设施项目，如英法海底隧道、马来西亚南北高速公路以及我国的奥运场馆建设、杭州湾大桥、北京地铁等。

尤其在发展中国家，政府承诺缺位与越位两种情形同时存在，如以下根据网络资料整理的典型案例：

墨西哥国家电信公司项目

由于《反垄断法》的缺位，以及政府的监管不力和政府承诺缺位，1990年，卡洛斯·埃鲁收购墨西哥国家电信公司后，控制了墨西哥 90%以上的电话业务，使得它可以制定高于任何发达国家的收费标准，且具有单边定价权。

土耳其公用设施的泛市场化

2002 年，土耳其通过基础设施的私有化加速国家的市场化，到 2009 年，共有 6 个港口、8 条收费高速公路、2 座跨海大桥及部分公立医院和国家电信等，先后卖给了私人部门（包括跨国公司）。但由于政府承诺与政府监管的缺位，面对涨价，虽然政府向居民发放了生活直补，但仍然跟不上垄断企业的涨价，最终导致 2011 年的全国性骚乱。

此外，也有政府承诺过度或承诺越位的案例：

哥伦比亚的担保包袱和墨西哥的行政过度干预

20 世纪 90 年代，为鼓励私人部门参与提供公共产品，哥伦比亚政府对多个机场和收费公路项目的收益提供担保，并与独立发电企业签订长期购电协议，承诺付款。由于项目收益低于预期，且许多项目的运营期限达 30~50 年，令政府财政不堪重负。而墨西哥政府为促成 PPP 项目，强迫国有商业银行向收费公路项目提供融资。但由于公路收益低于预期，且加上银行利率上升，结果最后政府不得不接管这些项目，并承担巨额债务。这使政府承担了本不该由政府承担的风险，即政府承诺过度。

由于各国体制环境与文化传统的差异，它们在基础设施特许经营的应用领域和具体形式上各有不同。总体而言，发达国家的市场运作体系完善、竞争有序规范、相关法律制度健全，且基础设施禀赋也较为优越，再加上政府信用机制完善，这些因素为基础设施特许经营中政府承诺缺失问题的解决奠定了良好基础。

一、美国基础设施特许经营合约中政府承诺问题的治理

20 世纪 70 年代以后，美国的经济滞胀使得强调政府干预政策的凯恩斯主义黄金时代结束，其经济哲学重新转变为自由主义经济理论和市场失灵理论的结合，强调在市场机制效率低下的领域以公共权力加以干预和规制（王华春、张璇，2014），并成立了联邦管制机构，如联邦通信委员会、联邦运输和基础设施委员会以及联邦能源监管委员会等。这些机构虽然不是正式的政府组成部门，但却承担了一些特殊的公共职能，拥有法律赋予的核发特许经营许可证、规定基础设施使用价格以及核准特许经营企业内部规章等管制权力，被称为半官方机构（李乐，2014）。

美国的基础设施建设资金主要来自社会投资，政府的角色是制定细致且可执行的法律法规来规范特许经营市场运作。在这个过程中，美国政府依靠自身良好的信誉约束机制为基础设施特许经营建立了一套行之有效的投融资机制模式，即利用成熟的资本市场发行市政基础设施债券，从而在财政资源约束下尽量为项目建设提供资金保障。从美国的情况来看，其市政债券的主要用途便是公共项目，涵盖医疗、交通、环保以及学校等领域。州政府和州以下的地方政府①都通过发行市政债券以较低的交易成本募集了大量的民间资本。从美国实际情况来看，其超过80000个地方政府具备公开销售市政债券的能力。其中仅仅有极少数进行巨额发行，而其余的均进行小额发行（朱娜、胡振华、马林，2018）。美国联邦政府还设立了管理市政债券的专门机构，即市政债券法规制定委员会。

从美国的实际情况来看，其市政债券不仅品种多样，同时类别划分也非常明确，通常可以划分成两类：一为责任类，二为收益类。其中，与政府承诺行为关系紧密的是第一类，主要由地方政府、州或者经过特殊授权的部门进行公开发行，通常为信用等级较高、具有较高可信度的承诺以及税务水平的发行人提供担保，主要投向无法直接产生经济收益的公共项目，以及在正常经营的情况下不能够独立偿还其债务的项目，如垃圾系统、路灯系统等（韩健、甘行琼，2014）。除了用一般税收收入来保证市政债券的偿还外，在特殊情况下美国地方政府甚至也会启用特定的销售税或者燃料税等来偿还一些市政债务。这就进一步降低了投资商所面临的正常利润率无法保证的风险。

在税收征收方面，美国政府也对基础设施投资项目制定了许多优惠政策，《美国国内收入法典》规定了旨在鼓励国内外资本投向基础设施领域的专门激励措施，如允许投资者加速资产折旧②，在有些条款下甚至允许全部减免资产收益税。美国联邦政府以开放的态度对来自国外的基础设施投资者也制定了非歧视的待遇方案，其可以无障碍地享用联邦政府对地方交通、污水处理以及医疗教育等领域的资助政策，尤其对于农业灌溉骨干工程、农村供水工程，一般是联邦政府直接赠款50%，然后地方政府担保投资者获得剩余50%资金的优惠贷款。

可见，美国在基础设施产业的特许经营中，在治理政府承诺方面，有几点是值得思考的：第一，政府的职责是建立一套规范特许经营市场运作的机制，如建立有效的投融资模式（市政债券），而市政基础设施债券的发行，又有专门的机构，如联邦政府的市政债券法规制定委员会。同时，以特定的税收优惠政

---

① 美国实行三级政府结构，联邦以及州以下的政府统称为地方政府。

② 加速折旧是指采取缩短折旧年限以及提高折旧率的办法减少应纳税所得额的一种税收优惠措施。

策激励基础设施的投资，这保证了特许经营商的正常利润，从而规避了相关的财务风险。第二，设立专门的监管机构，如联邦运输和基础设施委员会，其职责是核发特许经营许可证，核准基础设施服务的收费价格。第三，在程序上，收费价格的制定需要经过特定的听证程序。这样，立法者、政府（监管者）、特许经营商、公众（消费者），都参与到基础设施的特许经营之中，从而较好地处理了政府的承诺问题。

二、部分欧盟国家基础设施特许经营合约中政府承诺问题的治理

基础设施特许经营模式被引入欧洲后也取得了巨大成功。总体而言，欧洲国家的基础设施建设有两个主要特征：第一，高度重视前期规划。在欧洲，基础设施建设项目一般由各行业协会提出申请，政府部门负责审批。在决定采取特许经营模式投资一个基础设施项目时，欧盟政府都会做细致的前期规划，有的长期项目规划期甚至可以达到 10 年。在审批过程中，政府会委派专业部门对基础设施项目的覆盖规模、投资总额和资金构成比例进行核算，一旦公共建设项目获得批准，就严格按照前期规划与协议执行（裴俊巍，2018）。第二，法制化管理。在特许经营模式中，欧洲传统的法制精神被继承下来，基础设施建设的前期规划设计、筹资方案、建设流程、经营管理以及后期使用都遵循法制化管理，将政府部门、经营单位以及消费者的权利义务都用法律形式确定下来。健全、科学的法律规制体系的建立，对基础设施特许经营市场的建立和维护起到了良好的规范作用。

与此同时，欧盟政府对于基础设施特许经营还设置了系统的救济指令和程序，各成员国必须根据指令安排加以细化。在遇到政府承诺不能兑现时，欧盟委员会依据自身职能对投资商的申诉内容进行核查，并要求成员国改正其违约行为，否则欧盟委员会将把案件移送到欧洲联盟法院以得到强制程序的支持。可见，欧盟的基础设施投资商实际上可以得到欧盟和成员国两个层次的承诺保证和救济途径。下面介绍英国（2020 年已经进入脱欧过渡期）及其他三个欧盟成员国国内基础设施特许经营的实践经验。

1. 英国（脱欧之前的）

20 世纪 70 年代英国发生滞胀危机以前，英国政府把基础设施作为社会福利性产品，国有化程度达到了 50% 以上，以"政企合一"为特征的政府管制色彩浓厚（丁元竹、丁潇潇，2013）。当时，英国的基础设施建设行业中企业规模都较小，无法发挥公共投资的规模报酬递增效应，工业浪潮中相关新技术的推行

强烈地依赖于政府推行，故凯恩斯主义在英国大行其道。20 世纪 70 年代以后，通货膨胀与经济低速增长交织并存的状态使英国对传统凯恩斯主义宏观调控理论不再迷信，美国等其他发达国家存在的同样问题也大大推动了英国基础设施建设寻求新途径的市场化之路，并开始放松基础设施建设项目的市场准入门槛，吸引社会资本以特许经营模式推动国内基础设施供给水平的提升。

20 世纪 80 年代初，从电信行业开始，英国政府对电力、煤气、自来水供应以及铁路运输等产业的政府管制实行了重大改革，即实现从"政企合一"向"政企分离"过渡（王俊豪，1997）。英国的基础设施特许经营改革彻底抛弃了政府公共部门集权化建设公共项目的传统，采取了多层面的优惠政策鼓励社会资本通过招投标承担公共项目建设，构建了能够以较低成本带来更高质量的基础设施供给体系。英国政府还成立了专门的基础设施各行业管制办公室，并授予其相当大的法定权力，包括发放企业经营许可证或修改其中的一些条款，还对特许经营企业的价格、质量等方面具有干预权力。对于可以通过收费方式保证投资回报率的基础设施，英国政府会通过招投标方式选择经营者，政府承诺给予其最低限度的干预；对于那些虽然可以进行收费但只能部分地补偿投资者成本的基础设施项目，政府依然会通过招投标选择特许经营者，并承诺将通过收益补贴使其利润率达到社会平均水平；对那些无法实现排他性收费机制的公共基础设施，英国政府采取的解决对策是公共部门和私人部门合作，由私人企业负责建设和运营，政府仅代表社会消费者购买该基础设施为社会提供的服务。以上这些灵活方式的选择既使社会资本的投资回报率得到了有效保证，又缓解了政府部门的公共建设资金约束。

与欧洲的法治传统相一致，英国的特许经营改革同样强调法律的基础性作用，立法先行也在最大程度上避免了特许经营协议双方可能出现的机会主义行为。这些法律包括 1984 年的《电信法》以及在 2003 取代该法典的《通信法》、1986 年的《煤气法》、1989 年的《自来水法》和《电力法》以及 1989 年的《铁路法》（郑艳馨，2012）。这些法律的颁布，使英国政府在特许经营合约中的承诺具有了法律依据和实施程序。

2. 德国

在相当一段时间内，德国的公共基础设施供给仍维持国有企业经营为主的模式，比如铁路就由国有铁路公司运营，公路交通也维持了国家投资建设为主的局面（李海岩、宋葛龙，2005）。到 21 世纪初，这些基础设施国有企业绝大部分已经转变为公法企业。公法企业是德国政府设立的特殊独立法人，其组织机构、人事管理和资产运营都是独立的，运作规则主要依据企业章程，但是政府在法理上却对其承担无限责任。相比国有企业，公法企业更加独立，受到政府的微观经营干预更少，决策更加市场化，故企业的市场生存能力得到加强。同时，政府承担无限责任，客观上为其在融资方面塑造了信誉优势，增强了社会资本进入基础设施供给领域的激励。

在德国政体中，对于公法企业的监管，联邦政府的职责在于制定顶层监管法律，具体监管职能则赋予独立监管机构以及各州相关部门（梁云凤，2011）。其中，最重要的监管机构是联邦网络服务署，负责供电、供气、铁路、电信、邮政等具有网络性特征基础设施的监管，拥有严格的监管程序和信息获取、调查权和实施制裁等监管权力。基础设施特许经营长期合约体现了经营商对客户的一种长期承诺，有利于基础设施服务的长期稳定性和安全性，但是长期合约是与欧盟和德国的市场竞争理念相违背的。因此，各层次的监管机构将负责审查特许经营商市场准入的公正性、资质条件等。德国联邦网络服务署在市场监管领域开展了广泛的国际交流与合作，特别是欧盟委员会。另外，德国联邦各州也设有独立于联邦网络服务署的监管机构。

3. 法国

法国是欧洲国家中较早推行基础设施特许经营的国家，向前可以追溯到1955 年通过的《高速公路法案》，该法案开始允许国家特许公司修建和经营高速公路（王树文、祁源莉、文学娜，2014）。在保证政府对公用基础设施拥有最终所有权的基础上，法国把经营权授予特许经营公司，从而将公共基础设施供给与企业市场行为关联起来。欧盟成立之前，对于特许经营者，法国政府会给予一系列的扶持政策，如在基础设施建成初期由于消费量少而出现资金运转困难的特许经营公司，政府允许其推迟固定资产折旧的计提时间或者给予贷款利息优惠。当然，享受优惠的企业往往也必须按照政府意愿扩大基础设施建设规模。法国模式较具有灵活性，无论是组织结构、合约内容还是技术手段都具有相比欧洲其他国家更大的可变性。但是，基础设施的消费价格始终都要经法国市政议会讨论确定，价格变化的程度、原因以及特许经营企业的利润也会被定期核查。

随着欧盟成立以及欧洲经济一体化的加快，法国按照欧盟的倡议逐步取消了对基础设施特许经营的一些优惠政策，政府与特许经营公司之间的利益关系完全依靠特许经营合同以及法律来规范。法国实行基础设施特许经营的法律主要包括《合约法》《案例法》《萨班法》和《阿拉尔德法》（徐宗威，2001）。在法律框架下，以特许经营合约为基础，法国政府成功地在政府机构和特许经营企业之间建立了一种相互信任的合作关系，这种关系使法国的特许经营模式得到了世界范围的认同。

4. 西班牙

20 世纪 70 年代以后，在高通货膨胀的困扰下，西班牙开始大规模引进社会资本进入公路、高速铁路、港口、机场等基础设施建设领域以缓解财政负担。西班牙的基础设施建设与管理能力已经居于世界前列。西班牙主要选择了以 BOT 为主的基础设施特许经营形式，并强调在经营过程中基础设施资产归政府部门所有，不得转让（国务院发展研究中心企业研究所课题组、李兆熙、周燕，2009）。西班牙政府规定基础设施项目对所有企业开放，国内、欧洲以及欧洲之外的企业都可参与竞标，被选中的特许经营商都可以在政府信誉保证下获得固定汇率贷款[①]以及税收优惠。总体上西班牙特许经营项目的资金来源中只有小部分来自特许经营者的自有资金，其余大部分来自政府担保下的银行贷款。比较特别的是，西班牙银行经常作为公共基础设施的直接投资者参与招投标。同时，政府主管部门负责公共基础设施项目的法律支持和技术准备工作，在政府改变经营环境或其承诺缺失导致特许经营企业面临风险时，政府必须承担相应的责任。这为基础设施项目的顺利开展提供了保障。

基础设施特许经营项目进入运营阶段后，专门的政府主管建设机构将参与协调和监管工作，且只有在非常重要的情况下才能直接进行微观干涉。特许经营项目的预算由投资者拟定，但是需要保证基础设施定价不会超过允许其获取利润的上限。西班牙越来越完善的《公共部门合同法》等特许经营法律法规很好地约束了政府的机会主义行为（王丛虎、徐琳，2016）。这些法律框架一方面遵循了欧盟公共合同缔约理念，另一方面又细致地结合了本国基础设施特许经营的特殊内容。同时，政府监管部门要求特许经营项目的所有环节都必须经过核查且信息完全向社会公布。

总之，从英国、德国、法国、西班牙等国的具体做法来看，欧盟国家在治理政府承诺方面，有几点共性的东西：一是建立有独立的监管机构，如英国各产业都有相应的监管机构，德国的联邦网络服务署等。二是完善的法规体系，这在欧盟各国中表现得尤为明显。三是系统的救济程序，并引入了法院的参与及司法审查。四是如英国对基础设施产业区分类型，对不同的产业实行不同的治理，并将确保特许经营商的回报与财务目标作为监管的目标之一。

---

① 贷款期间内如果汇率发生变化，差额由政府负担。

三、日本基础设施特许经营合约中政府承诺问题的治理

20 世纪 80 年代以前，日本政府长期扮演着基础设施供给者的角色。20 世纪 80 年代以来，日本政府面临着房地产泡沫破灭、经济骤然减速、巨额政府债务到期、公共支出压力增加等问题。如何利用有限的财政资金，优化公共资源配置从而提高基础设施供给规模成为日本政府的政策议题。然而，仅仅依靠政府力量无法持续地支撑基础设施的巨额投资，从而难以有效地满足居民多样化的公共需求，于是不得不把视线转向社会资本（宁旭冬、张晓霞，2015）。此时，基础设施特许经营模式被引入日本，政府对基础设施建设与经营管理所持有的传统理念也随之转变为"社会能做的事交给社会去做"，逐步改变自身作为公共投资者身份，并在坚持政府主导的前提下强调市场化融资方式和国有项目民营化。

为了推动基础设施建设的市场化融资策略，日本政府采取了以下政策：

1. 完善立法

健全的法律环境是基础设施特许经营模式赖以发展的制度支撑，也是降低特许经营合约不确定性的有效保障。因而，日本政府非常重视通过立法手段推动公共服务领域的开放。1987 年制定了《关于推进民间都市开发的特别措施法》，并成立了民间都市开发机构参与道路、公园、广场、上下水道、垃圾处理设施、停车场等基础设施的经营和管理，政府承诺提供 30% ~ 40% 的工程费用；1988 年制定了《地域综合整备资金贷款法》，以通过发行地方债券支持基础设施建设；1999 年通过了《民间融资社会资本整备（PFI）法》，通过政府文件形式明确了道路、医院等基础设施供给体制改革的框架与指南。2009 年日本政府进一步修订该法，扩展了特许经营的范畴。被列入这些法律规定的基础设施特许经营项目可以享受国家和地方税收优惠，政府也承诺给予资金保证（吕振宇，2009）。此外，日本特许经营合约通常定有自动续约条款，政府不能随意终止，除非经营方存在严重违约行为。

2. 拓宽融资渠道

首先是筹集债务资金。日本政府在筹集公共基础设施建设资金时主要采取发行地方政府债券和长期金融债券的形式。为了灵活地使用这些债券，政府规定这些债券可以转让，也可以作为抵押向日本银行申请贷款。其次是筹集非债务型资金。由于基础设施建设周期长、投入资金规模大、利润回收期限长等特

点，债务型资金会增加投资方的利息支付压力，故筹集无须还本的非债务型资金是化解经营风险的有效途径。对一些大型基础设施项目，如关西国际机场，日本政府是通过政府与私人合资组成股份公司的形式提供非债务型资金，然后再通过股份公司发行股票和债券以吸收更多的民间资本的（尹竹、王德英，2006）。

第四节　基础设施特许经营的国际经验

在发达国家，无论是否有单独立法，基础设施特许经营所依赖的市场运行体制以及法律依据比较完备，政府良好的信誉约束也使公共项目面临的承诺缺失风险远小于发展中国家。因此，投资商面临的风险主要是市场风险，公共项目的利润率也主要取决于事先的市场预测及市场需求变动。因此，发达国家对基础设施特许经营的研究在于如何能够确保有效的竞争方面。发展中国家由于基础设施特许经营实践基础薄弱，存在着投融资体制不完善、法律法规不健全、优惠政策不稳定、政府承诺可置信程度差等问题。在这种情况下，政府采用基础设施特许经营模式更多的是为了缓解财政压力。对于我国而言，无论采用哪种具体的特许经营模式，真正的问题是如何克服上述困难并让其根植于具体国情之中。

值得指出的是，对于我国而言，一种具有中国特色的基础设施供给方案值得各地总结推广，即地方政府将土地开发权与周边特定类型的地方基础设施供给责任相互捆绑，打包一并出售或转让给土地开发商（汤玉刚、陈强，2012）[1]。比如城市地铁建设，政府对这种公共基础设施的收费规制往往导致其定价偏低，使得企业投资热情不高或规模不足。为了激励企业更多地投资建设这类公共设施，政府可以同时以较低的价格将地铁附近的土地开发权出让给企业，这样地铁运营企业在地铁建设中的损失可由附近利益相关的土地未来预期收益来补偿。这种辅助性的激励平衡机制本质是政府把基础设施特许经营项目与土地经营权进行联合转让，将交易费用较高的产品成本转移到交易费用较低的产品中去，以达到平衡项目组合价格的目的。

---

[1]　汤玉刚，陈强．分权、土地财政与城市基础设施［J］．经济社会体制比较，2012（6）：98-110. 这种模式在多大程度上发挥效力，取决于基础设施服务可以资本化到开发者物业价值中的程度，资本化程度越高，开发商的投资激励也就越强。

当然，发达国家经过多年特许经营模式运作实践也积累了可以借鉴的经验，以下四个方面是我国应该重视的问题。

一、强化竞争性的准入机制

在公共基础设施产业引入特许经营制度，其实质是隔断政府与基础设施之间的直接联系，并通过引入市场竞争因素以减少行政垄断带来的效率损失。因此，招投标市场的建立直接体现着基础设施特许经营的市场化程度与方向。在我国基础设施招投标市场上，虽然竞争性准入机制的形式是存在的，但是在具体操作上却不严格，规避招标、虚假招标、资质挂靠、围标串标、拖欠工程款等行为时有发生，暗箱操作、收受贿赂等腐败行为难以杜绝，政企合谋的现象屡屡出现，这些都严重影响了基础设施经营招投标制度的严肃性和公信力。Jiang 和 Nie（2014）认为，行政管制尤其是行业进入管制正是导致企业和政府官员之间发生腐败行为的重要原因。总体上，我国进一步完善竞争性准入机制的路径如下：

首先，提高招投标市场的透明度。为了避免基础设施特许经营合约中的政府承诺缺失，必须增强招投标市场的公开度，也就是必须要对各项信息进行全面披露，这对于签约双方来讲都是一个良好的起点。具体来讲，我们需要建立涵盖招投标过程的信用评价指标体系，充分发挥监督部门职能的同时实现信息公开和共享，将招标公告、资格预审公告、中标候选人等信息及时、全面地向社会公布。这些措施会显著增强基础设施投资商准入环节的竞争程度，有利于弥补政府部门与社会资本之间的信息不对称局面，也能够把招投标的选择机制呈现在社会公众面前。

其次，从技术上设计招投标对象的甄选机制。一些资质不甚良好的企业为了争取中标，很可能会不顾亏损进行报价，将后期可能出现的问题寄希望于在再谈判中解决，或者直接采取降低服务质量或要求政府提高费率等违约行为（吴潮、邓伟，2003）。这种现象被称为招投标市场的过度竞争，它使竞标过程中政府主管建设部门难以甄别出最合适的经营企业，从而造成社会福利损失。为了尽量避免竞标者的过度竞争，可以实施次高标拍卖机制，其逻辑是：投资人会率先对公共设施特许经营权的实际市值进行评估，由于竞争者之间的信息往往是封锁的，因此投资人仅仅知道自身的评估价格，而无法获知其他投资人的相关信息。然而，从理想层面来说，绝对具有一个可以确保投资人相对客观收益的最高科学评估价格，全部投资人所确定的评估价格通常都会在这个价格周围浮动，一般公司评估价格通常要低于这个价格，但也存在一部分企业过度竞争，导致其评估价会居于其上。这时，策略性地排除掉最高投标者就可以在技术上削弱过度竞争。

最后，确立多种市场准入方式。虽然招投标市场容易出现政企合谋等缺陷，我国的基础设施特许经营市场中仍然主要采取了公开招标的方式，因为其能够最大程度地为政府赢得谈判优势。然而，公共基础设施项目的行业属性、规模经济的实现范围以及技术成本存在较大差异，这就需要适当地建立起方式多样的市场准入机制，以适应不同项目的甄选机制，而不能仅仅一刀切地使用公开招投标形式。邀请投标、竞争性谈判以及协商谈判等形式都可以作为特殊情况下的选择，虽然这些选择特许经营商的形式竞争性稍弱，但是其优势也比较明显，如可以提高选择针对性、节约交易成本以及治理成本。

二、选择有效的定价方案

公共产品或准公共产品的价格形成在本质上不同于纯粹市场化的私有产品，原因一方面在于自身竞争性与排他性特征的不完全，另一方面在于其受到政府经济发展目标、特许经营企业盈利目标、社会公众效用目标的多重约束和限制。价格监督人员往往无法获知获得特许经营权的企业实际经营过程中的成本情况，同样也无法获知其盈利情况，因此必须在信息不对称的前提下进行监督管理。Lippman 等（2013）将成本不确定性内生化并构建数理模型，证明了合约越复杂、信息不对称越严重的公共产品供给越是偏向于采取成本加成合约（cost-plus contract），而非固定价格合约（fixed-price contract）[1]。然而，源于供给成本确实在快速增长，或者源于掌握更多经营信息的特许经营企业策略性地隐藏或扭曲成本信息，成本加成定价方法往往会成为基础设施供给企业提高公共服务价格的便利通道。显然，这就需要一种辅助性的价格约束来辅助治理特许经营企业模糊真实成本信息的可能性。实际上，英国的最高限价模式（price ceiling）正是基于以上考虑而形成的，只不过它的出现反而带来了一些社会福利损失，如忽略了对特许经营企业生产能力的直接刺激，还会增加政府管制成本，并最终使基础设施供给规模低于社会最优水平。

可见，不同定价模式存在不同的优缺点，我们需要采用更灵活的方式才能使其实现在稳定物价的前提下，既能增加基础设施供给规模，又能提高生产效

---

① Lippman，Steven A.，McCardle，Kevin F.，Tang and Christopher S. Using Nash bargaining to design project management contracts under cost uncertainty ［J］. International Journal of Production Economics，2013，145（1）：199-207.

率的双重激励，从而在政府管制框架下尽可能实现社会福利最大化。为了应对各种因素带来的基础设施服务价格与供给成本之间的偏离，政府部门可以仿照对能源类产品设置价格调节基金的办法，对特许经营基础设施也设立相应的价格调节基金，对特许经营企业进行挂账补贴或利润回收。价格调节基金的构成主体应该是特许权转让所得收入以及政府专项补贴。当充分的信息显示基础设施定价过低以至偏离了实际运营成本时，特许经营企业可以申请启动价格调节基金，以补足合理利润；当实际经营成本下降或者定价过高时，经过多方论证显示特许经营企业的收益较大程度地超出社会一般投资利润率时，则强制性地将总利润的一定比例转入价格调节基金。

为了发挥价格调节基金的作用，避免价格调节基金成为特许经营企业竞相争夺的"公共池塘资源"（Common-pool resources）（Ostrom，2003），就需要政府主管建设部门与监管部门把基础设施特许经营的运行过程包括价格调节基金的启动条件披露于公众视野中。而且，公共基础设施产品的直接消费群体就是社会公众，政府也有保证公众知情权的责任。公众参与或第三方组织的参与，既可提升政府承诺的可信性，也是对政府承诺的一种监督和约束（陈富良，2014）。在具体的运行环节中，价格听证会为公众参与特许经营环节提供了法定渠道。遗憾的是，没有规定相应的可行程序，实践中的价格听证会往往只具备形式，存在着诸多漏洞，从而无法发挥实质性监督作用。如很多听证会不是在中立机构的主持下进行的，如果由主管部门组织，难免在公信力上大打折扣；听证参与者的中立性也受到质疑，甚至出现了"听证托儿"的现象；对于听证结果有异议，应当允许参与者提起行政诉讼，但目前缺少这方面的法律规定，使其缺少司法上的有效监督。

结合不完全契约理论，我国现有的公众听证制度可以重点在以下方面进行改进：第一，制定严格可行的听证程序，对听证的每个环节进行规范。如应该做到至少提前一周通知参加听证会的成员、听证会地点、主持听证与参会的法定人数、询问与回答的内容等，也应该允许听证代表到企业和消费者中调查、取证，同时建立会后意见反馈机制，把最后决策结果通过书面形式向全社会公布。第二，设计合理的听证人员选拔方法和构成比例，防止出现利益直接相关消费者的缺位。在听证会的组成结构中不能仅包括政府主管建设部门和特许经营商代表，还应包括专家学者团和消费者代表。第三，明确听证会费用来源。在我国法律层面或政策层面，并没有明确指出举办听证会所涉及场地租赁、设备租用以及办公用品等费用来源，现实中有时依赖于价格主管部门向财政部门进行不确定的协调和争取，有时由申请人支付。根据我国当前现状，我们建议举行听证会产生的费用应该在政府财政支持下由行政主体承担，并以正式规章制度形式确定下来，这有利于增强各利益相关者参与价格听证会的积极性。

三、探索多样化的监管体制

基础设施的准公共产品特征、巨大的投资规模以及广泛的利益相关性使得对其进行监管不可或缺。发达国家对基础设施建设的监管体制往往是根据发展目标事先建立的，其监管机构也是通过立法授权而非间歇性的行政改革而产生，并权威性地承担着维护特许经营市场秩序、探索合理监管方式的职能（周耀东、余晖，2005）。行之有效的政府监管必然应该包括监管目标的合理确定、监管方式的具体应用、监管权责的科学分配与高效的纠纷处理体系等方面，但是，总体来说，由于监管机构往往缺乏垄断成本和生产技术选择方面的完整知识，所以监管的根本目的在于如何在维护公众利益与促进有效竞争之间找到微妙的平衡。然而，我国对基础设施建设的监管却习惯于采用控制性色彩浓厚的规制手段，以及采用应急性的改革政策取代立法（见图3-3），这不利于监管体制在规范的法律框架内稳定推进。

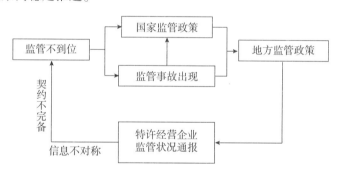

图3-3　监管失灵的传导过程

实际上，基础设施特许经营合约本身正是对命令和控制等传统规制方法的补充甚至是替代（章志远，2009），是市场化因素在政府监管领域的体现。这就要求政府不拘泥于一种固定的监管形式或工具选择。应飞虎、涂永前（2010）认为，规制工具的选择在整个决策体系中占据着关键性地位，规制工具与目标是否匹配直接影响到规制质量。因此，灵活而综合地运用绩效评估、信息规制、自我规制等新型监管工具成为未来进行基础设施特许经营监管的必然选择。当然，我们必须遵循各个监管工具的功能优势和适用范围，并对规制结果进行经济分析以评估其绩效。在法定程序上也要尽量让相关利益主体参与规制决策，这虽然不能保证找到完全匹配的监管工具，但却能在很大程度上避免不匹配工具的采用（应飞虎，2011）。

此外，为了保证监管绩效，还必须逐步厘清政府监管部门与主管建设部门以及其他政府部门之间的职能界限，使其独立于行政机关和基础设施特许经营相关利益者之外。在"谁最易获得信息、谁负主要监管职责"的原则下，尽量把涉及的监管内容集中在一起，实行"一个窗口对外"，提高监管效能，这就要求监管部门具备广泛的职权。例如，对于价格监管，由于基础设施建设主管部门更容易掌握特许经营企业的经营成本信息，而且能够更好地处理、分解这些信息，此时把价格调整权从国家发展改革委或物价部门向主管建设部门进行适当的转移将会提高监管效率。

四、完善法律保障

2015 年 4 月，尽管国家发展改革委、财政部、住房和城乡建设部、交通部、水利部、中国人民银行六部委联发的《基础设施和公用事业特许经营管理办法》已经正式公布，强调了特许经营协议的履行、变更、终止等环节中的实施机构和特许经营者的主要责任和义务（如不间断服务、利益受损补偿等）。但是，无论是遵循现代行政法治理念中政府承诺可信性建设的要求，还是基础设施特许经营事业健康发展的现实客观要求，我国都应该尽快完成由传统政策主导型政府监管模式向法律主导型的转变。截至 2014 年 6 月，由我国全国人大法工委委托国家发展改革委牵头制定的《基础设施和公用事业特许经营法》（征求意见稿）已经修改到第六稿，并得到了国家发展改革委的认同，之后，财政部将与国家发展改革委联合推动该法的起草工作。该法律对基础设施特许经营应用范围的界定、政府审批权限、合同框架和风险分担原则、退出机制和纠纷处理机制、各地项目规模上限与政府财力比例、信息披露以及公众参与制度等问题进行了说明，这必将减弱现存的特许经营合约由于缺乏法律约束而带来的不完备性，同时，也会降低政府主管建设部门与特许经营企业双方的违约风险。

未来在《基础设施和公用事业特许经营法》（征求意见稿）的实施过程中，应该谨慎处理与国家层面的其他法律，如《招标投标法》《政府采购法》《会计法》《仲裁法》等内容中和特许经营模式有一定冲突的条款。鉴于《特许经营法》目前仍属于二类立法，我们建议在充分论证的基础上提高其法律位阶，使之具备全国统一的原则性和较强的法律效力，同时也要保持一定的开放性，从而尽量避免与其他国家层面法律的逻辑冲突，并为地方立法留出必要的创新空间。与此同时，我们注意到，已有的监管研究文献往往致力于寻找能够普遍运用的监管工具。然而，针对异质性较强的基础设施行业，我们需要一整套工具箱，每一个市场要求用它自己的方式来监管。因此，在立法体例安排上，可以参照"统一立法+专项规定"模式，也就是把不同领域在公共设施特许经营中具有一致性的内容在总章内做出明确规定，而对于一些详细的规章制度则通过专章的方式予以明确。通过对症下药，设立不同规则，才能有效调动特许经营企业积极性，并规范其行为。

第四章　基础设施产业特许经营的多方博弈分析

在前述章节基础上，本章首先探讨了基础设施产业特许经营中的多重委托代理关系，其次分析了特许经营合约的政企博弈，最后分析了消费者、政府部门和特许经营企业的三方博弈。

第一节　基础设施产业特许经营中的三重委托代理关系

一、基础设施产业特许经营中的利益相关人

自从 Berle 和 Means（1932）第一次提出委托—代理理论，该理论即成为公司治理、政府规制问题和信息经济学研究的核心理论基础。后来经过 Spence 和 Zeckhauser（1971）、Ross（1973）的演化发展，该理论已经成为研究代理人行为问题的核心模式。委托—代理理论的基础是非对称信息博弈，非对称信息又称为不完全信息，指的是在某些博弈过程中一部分参与人与另一部分参与人关于博弈标的、博弈规则、博弈预期结果的信息是不一致的，一部分参与人拥有较为完备的信息，另一部分拥有较少的信息。委托代理关系指的是某个交易人根据确定的或可变的合约通过支付费用（或其他形式的支付）的形式让另一部分交易人帮助他完成某个合约目标的关系。在此关系中，委托人就是授权者，也是雇用者；代理人是被授权者，也是被雇用者。

该理论核心观点如下：第一，委托代理关系的出现是生产力发展到一定程度之后出现的，特别是大规模生产模式出现之后才产生的。主要原因有两个：其一，专业化分工的出现使个体的知识、能力只能更加专注于某个方面；其二，一部分代理人拥有了更为专业的管理知识和经验，他们具备足够的代理能力。第二，在委托代理关系中，委托人和代理人效用函数是有差异的。一般情况下，

这种差异并不会影响委托人委托目标的实现，但是这种差异足以导致委托人利益的受损。第三，为了防止委托人和代理人效用函数差异带来的福利损失，需要在制度设计上进行优化，尽量使得二者效用函数趋于一致。

在基础设施产业特许经营中主要有如下利益相关者：一是政府部门及其代理部门，二是参与特许经营的企业，三是基础设施的消费者。除此之外，还有基础设施建设过程中特许经营企业雇用的建设者、基础设施运营过程中相关配套产品和服务的供给者、基础设施建设过程中的金融机构等。图 4-1 显示了基础设施产业特许经营在建设和使用过程中的基本流程。一般情况下，为了进行某项基础设施建设，政府会通过招标形式向社会公开征集，有意向的企业则会按照政府要求准备招标方案，一旦中标后即按照政府要求进行基础设施建设，建设过程中会雇用相应的建设单位进行分包或发包。建设成功后，该企业即和政府按照签订的特许经营合同运营基础设施，政府主要通过发放特许经营权、监管特许经营绩效和合约再谈判与特许经营企业进行合作。特许经营企业在特许经营期间享有收益权，该权利通过向消费者收取费用来实现。在特许经营过程中，各个利益主体为了实现既定目标进行重复博弈。由于目标函数的不同，各利益主体会产生利益冲突和行为差异。该过程中最核心的问题是如何实现政府、特许经营企业和消费者三者间动态博弈的均衡。

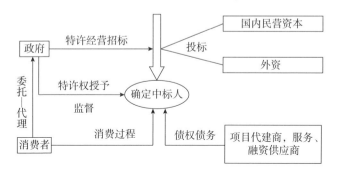

图 4-1　基础设施产业特许经营在建设和使用过程中的基本流程

第一，特许经营中的政府。在基础设施产业特许经营中的政府机构是一个广义的概念，不仅指和特许经营企业签订合约的政府机构，而且泛指对该特许经营具有一定监管权力的政府机构及其相关部门。在合约实际执行中，会有一个特定的政府代表行使该监管权力，如在高速公路的特许经营中相关交通主管部门即代表了具有监管能力的政府机构。

不同经济学派对政府机构的行为目标及其效用函数有不同的设定。福利经济学认为，政府大都是无私为社会服务的机构，其行为目标是社会福利的极大化。不同的是，制度经济学派和公共选择学派认为，政府是理性追求利益最大化的行为人，但是政府却被分化成两个组成部分：一部分是作为基础设施产业特许经营规制者的政府，其目标是提高社会公共福利，促进经济发展。以高速公路为例，其目标应该是通过吸引民间资本进行高速公路建设，实现辖区内交通经济的繁荣。另一部分则是作为规制政策执行人的个人，这些个人代表政府行使对基础设施产业特许经营的监管权力，但他们追求的是个人福利最大化，如比较高的薪酬待遇、比较高的社会地位、比较好的在职消费等，此时作为个人的政府代表和抽象的政府之间产生了目标函数差异，此时便产生了政府内部的委托代理关系（李妍、薛俭，2015）。规制经济学认为，由于基础设施产业往往带有一定的自然垄断性质，这些管理自然垄断行业的政府官员和被监管的特许经营企业会形成较为紧密的连带关系，这些官员往往在形式上不满足监管独立性的要求，于是这部分官员可能为了自身福利最大化选择和特许经营企业合谋，这会导致政府出台的监管政策偏离社会福利最大化的目标。本书主要探讨政府监管、违约行为和特许经营企业之间的博弈关系，不再讨论政府内部的委托代理关系，因此本书假设政府的目标函数是以社会福利极大化为导向的。

第二，特许经营企业。特许经营企业有多重目标，如利润最大化、企业价值最大化、相关者利益最大化等。在一般情况下，特许经营企业会将企业目标分解成以下三个子目标：一是收回投资的时间尽可能短，二是运营成本最小，三是在特许期内获得尽可能多的利润。值得指出的是，由于基础设施产业具有较强的公共产品属性，特许经营企业需要承担一部分本属于政府的社会责任，因此政府往往会对基础设施产业特许经营过程进行最高价格限制（price ceiling），这种价格限制会挤占企业利润，从而导致了政府监管行为以损害特许经营企业利润为代价实现提高社会福利的结果。不仅如此，政府为了某些社会目标可能会单方面违反特许经营合约，这时需要政府和企业进行合约再谈判。但对企业而言，这种再谈判需要支付较高的交易费用。因此，在基础设施产业特许经营中，政府的博弈能力可能要比企业更强。

第三，基础设施的消费者或潜在消费者。消费者是基础设施的具体使用者，其目标函数是在成本可接受的前提下最大化自己在消费过程中的福利水平。以高速公路为例，消费者的目标是支付相对较少的通行费用来获得通畅安全的高速公路服务。当前我国广泛存在着高速公路收费较高但是通行速度不快的弊病，然而并没有消费者群体为此问题实施积极的维权行为。其原因在于：这些基础设施的消费者群体很大，但是其消费行为较为分散，彼此之间无法形成有效的联系和信息的有效互换，从而使他们成为了"耐受力最强"的消费者。

二、基础设施产业特许经营中的委托代理关系

基础设施产业特许经营中存在多重委托代理关系：第一重委托代理关系存在于消费者和政府之间，即消费者委托政府部门对基础设施进行供给。第二重委托代理关系存在于政府部门和特许经营企业之间，即政府委托特许经营企业对基础设施进行社会供给。第三重委托代理关系存在于消费者和特许经营企业之间，即消费者委托特许经营企业为其基础设施的消费过程负责。另外，政府内部也存在两重委托代理关系：一是政府是个笼统的概念，一般情况下，政府会委托监管机构行使对特许经营企业的监督管理权力，如在高速公路特许经营中，政府会委托交通管理部门去监管特许经营企业；二是某个政府部门会委托部门内部的官员个人或团队行使监管权。一般博弈分析中不再涉及政府内部的委托代理关系，只以广义的政府作为博弈参与方。

首先，消费者和政府之间的委托代理关系并不明显，而且其形式上的意义要重于其实质上的意义。其委托代理的逻辑为：基础设施消费者通过纳税行为向政府进行支付，委托政府管理社会并提供基础设施服务。这种委托代理关系在法理上比较明显，但是由于消费者众多且分散，并未形成委托代理链条中代表消费者群体的委托代言人，从而使该委托代理关系实质上的意义并不重要。其次，政府和特许经营企业之间的委托代理关系是基础设施特许经营中最重要的委托代理关系。其委托方和受托方都有具体的代言人，其合约的缔造过程比较规范，其违约后果比较清晰。最后，消费者和特许经营企业的委托代理关系比较薄弱。其原因是消费者无法形成自身利益的代言人。但是随着消费者维权路径的日渐广泛，这种委托代理关系在基础设施特许经营中显得越来越重要。

从本质上来看，基础设施产业特许经营是把本应该由政府提供的具有公共品属性的基础设施通过特许经营的方式部分或全部转移给特许经营企业提供，这一过程直接将原先"消费者—政府"的单一委托代理关系变成了"消费者—政府—特许经营企业—消费者"的三重委托代理关系，其委托代理的链条更长了。根据委托—代理理论，委托代理链条越长对代理人的监管成本越大，监管难度越高。其原因在于，委托代理链条越长，不同委托代理关系之间的信息不对称问题越严重，不同代理关系中的代理人采取机会主义行为的风险越低。因此，特许经营制度极大地助长了基础设施产业中不同代理人的机会主义行为。

第二节　基础设施产业特许经营中的政企博弈

基础设施产业特许经营制度本质上是政府为了减轻财政压力而采取的公共品供给多元化的措施。多元机制的核心思想是将市场机制引入公共品和准公共品的社会供给中，致力构建政府监管、特许企业、消费者以及其他相关利益主体的多层次公共品供给新模式。基础设施产业特许经营的制度安排实质上是为了打破政府单一供给的运营模式，重新塑造公共品和准公共品的利益分配机制。在此制度变迁进程中，各相关利益主体的动态博弈是必然的，是新制度安排不断探索前进的行为逻辑。基础设施产业的特许经营问题涉及各方面复杂的利益关系，存在至少三层委托代理问题，该动态博弈势必影响到宏观经济运行中的各个子环节，如社会价值认可系统、经济运行系统、政治利益系统等，因此有效规制该动态博弈中利益主体的投机主义行为显得分外重要。根据经济学原理，基础设施产业特许经营的价值导向应该是遵循"3E"理论的，即要保持其经济性、效率性和高效能。但是，基础设施产业作为社会公共部门的供给品之一，如果其运行目标是企业利润最大化，则必然导致其公共品属性的异化，从而背离政府进行基础设施产业特许经营的初衷。所以，特许经营企业的运营目的应该是双重的，即在有效保障社会福利最大化的前提下追求自身经济效率的极大化。在此意义上，基础设施产业的特许经营模式应该只是政府寻求制度变迁的一种手段，而不是最终目的，基础设施产业的特许经营应该是纯效率主义和纯公平主义的综合选择，这种选择在形式上表现为宏观社会公平和微观经济效率的动态博弈均衡。基于此，本节通过分析政府部门和特许经营企业的博弈关系来展现这种合力选择的结果。

一、政府和特许经营企业的基础博弈模型

首先，假设 A 代表基础设施产业的特许经营企业，其经营目标是利润极大化。B 代表政府部门行使对 A 的监管职责，其行为目标是追求社会福利水平的极大化。由于假设 B 的行为目标是社会福利极大化，因此其公益属性和特许经营企业的利润极大化目标相互排斥。另外 B 对 A 的监管是需要交易费用的，且这种监管是一种稀缺的资源。

其次，假设基础设施供给低效率时社会收益是 e，即特许经营企业在基础设

施特许经营中采取机会主义行为，没有努力供给最优质的基础设施服务时的社会收益；Δe 代表特许经营企业不采取机会主义行为而提高基础设施供给效率时社会福利水平的提高，即此时社会收益是 $e+\Delta e$；假设 d 代表当基础设施供给较为低效率时特许经营企业的利润；假设政府机构为了监管特许经营企业支付的监管费用是 c；假设特许经营企业为了将基础设施的供给从低效率供给改变为高效率供给付出的努力成本是 m；假设特许经营企业采取提高努力成本 m 而得到的政府奖励是 n，同时当特许经营企业没有努力供给基础设施时受到的政府处罚是 p。此时图 4-2 显示了政府和企业之间的博弈过程。

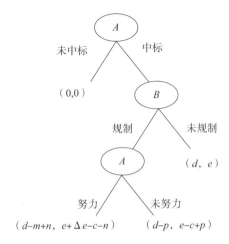

图 4-2　政企博弈过程

根据图 4-2，如果特许经营企业 A 在基础设施项目招投标过程中中标，那么政府监管部门 B 可以选择对 A 进行有效规制或者非有效规制。对于企业 A 来说，如果其不采取机会主义行为，在基础设施的经营过程中努力提供物美价廉的公共服务，在博弈模型中体现为 $d-m+n \geq 0$，即企业 A 基本的净收益减去为提高基础设施公共品供给服务效率的成本耗费再加上政府奖励的净现金流入量为正，那么企业 A 愿意进入基础设施产业特许经营市场，并且有动力提高基础设施产品的供给效率。当然，如果企业 A 存在机会主义行为，但其不努力时的利润减去政府罚金之后的余额大于零，企业 A 也会选择进入该特许经营市场，表现为 $d-p \geq 0$。这说明无论企业 A 是否选择提高基础设施产品的供给效率，只要其净现金流入为正，都会积极地参与基础设施项目招投标。为了使社会福利水平极大化，政府 B 需要在制度设计上保证企业 A 不存在机会主义行为时的现金净流量大于存在机会主义行为时的现金净流量，表现为：$d-m+n \geq d-p \geq 0$。

从政府部门来看，有效规制企业 A 的机会主义行为是其主要责任，但并不是所有政府部门都会选择有效规制，即使某个可靠的政府部门也不一定在所有情况下都选择有效规制。具体而言，政府 B 选择有效规制企业 A 的条件有两个：第一，如果企业 A 存在机会主义行为，但是政府 B 对 A 的处罚所得大于有效规制的成本，即 $p-c \geq 0$，此时政府 B 会选择有效规制；第二，如果对企业 A 有效规制后，企业 A 提高基础设施产业的供给效率得到的社会福利增量 Δe 大于政府 B 的监管成本和支付的奖励金之和，即 $\Delta e - c - n \geq 0$，此时政府 B 也会选择有效规制。

根据上述分析可知：第一，根据博弈结果，只要满足条件一（$d-m+n \geq 0$）或者满足条件二（$d-p \geq 0$），民营资本都会踊跃进入基础设施产业的特许化经营进程中。因此，在基础设施产业特许经营的制度变迁中，政府部门应该努力消除制度门槛，积极进行适宜的制度设计吸引民间资本参与该进程。特别是，高速公路、跨海大桥之类的特许经营行业，大多属于具有自然垄断属性的准公共品，对民营资本而言是较理想的投资项目。因此，只要政府 B 能够设计出合适的制度约束及激励机制，一定可以吸引丰富的民间资本流入基础设施特许经营行业。

第二，激励特许经营企业不采取机会主义行为而提高基础设施产业供给效率的约束条件是 $d-m+n \geq d-p \geq 0$，这样既能吸引民间资本进入，又能保证特许经营企业不采取机会主义行为。将此条件简化为 $n-m \geq p \geq 0$，即特许经营企业努力提高经营效率得到的奖励减去为提高效率付出的成本之后的现金净流量大于特许经营企业采取机会主义行为支付的罚金，此时特许经营企业会有足够的动力去提高企业运营效率。为此，政府监管机构在进行制度设计时必须准确把握市场动向并进行详细市场调研，科学合理地制定 n 和 p 的水平，防止奖惩机制倒挂问题的出现。当奖惩机制倒挂时，约束条件变成了 $0 \leq d-m+n \leq d-p$，这意味着特许经营企业采取机会主义行为得到的净现金流量大于努力提高基础设施产品供给时的净现金流量，此时社会福利水平会有显著的下降，不利于基础设施产业的健康发展。

第三，促进政府部门进行有效监管的条件是 $\Delta e - c - n \geq 0$ 或 $p-c \geq 0$。第一个条件的含义是，如果政府部门采用有效规制策略带来的社会福利提升 Δe 大于有效规制成本和对特许企业奖励之和（$c+n$），政府会选择有效监管，这是比较好的博弈结果。特别是，政府规制机构如何通过行政手段、法律法规约束等方式对特许经营企业提供恰当的激励性制度设计，是特许经营问题中最核心的研究领域。如果满足条件 $p-c \geq 0$，即如果政府部门收到的罚款收入大于政府部门的监管成本，它也会选择有效规制。问题是，此时特许经营企业选择的是机会主义行为，这并不是最优博弈结果，但现实中这种结果却是客观存在的。它是以损害社会总体福利水平为代价提高政府部门收益的不可持续发展方式，这种方式在现实中表现为政府部门对特许经营企业的乱收费、乱摊派问题。

二、政府监管费用的极小化

在上述博弈模型的基础上，假设政府部门通过有效规制策略发现特许经营企业采取机会主义行为不努力提高基础设施产品和服务供给效率的概率为 r，此时特许经营企业收益是 $(d-p)$；政府部门没有发现特许经营企业的机会主义行为的概率为 $(1-r)$，此时特许经营企业的收益是 d。那么，如果政府部门规制策略带有一定的随机性，以收益极大化为目标的特许企业的期望收益 $E=d(1-r)+(d-p)r$。该期望值 $E \geqslant 0$ 是特许经营企业采取机会主义行为的约束条件。

假设 f 代表政府发现特许经营企业有机会主义行为的处罚力度。由于 d 代表了基础设施供给效率较低时的特许经营企业的利润，如果 $r=1$，即企业机会主义行为总是能够被政府发现，此时 $f=d$，即政府处罚力度刚好等于企业此时获得的利润。如果企业利润变为 0，那么企业可能会选择不进入该行业或者不采取机会主义行为。问题是 $r \in [0,1]$，企业的机会主义行为被发现的概率不一定等于 1，这意味着企业机会主义行为有 $(1-r)$ 的概率不被发现。为了提高处罚力度，应该考虑企业机会主义行为未被发现带来的社会福利损失，即企业机会主义行为未被发现的概率 $(1-r)$ 越大，政府对企业机会主义行为的处罚力度就应该越大，这意味着 f 和 $(1-r)$ 正相关，即 f 和 r 负相关。基于上述分析，假设政府的处罚力度公式为 $f=d/r$。

特别地，如果 $r=0$，说明政府的规制策略完全无效或者政府完全没有采取规制策略，此时政府的行政能力和规制执行功能完全丧失。由于社会监管机制完全丧失，此时不太可能产生基础设施产业的特许经营模式了，那么 $d=0$ 时 f 的存在没有任何经济含义[①]。更一般地，可将 $r \in (0,1)$ 时 (d/r) 视同企业采取机会主义行为的机会成本，如果政府处罚力度大于企业的机会成本，企业会更加努力地提高基础设施产品及服务的供给效率。

政府通过有效规制手段发现特许经营企业机会主义行为的概率 r 受到多重因素影响，政府为了提高概率 r 可以不断增加对特许企业的监管频率，也可以购买先进的设备对企业产品进行检测，还可以通过社会调查及走访消费者进行相关调研。但是这些规制措施都需要规制成本，对于政府而言，由于这些规制成本的来源是消费者支付的税收等费用，因此并不能无限制使用，所以发现企业机

---

① 此处并不能因为 $r=0$ 即推出 $f \to +\infty$，因为此时 f 没有经济含义了。

会主义行为的概率受到监管特许经营企业支付监管费用 c 的影响，即概率 r 是监管费用 c 的函数 $c(r)$。函数 $c(r)$ 满足 $c(r)'>0$ 且 $c(r)''>0$，即 $c(r)$ 的一阶导数和二阶导数都大于 0。一阶导数大于 0 说明了发现企业机会主义行为的概率越大，规制费用就越大；二阶导数大于 0 说明了如果发现概率 r 已经很大了，进一步增加发现概率 r 所需要的规制费用 $c(r)$ 的增长速度更慢。由于政府的处罚力度 $f=d/r$ 表示特许经营企业采取机会主义行为的机会成本，从另一方面看即政府提高处罚力度可能要承担的成本。政府处罚力度越大，其有效规制的成本越小。因此，规制费用 $c(r)$ 和处罚力度呈现负相关关系。另外，政府选择有效规制策略时基础设施产品供给效率增加时提高了社会总福利 Δe，为了得到更多的 Δe，政府需要支付更多的 $c(r)$。因此，$c(r)$ 和 Δe 呈现正相关关系。此时政府的决策目标是 $c(r)$ 最小化，可以表示为式（4-1）。

$$\min_{0<r<1} c(r)=\Delta e-d/r \tag{4-1}$$

式（4-1）求解可得 $c'(r)=d/r^2$，即 $r=[d/c'(r)]^{1/2}$。

在式 $r=[d/c'(r)]^{1/2}$ 中，$d/c'(r)$ 是特许经营企业净利润和政府采取有效规制措施发现特许经营者存在机会主义行为的边际费用之比。由于 $r\in(0,1)$，所以有 $r\geq r^2=d/c'(r)$，即政府发现特许经营者存在机会主义行为的概率大于特许经营企业的净利润和政府采取有效规制措施发现特许经营者存在机会主义行为的边际费用之比，此时可以保证在政府规制费用最小的前提下让特许经营企业努力提高基础设施产品服务的供给效率。

通过上述分析可知：为提高基础设施产品服务的供给效率，政府不能单纯地放松规制，也不能单纯地强化规制。单纯放松规制会让进入该领域的特许经营企业良莠不齐。此时，由于监管力度的减弱，这些特许经营企业会有极大概率采取机会主义行为，从而不利于该类产业的长远可持续发展。单纯增加规制强度也不可取，原因在于过强的规制力度会使那些原本有意愿进入该领域投资的民营资本望而却步，依然无法解决基础设施供给中资本不足的问题。作为规制者的政府应该做的是对现有规制策略进行改进，使规制制度向更加科学和有效的方向演化。具体而言，政府可以在弱化传统规制策略的同时进一步加强对特许经营企业的激励规制，从而实现规制策略的激励相容；政府还可以适当弱化经济规制手段，同时加强对特许经营企业的社会规制力度，积极引入第三方测评机构、民意调查等规制方法，提高社会规制效率；政府在科学简化民营资本进入壁垒的规制策略时，同时加强对特许企业的效率规制。不仅如此，政府还应该联合其他相关部门大力进行特许经营的法律建设，积极出台相关的法律法规，为政府规制和企业自我救济提供法律依据。

根据博弈结果，如何科学制定关于特许经营企业的奖励 n、处罚 p 以及企业

利润水平 Δe 成为该博弈过程能否达到福利极大化的占优均衡的关键。为此，政府可以在以下三个方面着力：第一，在所有特许经营的定价环节科学引入价格听证模式。价格听证模式的本质是在对某些特殊品类的商品或服务实施政府价格限制之前由政府相关机构组织的关于价格合理性及可行性的论证过程。价格听证的引入能够落实基础设施产品服务相关消费者的知情权，能够对消费者权益提供恰当的价格保护，是一种有效规范基础设施产品或服务价格的方法。第二，在基础设施产品或服务定价时采用成本加成定价的办法，加成比例应该体现基础设施产品或服务的公益性质。因为基础设施产业带有一定的公共属性，其消费对象是众多的社会人群，如果价格过高则会引起社会不公的质疑，不利于社会稳定。政府在对基础设施产品或服务进行定价时，应该在特许企业运营成本基础上适当加成一定的利润比例保证特许企业的盈利性，同时不损害基础设施产业的公益性。第三，积极培育相关中介组织及行业的发展。如果政府对基础设施产品或服务采用听证制度或采用成本加成定价方法，则需要借助专业的第三方组织对该产品或服务的成本水平、社会供求状况、财务危机进行详尽的调查、审计和分析，这些第三方组织包括资产评估师事务所、注册会计师事务所、律师事务所等。为了得到详尽、准确的财务信息和其他相关数据，政府应该积极鼓励并支持这些中介行业的发展。

三、政府部门机会主义的规制

上节着重分析了政府可信的前提下对特许经营企业机会主义行为规制的博弈问题。但是如果政府不可信呢？如果政府承诺的兑现能力薄弱且总是有动机破坏特许经营合约呢？此时的政企博弈是否可达到均衡状态？事实上，政府部分成员的效用函数和整个社会的福利函数有较大差异，部分政府官员的行为容易和社会福利最大化偏离，甚至部分人员还存在严重的腐败问题，此时政府规制则不再有效，社会中出现了政府失灵的状态。政府失灵的主要表现为：政府部门对特许经营企业进行乱收费、乱摊派，政府官员利用职权和特许经营企业进行权钱交易等。因此，如何防控基础设施产业特许经营中政府官员的道德风险是该博弈中的重大问题之一。

公共选择理论认为：在市场经济条件下，微观领域中的消费者和生产者理论遵循的理性人假设同样适用于政府机构和政府官员，这意味着政府作为国家和社会的代理人，其行为逻辑依然遵循理性原则。所以，在参与基础设施特许经营的博弈中政府行为在一定程度上符合理性人的行为特征，其行为选择是违约还是守约，是兑现承诺还是违反承诺，与个体经济人的决策逻辑并没有太大差异。虽然政府被赋予了政治取向、社会伦理的角色扮演，但最终起重要作用的还是经济利益和福利水平（蒋士成、费方域，2008）。另外由于政府官员的任期是有限的，在其任期前期选择守约可能是最好的策略，但是有较大比例的官员在任期末期可能会选择违约来提高自身福利，而继任者是否延续前任的政策方针则是一个未知事件。相对于特许经营企业而言，官员任期的短期性可能会进一步加大政府违约的概率，从而加大这些企业投资的风险。在此基础上，本节讨论的政府不再是完美的不存在政府失灵的公共利益代表，而是符合理性人假设的追求自身福利最大化的个体。在基础设施产业特许经营的各个环节，从招投标、生产建设、民间融资及担保到基础设施运营与维护、基础设施特许期内的规制再到特许期结束后的转交等问题，作为理性人的政府在法律、法规不健全背景下的行为逻辑具有较大的不确定性和风险性。具体而言，在基础设施特许经营过程中，政府部门希望得到民营资本的支持以缓解财政压力和银行信贷压力，参与企业则希望通过该投资赚取至少和市场平均回报率持平的利润。但是政府及其官员代表的理性人行为假设可能会导致政府承诺缺失，即政府可能利用特许经营企业不能反过来对自己进行有效规制的漏洞而谋取自身经济利益最大化。对于企业而言，如果政府承诺缺失，其救济途径往往比较狭隘，最后的结果可能是收回部分投资自认损失。所以，如何提高政府承诺能力及承诺的可信度则成为基础设施产业特许经营中的重大问题。

在基础设施产业的特许经营中，政府承诺能力缺失的主要原因有三个：第一，政府自身缺乏自我事前规制的合约和规则。虽然我国有较为完善的公检法体系，也有发展改革委、审计署等监察管理部门对政府及其官员进行监管，但是在基础设施特许经营过程中这些监管具有较严重的滞后性，往往是政府官员因违背承诺造成了特许经营产业的巨大损失后才对其进行规制，这种规制模式纯属事后性规制，只能缓解社会舆论的压力，并不能提高基础设施产业供给效率。不仅如此，政府官员自身的日常考核往往集中在上层部门，这些考核是尽职性考核而非效率性考核，所以政府官员有足够动力违背对特许经营企业的承诺来提高自身的经济利益。第二，第三方监管体系的缺失。我国基础设施产业特许经营中没有第三方监督机构行使对该特许经营模式的监督权（夏立明、王丝丝、张成宝，2017）。作为博弈方的政府往往只考虑如何引入资本的问题，在该过程中各种问题的救济途径只有行政手段一种，这就形成了政府对自己行为的自我评价。这种自我评价不仅交易费用高，而且评价效率较为低下。这说明政府既扮演交易方又扮演监督方，这必然导致政府承诺能力的缺失和违约风险的提高。第三，特许经营法案的缺失。目前我国并未针对基础设施产业特许经营问题制定专门的法案予以规制。这意味着政府部门的所有相关决策都是可以进行自我否定和自我修正的。但是交通基础设施产业特许经营是以合约交易为基础的，如果没有专项法律的保障，政府的权力就受不到应有的管制，这也必然造成政府承诺能力的缺失。

本节博弈模型假设如下：

首先，A 代表特许经营企业，A 的行为目标是追求自身利润的极大化，并且 A 是风险中性的。A 的决策涉及两个方面：一是自身是否参与招投标过程，即是否进入该领域进行投资；二是进入了该领域投资后，如果政府有违约和守约两种行为，那么自己是否持续经营下去。

其次，B 代表政府部门及其官员。B 是典型的风险回避者，除了追求社会福利极大化外，其更注重追求自身福利水平的极大化，但是如果追求自身利益极大化的风险较大则选择风险规避。B 有可能利用自身的行政优势向 A 施加压力，从而造成"寻租"的空间。另外，由于第三方监督体制的缺失、法律的缺失以及自我评价的存在，B 有可能在向 A 寻租失败的情况下选择不遵守与 A 的合约，从而造成 B 的承诺缺失问题。事实上，随着基础设施产业特许经营不同发展阶段博弈条件的变化，对 B 而言，严格遵守合约可能并不是一个可期待的博弈均衡。

最后，A 和 B 合约的主要内容：A 投资兴建基础设施（如高速公路），B 承诺 A 在基础设施建成后赋予 A 一定年限的特许经营权。

假设 OP 代表企业 A 不选择进行基础设施投资，而是将资本投资在其他领域带来的收益，即 OP 是企业 A 投资基础设施产业的机会成本；假设如果企业 A 不选择投资基础设施产业，政府 B 没有足够资本能够推动该基础设施的建设，此时社会福利受到损害，损害的金额是 E，即此时政府的收益是 $(-E)$；假设企业 A 选择进入基础设施产业，并且在政府遵守承诺的前提下，企业选择努力运营基础设施时企业 A 的可期待收益水平为 B_1；假设企业 A 选择进入基础设施产业，并且在政府违约的前提下，企业选择努力运营基础设施时企业 A 的可期待收益水平为 B_2；假设政府选择不违约，企业选择经营该产业，政府获得的社会福利水平是 E_1；假设政府选择违约，企业选择经营该产业，政府获得的社会福利水平是 E_2；假设企业 A 投资成本为 C。图 4-3 显示了该博弈的过程。

根据上述假设，如果基础设施特许经营项目顺利进行，应满足 $B_1>B_2>C>0$；$E_1>E_2>R>0$。即企业 A 选择经营项目时，政府选择遵守合约时的企业预期收益要更大，此时社会总体福利水平也更大。这说明最好的博弈结果是 (B_1, E_1)。具体分析如下：

第一，如果 $B_1<OP$，说明即使政府选择遵守合约，企业 A 选择进入并经营，但是企业经营的预期收益低于企业将这部分资本投资到其他领域的预期收益。

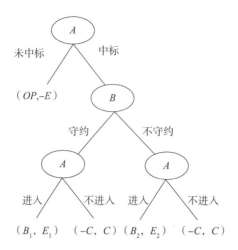

图 4-3　政府可能违约的政企博弈

此时企业 A 不会选择进入该领域进行投资，基础设施产业的特许经营便无法实现，政府则损失社会福利 E，此时的均衡结果是（OP，−E）。这种结果对博弈双方和社会福利都是最差的。

第二，如果 $B_2 > OP$，说明即使政府 B 选择违约，企业 A 的预期收益依然大于其机会成本，企业 A 依然会选择进入该领域投资经营，政府获得社会福利 E_2，此时均衡结果是（B_2，E_2）。问题在于，这种均衡结果并未使资源配置达到帕累托最优，政府 B 的违约会造成较大的福利损失。对于企业 A 而言，由于选择退出的成本比较高昂，企业 A 不会选择退出。但是，企业 A 可能会选择向政府 B 寻租从而提高自身的 U_2，这种政企合谋虽然使交易双方获得了较大的福利水平，但最终损害了社会福利，因为此时的社会福利水平 $E_2 < E_1$。

第三，为了得到最优博弈结果（B_1，E_1），最可行的办法是使政府选择违约时的收益尽可能地减小，以至于政府不愿意为此收益承担较大的违约风险。如何让 E_2 远小于 E_1 呢？可以采取的措施是，进一步加强特许经营的立法建设，加强第三方监督体系，进一步加大政府违约的处罚力度等。

为了实现博弈的占优均衡，关键途径是对政府的承诺缺失问题进行制度上的有效规制。对于政府而言，提高政府公信力的途径有两条：一是政绩，二是信用。基础设施产业特许经营的有效推进本身即政府的主要政绩之一，因此规制政府承诺问题的主要手段在于提高政府的信用。政府的信用水平代表了政府的整体稳健程度，只有具有较高信用度的政府才能在基础设施产业特许经营中获得较多的企业信任度，才能吸引较多的民营资本进入该领域。对于企业而言，政府政策及其变化是未来经济利益预期及企业发展的关键影响因素，如果政府任意使用自己能够修改政策的行政权力，会削弱拟进入特许经营产业企业的兴趣度。因此，政府政策应该在一定时期内具有稳定性，只有这样才能让企业有较为稳定的预期，同时也有助于避免企业采取机会主义行为。

政府作为市场经济的调控者主要有两种职能：一是为社会提供公共产品及服务；二是对宏观市场进行监管和调节。政府可以通过立法的形式构建规范的社会征信体系和违约惩罚制度，发挥自身社会契约核心的引导作用。基于此，为提高政府的承诺能力可从以下三个方面入手：第一，进一步通过立法和行政手段规范政府行为，使基础设施产业特许经营的全过程公开透明，使消费者、企业和政府的信息尽可能地满足对称性要求，使整个博弈过程从非对称博弈转化为对称性博弈，从而提高基础设施产品服务的供给效率。第二，进一步通过机制设计减少作为政府代理人的政府官员实施内部寻租、抽租的概率，提高其寻租、抽租的风险和成本，使政府代理人在良性的机制设计中自觉地肩负起提高社会福利的责任。第三，进一步加强立法建设，尽快实现基础设施特许经营问题法制化管理。

第三节　基础设施产业特许经营中的三方博弈分析

根据本章第一节的论述，基础设施产业特许经营涉及三个博弈参与者：一是政府，二是特许经营企业，三是消费者。其中消费者委托政府对特许经营企业进行监管，同时消费者委托特许经营企业为自己提供基础设施产品和服务。广义的政府部门需要委托某些具体的监管机构对特许经营企业监管，如政府委托交通管理部门对高速公路特许经营企业进行管理。同时，政府和其委托的监管部门委托特许经营企业进行基础设施产业的特许经营。基础设施产业特许经营中至少存在上述三种委托代理关系，这种多重委托代理关系延长了博弈链条，使三个主体的博弈更加复杂。在本书分析中不再严格区分政府及政府委托的监管部门的差异，统一将其称为政府部门，因为二者的目标函数和社会福利函数几乎是一致的。特别是，在特许经营企业和政府部门之间的博弈往往是非对称信息博弈，一方面特许经营企业拥有对基础设施项目更完善的信息，另一方面政府拥有行政权力，这种非对称博弈的结果往往是非零和博弈。在某些特定条件下，博弈双方可能会选择合谋，这种表面的规制与被规制的关系通过合谋成为了合作博弈关系。另外，这种规制与被规制的关系也可能表现出俘获与被俘获的合作博弈关系，这种合作博弈的利益分配可能需要议价解决。此时双方的合谋净收益之和表现为消费者的净损失。作为双重委托人的消费者为了最大化自身利益，会借助一定的救济途径来反抗这种合谋行为。本节构建包含政府部门、特许经营企业和消费者的三方博弈模型。

一、三方博弈的基本设定

本章第一节中分别假设特许经营企业和政府部门一方存在机会主义行为，另一方不存在机会主义行为的博弈模型，本节模型中假设双方均存在机会主义行为并共同合谋，在此基础上讨论三方博弈的福利水平。

第一，博弈参与人如下：一是基础设施产品或服务的消费者，一般包括某项基础设施的所有使用者。二是政府部门及其官员，他们是公权的代理规制主体，但是他们有可能选择与特许经营企业合谋以获得自身利益。三是特许经营企业，这是被规制的对象，他们为了自身利益最大化有可能主动和政府部门及政府官员勾结，从而形成合谋。

第二，消费者作为委托人对作为其受托人的政府部门有一定的制度性约束，这种约束主要来自社会舆论、互联网工具、现有法律规范和消费者的自我救济途径。假设消费者对政府部门的约束用束缚系数 β 表示，且 $\beta \in [0,1]$，β 越大，表示消费者对政府部门的约束力度越大，政府部门采取侵害消费者利益的困难程度越高，政府部门依法办事的可能性越高。$\beta \leqslant 1$ 意味着消费者对政府部门的约束是不完全的。事实上，消费者采取的对政府部门的约束途径并不是非常有效的，现有的一些救济途径往往很难实现，在此意义上 $(1-\beta)$ 则代表了政府部门和特许经营企业之间勾结的可能性。

第三，政府部门及其官员委托特许经营企业提供基础设施产品服务，并以事实上的委托方身份对特许经营企业实施规制。此处有两个问题：一是政府部门并不具有对特许经营企业的剩余索取权，特许经营企业的净利润完全归自身股东所有，政府部门不能得到任何利益分配。那么作为监管方，政府部门可能会主动通过行政手段对特许经营企业进行费用摊派和盈余掠取。二是政府部门及其政府官员的福利函数并不完全与社会福利函数契合，为了自身经济利益最大化他们会有较强的动机和特许经营企业合谋。这种合谋的表现：如若特许经营企业愿意和政府部门共同享有剩余索取权，并共享机会主义行为带来的违规收益，那么作为监管方，政府部门会积极为特许经营企业的机会主义行为制造机会或掩盖事实。假设政府部门对特许经营企业的监管强度为 δ，且 $\delta \in [0,1]$。δ 越大，说明政府部门对特许经营企业的监管越认真，特许经营企业的机会主义行为越容易被发现，其违规的难度越大。当 $\delta = 1$ 时，说明政府部门对特许经营企业的规制是完全的，此时特许经营企业无法通过机会主义行为获得违规收益。$(1-\delta)$ 代表了政府部门和特许经营企业的合谋空间。如果 $(1-\delta)$ 是确定的，特许经营企业可以实施机会主义行为来获得违规收益，常见的做法是财务造假、虚假信息、以次充好、降低服务标准等。

第四，如果政府部门监管强度 $\delta<1$，在 $(1-\delta)$ 的合谋空间内，特许经营企业会考虑与政府部门合谋，该合谋的达成往往是特许经营企业首先向政府部门暗示，继而通过私下交易达到俘获政府部门的目的。假设二者合谋的最大违规收益是 ε，且 ε 是一常数。假设 φ 代表了特许经营企业的违规程度，且 $\varphi\in[0,1]$，如果 $\varphi=0$，意味着特许经营企业没有选择机会主义行为，此时违规收益为 0。如果 $\varphi=1$，意味着特许经营企业获得了最大化的违规收益。但是这种情况一般很难出现，原因是如果政府部门不能获得违规收益，那么其监管力度 $\delta=1$。这意味着双方的合谋是失败的。一般情况下 $\varphi\in(0,1)$，违规收益在政府部门和特许经营企业之间进行比例分配。从另一角度来看，φ 代表了政府部门和特许经营企业之间的合谋程度，φ 越小，二者合谋程度越低，当 $\varphi=1$ 时，博弈双方在现有经济背景和规制制度下获得了最大的违规收益，该部分违规收益主要是通过侵蚀消费者剩余实现的。

第五，假设政府部门在此三方博弈中的效用函数是 U_1，特许经营企业的效用函数是 U_2。U_1 主要受到社会对政府部门政绩的评价 G、政府部门和特许经营企业合谋的利得 V_1 及合谋过程中的交易费用 C_1 影响。U_2 主要受到政府部门和特许经营企业合谋的利得 V_2 及合谋过程中的交易费用 C_2 影响。于是有：

$U_1=U(G,V_1,C_1)$，且满足 $\dfrac{\partial U_1}{\partial G}>0$，$\dfrac{\partial U_1}{\partial V_1}>0$，$\dfrac{\partial U_1}{\partial C_1}<0$。

$U_2=U(V_2,C_2)$，且满足 $\dfrac{\partial U_2}{\partial V_2}>0$，$\dfrac{\partial U_2}{\partial C_2}<0$。

由于双方合谋的收益是 $\varphi\varepsilon$，假设政府部门获得的比例是 α，$\alpha\in(0,1)$，那么政府部门的合谋利得和特许经营企业的合谋利得分别如式（4-2）和式（4-3）所示。

$$V_1=\alpha\times\varphi\times\varepsilon \tag{4-2}$$
$$V_2=(1-\alpha)\times\varphi\times\varepsilon \tag{4-3}$$

值得说明的是，在 $U_1=U(G,V_1,C_1)$ 中，C_1 仅包括政府部门选择进行合谋的合谋成本，不包括政府部门选择监管强度 δ 及进行监管的成本。原因如下：政府部门的监管成本主要是源于政府财政支出，而政府财政支出 80% 以上来源于消费者支付的税收，这部分成本主要是由消费者承担的，并不需要政府部门承担，这部分成本和作为监管部门的政府成本没有必然联系。

政府部门选择与特许经营企业合谋的成本 C_1 与三个因素有关：一是和消费者对政府的约束系数 β 相关，二是和政府部门对特许经营企业的监管强度 δ 相关，三是和政府的合谋收益 $\alpha\varphi\varepsilon$ 相关。β 越大，政府部门选择进行合谋的风险就越大，政府部门需要付出的合谋成本就越高，因此 C_1 和 β 正相关。由于 $(1-\beta)$ 在一定程度上代表了政府部门和特许经营企业勾结的可能性，因此 C_1 和 $(1-\beta)$ 负相关。政府部门对特许经营企业的监管强度 δ 越高，政府部门和特许经营企业之间的合谋可能性越低，因此 C_1 和 δ 负相关，则 C_1 和 $(1-\delta)$ 正相关。如果合谋行为给政府带来的预期收益越大，那么政府部门愿意为此付出的合谋成本就越多，则 C_1 和 $\alpha\varphi\varepsilon$ 正相关。在此基础上，假设政府部门的合谋成本为式（4-4）。

$$C_1 = \frac{1}{(1-\beta)}(1-\delta)^2\alpha\varphi\varepsilon \tag{4-4}$$

其中，φ 表示法律法规及依法监督留给合谋空间的大小。式（4-4）满足：

$$\frac{\partial C_1}{\partial(1-\delta)} > 0; \quad \frac{\partial^2 C_1}{\partial(1-\delta)^2} > 0; \quad \frac{\partial C_1}{\partial\beta} > 0; \quad \frac{\partial^2 C_1}{\partial\beta^2} > 0$$

由于消费者是广泛的大众，很难形成具体的利益代言人与政府博弈，而政府对特许经营企业的监管是具体的，所以消费者对政府的约束能力往往弱于政府对特许经营企业的监管能力，二者对政府合谋成本的影响则凸显出较大的差异。为表示该差异，在 C_1 中将 $(1-\delta)$ 表示为平方项。

社会对政府部门政绩的评价 G 是政府的正效用，假设该效用可以货币化，并假设 t 是该效用转化为货币的转化系数，于是有 $U(G) = t(G)$。此处的转化系数 t 也可以理解为政府效用和货币的边际替代率，那么 $t \geq 0$。此时政府效用函数 U_1 可表示为式（4-5）：

$$U_1 = U(G, V_1, C_1) = t(G) + \alpha\varphi\varepsilon - \frac{1}{(1-\beta)}(1-\delta)^2\alpha\varphi\varepsilon \tag{4-5}$$

对于政府部门而言，其政绩、社会评价的正效用和其行政能力与廉洁程度正相关，一般而言，行政能力越强、廉洁程度越高的政府其政绩越好，社会评价带来的正效用则越大。行政能力越强、廉洁程度越高的政府对特许经营企业的监管强度越高。在此意义上，$t(G)$ 和政府部门与特许经营企业之间的合谋程度 φ 负相关。可得到式（4-6）：

$$\frac{\partial t(G)}{\partial(1-\varphi)} > 0 \tag{4-6}$$

为此，本书假设 $t(G)$ 的方程如式（4-7）所示。

$$t(G) = t \times \alpha \times (1-\varphi) \times \varepsilon \tag{4-7}$$

该方程说明政府部门的业绩评价正效用即政府部门不与特许经营企业合谋

而节约的消费者剩余。此时政府部门的效用函数则变为式（4-8）。

$$U_1 = U(G, V_1, C_1) = t\alpha(1 - \varphi)\varepsilon + \alpha\varphi\varepsilon - \frac{1}{(1 - \beta)}(1 - \delta)^2 \alpha\varphi\varepsilon \quad (4-8)$$

由于 δ 代表了政府部门对特许经营企业的监管强度，$(1-\delta)$ 则代表了政府部门和特许经营企业的合谋空间，那么政府对特许经营企业的监管 δ 越大，博弈双方的合谋空间 $(1-\delta)$ 越小，特许经营企业的合谋成本 C_2 越高。φ 代表了特许经营企业的违规程度，φ 越大，则特许经营企业的合谋成本 C_2 越高。另外，如果特许经营企业预期获得的合谋收益 $(1-\alpha)\varphi\varepsilon$ 越大，其合谋成本 C_2 则越高。于是有：

$$\frac{\partial C_2}{\partial(1 - \delta)} < 0, \frac{\partial C_2}{\partial \varphi} > 0, \frac{\partial C_2}{\partial\left[(1 - \alpha)\varphi\varepsilon\right]} > 0$$

此时特许经营企业合谋成本 C_2 的函数形式为式（4-9）。

$$C_2 = \frac{1}{(1 - \delta)}(1 - \alpha)\varphi^2\varepsilon \quad (4-9)$$

由于 $U_2 = U(V_2, C_2)$，假设 U_2 和 V_2 及 C_2 存在简单的线性关系，可以得到特许经营企业的效用函数如式（4-10）所示：

$$U_2 = (1 - \alpha)\varphi\varepsilon - \frac{1}{(1 - \delta)}(1 - \alpha)\varphi^2\varepsilon \quad (4-10)$$

二、三方博弈的计算与分析

政府部门和特许经营企业的成本函数均包含在各自的效用函数中，政府部门在基础设施产业特许经营问题上首先是强调其监管力度 δ，然后根据自身函数形式选择机会主义行为的违规系数 φ。消费者对政府部门的约束系数 β 进入政府部门的效用函数之中，从而形成三方博弈。假设特许经营企业感觉到监管力度 δ 之后，面临的问题转变成了如何最大化自身的效用。方程表示为式（4-11）。

$$\max_{\varphi} U_2 = \max_{\varphi}\left[(1-\alpha)\varphi\varepsilon - \frac{1}{(1-\delta)}(1-\alpha)\varphi^2\varepsilon\right] \quad (4-11)$$

其中，α 为常数，对上述方程求一阶导数可得式（4-12）：

$$\frac{\partial U_2}{\partial \varphi} = (1 - \alpha)\varepsilon - \frac{2}{(1 - \delta)}(1 - \alpha)\varphi\varepsilon = 0 \quad (4-12)$$

进一步求解得到：$\varphi = 0.5(1-\delta)$。即 $\varphi = 0.5(1-\delta)$ 为特许经营企业的最优违规系数。由于 $(1-\delta)$ 代表了政府部门和特许经营企业的合谋空间，那么特许经营企业最优的违规系数为合谋空间的 1/2 时可以获得最大化的效用。

如果政府部门通过市场调研和分析得到了特许经营企业的最优违规行为模式，那么政府主管部门会将该行为模式 $\varphi = 0.5(1-\delta)$ 代入自己的效用函数中。于是政府部门的效用函数极大化问题变为式（4-13）：

$$\max_{\delta} U_1 = \max_{\delta}\left[t\alpha(1-\varphi)\varepsilon + \alpha\varphi\varepsilon - \frac{1}{(1-\beta)}(1-\delta)^2\alpha\varphi\varepsilon \right] \tag{4-13}$$

$$\text{s. t. } \varphi = 0.5(1-\delta)$$

对上述方程求一阶导数可得式（4-14）：

$$\frac{\partial U_1}{\partial \delta} = \frac{\partial\left[0.5t(1+\delta)\alpha\varepsilon + 0.5\alpha(1-\delta)\varepsilon - \frac{1}{(1-\beta)}(1-\delta)^3\alpha\varepsilon \right]}{\partial \delta} = 0 \tag{4-14}$$

求解可知：$(t-1)(1-\beta) = -3(1-\delta)^2$。

于是，如果政府效用和货币的边际替代率 $t \geq 1$，那么政府最优的监管系数为 $\delta = 1$。如果政府效用和货币的边际替代率 $0 \leq t < 1$，此时政府最优的监管系数为 $\delta = 1 - \left[\frac{1}{3}(1-t)(1-\beta)\right]^{1/2}$。上述讨论可归纳如式（4-15）所示：

$$\delta = 1 - \left[\frac{1}{3}(1-t)(1-\beta)\right]^{1/2} \cdots if: 0 \leq t < 1 \tag{4-15}$$

$$\delta = 1 \cdots if: t > 1$$

对上述结论分析如下：

第一，当政府部门业绩和货币的边际替代率 $t > 1$ 时，政府部门没有足够的动力和特许经营企业合谋。原因在于：此时政府部门获得的社会业绩评价效用很大，以至于其为了持续得到该正向评价而主动放弃与特许经营企业的合谋。此时政府部门会尽力监督特许经营企业，其监管系数达到1，并且政府部门没有违约动机，其合约中的承诺都能够得到兑现。此时政府和企业没有形成合谋侵害消费者剩余，从而实现了社会福利极大化。当政府部门业绩评价和货币的边际替代率 $0 \leq t < 1$ 时，政府通过政绩正向评价获得的满足感对货币的边际替代率是较小的，政府及其官员不能够从政绩正向评价中获得足够多的效用增量。此时，政府会倾向于选择和特许经营企业合谋，政府的最优监管力度小于1①，说明政府部门及其官员为了获得足够多的效用从而有动机和特许经营企业合谋，但这种合谋损害了消费者的福利，从而不利于社会净福利的提升。特别地，当

---

① $\delta = 1 - \left[\frac{1}{3}(1-t)(1-\beta)\right]^{1/2} < 1$。

$t=1$ 时，说明政府部门及其官员可以将其政绩获得的效用水平 $1:1$ 地转化为货币性收益，此时政府官员可以公开地获得和合谋同样的货币化收益，那么他们便不会选择合谋。

第二，消费者对政府的约束水平 β 与政府对企业监管系数呈现正相关关系①。特别地，如果消费者对政府部门的约束系数 $\beta=1$，那么政府部门对特许经营企业的监管力度 $\delta=1$。这说明了消费者对政府的约束力度越大，政府对特许经营企业的监管力度就越大，政府部门对特许经营企业的监管力度随着其委托人制度约束的增加而增加。即虽然消费者并没有具体代表性群体对政府部门实施约束，但是现有的救济途径确实可以提高政府的清廉程度。

第三，根据上述运算结果计算得出式（4-16）：

$$\begin{cases} \varphi = 0.5\sqrt{1/3(1-t)(1-\beta)} & if: 0 \leqslant t < 1 \\ \varphi = 0 & if: t > 1 \end{cases} \quad (4\text{-}16)$$

此时该三方博弈的均衡结果有两个，分别是式（4-17）和式（4-18）：

$$\begin{cases} \delta = 1 - \left[\dfrac{1}{3}(1-t)(1-\beta)\right]^{1/2} \\ \varphi = 0.5\sqrt{1/3(1-t)(1-\beta)}\,(0 \leqslant t < 1) \end{cases} \quad (4\text{-}17)$$

$$\begin{cases} \delta = 1 \\ \varphi = 0 \end{cases}(t \geqslant 1) \quad (4\text{-}18)$$

这说明此三方博弈形成了两个纳什均衡。

第四，上述结论关键的启示：特许经营企业违约可以由政府提高监管力度予以减弱，政府违约违背承诺甚至与特许经营企业合谋到底应该如何规制呢？从博弈结论来看，如何通过制度设计使 $t \geqslant 1$ 则是有效规制政府承诺缺失的关键着力点。

---

① 在 $\delta = 1 - \left[\dfrac{1}{3}(1-t)(1-\beta)\right]^{1/2}$ 中，$\partial\delta/\partial\beta > 0$。

第五章　基础设施产业特许经营中再谈判的博弈分析

本章在前述章节的基础上系统研究特许经营合约中再谈判的科学内涵与影响因素，进而分析特许经营合约中再谈判的基本流程。紧接着分析再谈判过程的单次博弈和重复博弈，并对博弈结果进行经济学分析。

第一节　再谈判的科学内涵与影响因素

一、再谈判的科学内涵

基础设施产业特许经营中的再谈判是指政府部门和特许经营企业就原合同执行过程中出现的分歧进行的二次谈判其至多次谈判。原合同执行过程中的分歧有三个来源：一是合同本身设计有瑕疵但是在初始设计时没有发现；二是合约双方在执行过程中发生违约行为；三是合约执行的环境发生变化，使合约某一方或双方继续执行该合同将不能获得预期合约收益。再谈判的内容涉及初始合约的某一方面或所有方面，主要包括双方的责任和义务、政府对特许经营企业的承诺及实现路径、政府承诺的担保、特许经营企业的定价及投资责任、特许经营企业排他权的时间长度及覆盖范围、双方分歧的救济途径等。再谈判的前提是原合约的某些条款发生了实质性改变，并且合约双方不愿意终止执行合约。合约条款的实质性改变并不限定在合约原条款本身，如合约执行过程中合约某一方有新的要求需要改变合约也视同合约的实质性改变。当合约条款发生实质性改变后，双方继续执行再谈判后的合约收益比直接终止合约的收益大，此时双方有足够的动力进入再谈判程序。特别是，在基础设施产业特许经营合约的再谈判问题上，由于政府拥有行政权力和监管权力，会使政府在再谈判过程中拥有相对较多的话语权和影响力。

再谈判的发起人可以是合约中的某一方，也可能是由双方共同发起的。如果某一方出现了违约行为，另一方发起再谈判的可能性更大。如果合约执行环境发生了较大变化，双方共同发起再谈判的可能性较大。因此，再谈判可以分为政府部门发起的再谈判、特许经营企业发起的再谈判以及双方共同发起的再谈判三种类型（陈富良、刘红艳，2015）。无论是某一方发起还是双方共同发起再谈判，最终的目标都是重新议定合约的某些条款并顺利执行。根据 Guasch（2004）的研究，1980~2000 年拉丁美洲的特许经营合约中有 30% 是需要进入再谈判程序的，并且 50% 以上的发起人是政府部门，30% 以上的发起人是政府部门和特许经营企业，只有不到 20% 的发起人是特许经营企业。

基础设施合约的再谈判有较多起因：一方面是特许经营合约的天生不完善性，另一方面是政府承诺能力的缺失。特许经营合约涉及的执行时间较长，如高速公路特许经营期限一般在 10 年以上。长周期的执行期间必然会改变合约的执行条件和执行环境，没有任何一方能够合理预测到未来的条件变化，这会导致特许经营合约天生的非完美性。因此，天生不完善的特许经营合约再谈判比例往往较高。不仅如此，基础设施产业具有明显的自身特征，这些项目投资巨大，投资回收期长，并且具有资产专用性。对于政府而言，只要项目建设成功并开始运营，政府部门就已经获得了项目价值和政治利益，至于投资者能否获利则不是政府考虑的重点。政府还可能通过任意价格规制、强制缩短特许经营周期、强制回收资产等手段对特许性经营企业"敲竹杠"获得租金，这些违背承诺的做法会直接导致特许经营企业的再谈判。

基础设施特许经营合约的再谈判可能会有不同结果：第一种是再谈判之后合约某一方或双方做出了让步，使得合约继续执行；第二种是合约双方重新确定了彼此的权利义务关系使得合约继续执行。在再谈判过程中，做出让步的一方往往不具备足够的谈判条件和资源，为了维持合约不得不做出某种让步。当然这种让步至少能够满足其合约收益为正，否则这种合约就没有执行的可能性。再谈判的初衷就是为了以改进的形式继续执行合约，这会实现社会福利的提高。在特许合约中，特许经营企业的目标主要是企业利润极大化，而政府部门则需要同时考虑基础设施的公共属性、政府政绩的社会评价以及自身经济利益。由于政府部门和特许经营企业的目标函数有巨大差异，再谈判的结果可能并非对原合约的帕累托改进，有可能合约双方通过再谈判达成了某种合谋共识，这种机会主义的再谈判结果是对社会福利的极大损害。

基础设施产业特许经营合约的再谈判是为了合约的良性发展。由于特许经营合约中政府承诺的有限性及政府承诺缺失，天生不完善的合约有极大概率会进行再谈判。问题是，如果一方发生违约，对另一方来说是直接进入司法诉讼程序还是再谈判达成新的合约，则是需要综合考虑的。相关影响因素有合约双方的策略因素、合约双方的价值诉求、再谈判的空间和可能性以及制度环境的变化。另一种情况是，如果原合约中政府认为新合约的政治成本过高或者政府担保和补贴压力较重，政府可能会主动提出再谈判。而再谈判过程中政府负担的担保、补贴和政治成本过高时可能会要求特许经营企业做出足够让步。如果政府希望再谈判的结果总是符合帕累托改进的，那么再谈判的博弈过程能够回避博弈均衡之外的非最优结果。特别是，这种目标导向可能会导致谈判结果过分依赖于谈判双方的交易偏好，进而导致谈判结果在一定程度上带有独裁性。所以，基础设施产业特许经营合约再谈判的关键是如何构建双方议价协商的博弈空间。

综上所述，基础设施产业特许经营合约自身的不完美和外部制度环境的复杂性会导致合约进入再谈判程序。再谈判的起因、发起人和谈判结果均有较大差异，再谈判的本质是为了让特许经营合约良性可持续地执行下去，为基础设施产业的健康发展和社会福利的提高做出贡献。

二、再谈判的影响因素

基础设施特许经营合约再谈判的影响因素是多重的，既包括宏观经济背景和制度变化因素，也包括产业发展的资源和制度导向的变化因素，还包括微观企业和具体政府部门目标导向的差异及违约冲动（孙慧、孙晓鹏、范志清，2010）。在特许经营合约的各个阶段，合约双方都有可能采取机会主义行为从而使合约的良性执行受到阻碍。影响特许经营合约再谈判的主要因素包括基础设施产业特许经营的准入模式、现有法规监管力度、特许经营周期、特许经营的价格制定方法、特许经营合约监管机构的独立性、合约双方的违约空间及谈判空间，以及宏观经济环境等。

第一，基础设施产业特许经营的准入模式。我国基础设施特许经营的准入模式主要有三种：其一，政府直接准予进入；其二，招标模式进入；其三，竞争性谈判模式进入。随着对政府行政过程监管力度的加大，以第一种准入模式实施的特许经营越来越少，目前我国基础设施产业特许经营主要是以招标模式实施的，有些是以竞争性谈判模式准入的。如果是政府直接准入模式，往往意味着参与企业较少，无法达成竞标模式，而不得不由政府直接邀请进入。此时特许经营企业往往在特许合约中的权利分配、价格机制、经营期限以及其他主要条款占据较大的谈判优势，这种模式会削弱特许经营企业的再谈判诉求。如果采用招投标方式和竞争性谈判形式，当投标企业或竞争性谈判企业比较多时，为了提高中标概率，这些投标企业会在标书或申报书中刻意压低报价，从而为合约执行过程中的再谈判埋下伏笔。由此可见，基础设施产业特许经营的准入方式会影响合约再谈判的发生概率。

第二，现有法规监管力度。根据第四章第三节的讨论，政府监管力度是影响政府部门和特许经营企业是否选择机会主义行为的重要因素。政府监管力度的来源有两个：一是政府自身的行政能力，二是相关法律法规的完备性和适用性。政府自身行政能力受到政府官员的廉洁性、现有公务员体系管理的科学性以及政府自身目标诉求的影响，随着我国"服务型政府"建设的进一步完善，政府自身行政能力在逐步提高，对特许经营合约的监管能力也在加强。可是现有法律法规的完备性不足是制约我国对特许经营合约监管的关键瓶颈，由于在特许经营合约的各个环节都有可能发生机会主义行为，从而引起再谈判，那么如何提高现有法律法规的完备性及适用性则成为未来该领域法律建设的关键。对于政府而言，一方面应该维持相关法律法规政策的稳健性，另一方面应该逐步完善这些法律法规，只有这样才能有效规制特许经营合约中的机会主义行为。

第三，特许经营周期。特许经营周期的长短直接影响特许经营合约再谈判的发生概率。一般而言，在其他条件不变的前提下，周期越长，特许经营合约发生再谈判的概率越高，其原因在于长周期的合约更容易发生环境制度变化、合约执行条件变化和规制政策导向的变化，这些变化会改变合约的利益分配结构，从而诱发合约的再谈判。另外，当合约执行条件发生实质性改变时，特许经营周期的改变往往是合约双方再谈判的焦点。如果合约执行条件的变化对特许经营企业不利，政府有可能会以延长特许经营周期作为对企业的补偿，如果合约执行条件的变化对政府和政府关注的社会福利水平不利，政府可能会提议缩短特许经营周期。如在高速公路特许经营中，政府突然单方面宣布节假日小客车通行免费，这是对特许经营合约的违约行为。在后续再谈判中，政府必然会以延长特许经营周期作为对高速公路特许经营企业的补偿。

第四，特许经营的价格制定方法。从我国现状来看，基础设施产业特许经营提供产品服务的定价模式有多种，常见的有价格天花板、最低投资回报率、成本加成定价和混合定价。价格天花板是指政府对具体产品服务价格不作要求，只规定产品价格的最高限价，只要特许经营企业制定的价格不高于政府限价，政府便不干预。最低投资回报率模式是指政府承诺特许经营企业获得的最低投资回报水平，常用的财务指标有权益净利率、总资产回报率、销售净利率等，不同的财务指标有不同的回报率设定。成本加成定价类似于最低投资回报率的定价模式，该模式是在合理确定特许经营企业的经营成本之后，在成本基础上加上一个回报比例，该比例即特许经营企业的毛利率。混合定价模式即上述三种定价模式的混合，常见的是将价格天花板模式和最低投资回报率或者成本加成定价模式混合。不同的定价模式会对特许经营企业的成本和收益产生较大影响，在一般情况下，价格天花板模式可能会导致特许经营企业的经营成本增加，从而压缩其利润空间，进而提高再谈判发生的概率。最低投资回报率模式需要合理确定特许经营企业的总体投资金额，成本加成模式需要确定特许经营企业每一年度的经营成本，这个确定过程需要借助专业中介机构进行，从而可能会引发特许经营企业和中介机构的合谋，这种合谋会导致政府发起的再谈判。

第五，特许经营合约监管机构的独立性。我国基础设施特许经营中的监管主要有以下层次：一是特许经营合约中政府部门的监管，二是上级政府监管，三是社会舆论监管，四是第三方机构监管。特许经营合约中的政府部门既是合约签订方和委托人又是监管方，容易出现和特许经营企业的合谋行为，从而使监管体系形同虚设。上级政府监管是我国基础设施特许经营中监管层次较高的一种，其监管质量较好，但由于上级部门往往会委托合约中的政府部门代为监管，从而使这种监管和第一种监管合二为一。因为肩负这两种监管责任的政府是合约的利益相关人，所以其监管独立性较弱。当政府部门监管独立性不够时，合约参与人的机会主义行为倾向会加强，从而导致再谈判发生的概率增加。社会舆论监管和第三方机构监管属于民间监管体系。当社会中民间监管体系较健全时，特许经营合约参与人机会主义行为的风险越大，其合约再谈判的概率越小。

第六，合约双方的违约空间及谈判空间。根据本书前面的讨论，特许经营合约双方的违约空间取决于消费者对政府部门的约束力度和政府部门对特许经营企业的规制强度。如果两种约束较高，合约双方违约的概率较低，从而合约再谈判的概率较小。

第七，宏观经济环境。宏观经济环境主要是通过作用于特许经营企业的盈利水平来影响再谈判的。当宏观经济环境较差经济发展比较疲软时，特许经营企业的盈利水平会遭到较大削弱，有时甚至会因为亏损导致企业无法正常运转。当宏观经济环境严重影响特许经营企业的盈利水平时，特许经营企业会有强烈动机进行合约再谈判。当宏观经济环境走势较好，特许经营企业的利润水平高于其利润预期时，政府作为监管者和合约参与人可能会要求分享超预期利润，此时政府会发起再谈判。

第二节　特许经营合约再谈判的程序与过程

一、特许经营合约再谈判的程序

由于基础设施特许经营合约具有天生的不完美特征，合约参与方总是有较强动机实施违约等机会主义行为，再谈判机制作为基础设施产业特许经营合约的修正机制，一般包括政府单方面决定、参与人结构性协商和行政程序三种。

1. 政府单方面决定

政府单方面决定权源自国家、社会赋予的公共权力以及政府担负的提升社会公共福利的使命。在基础设施特许经营合约中，合约标的往往是高速铁路、跨海大桥等具有公共品或准公共品属性的社会公共设施，不属于完全排他和完全竞争的私有品，那么当该公共基础设施的构建、使用和维护不利于社会福利的提高时，政府可以单方面决定对基础设施进行处置并终止特许合约。政府具有的这种权利是国家、社会赋予的，源自广大消费者的委托，同时也是国家公权的一部分。政府这种单方面决定的权利是有限的，只有在社会公共福利受到损害时才能谨慎使用。同时，该权利是在相应的监管机构（如人民法院）监督下实施的，并接受国家组织和社会民众的监督。同时，广大消费者也享有一定的知情权。如果政府决定行使单方面决定权，一定意味着该合约的继续执行会损害社会的总体福利水平，此时政府可以利用解除合约的免责条款单方面终止合约。当然，大多数情况下政府会提供一定的补偿给特许经营企业，除非这种损害社会福利水平的诱因源自特许经营企业。特别是，政府不能以此作为威胁特许经营企业的手段来控制特许经营企业，甚至要求企业对政府进行利益输送或者合谋。政府也不能不当使用该特殊权力影响合约的持续进行。

2. 参与人结构性协商

当基础设施合约双方产生意见分歧进入再谈判程序，为了各自利益难免会产生形式上的冲突或事实上的对立，这种情况不利于后续的合约执行。为此，再谈判作为化解合约双方争议的修正机制，常见的修正手段有诉讼、仲裁等，另外还有一些没有法定约束力的协调技术，如专家投票、社会调研建议等（龚利、郭菊娥、张国兴，2008）。

从现实情况来看，当基础设施合约双方产生较大的意见分歧时，双方一般不会选择用诉诸法院的形式来解决争端。原因如下：第一，诉诸法院是解决争端的有效途径，但是法院程序烦琐，从最初立案到最后结案最少也要三个月，有的甚至要经过若干年，这种处理的时滞性会极大地损害合约双方的利益，这种损害可能要比双方分歧本身带来的福利损失更大。另外，法院程序需要的交易费用巨大，合约双方一般不会轻易借助司法程序解决争端。第二，当合约双方的分歧涉及基础设施构建使用过程中的专业问题时，法院往往没有专业技术人员对此做出专业裁决，此时需要借助于第三方机构进行测评。对于合约双方来说不如直接找第三方机构进行技术裁决。第三，法院作为独立第三方裁决机构，并且具有法理上认可的裁断权，其宣判具有法律效应，但是法院自身也可能存在机会主义行为。由于政府部门和法院同属国家政府人员，特许经营企业会担心双方合谋而使法院做出不利于企业的判决。基于上述原因，现实当中很少见到特许经营合同纠纷诉诸法院审理。

基础设施特许经营合约中的分歧纠纷往往采用仲裁的方式予以解决。常见的方式有：合约双方在签订合约时即约定如何解决纠纷、决定有哪类人员组成仲裁委员会、仲裁在哪里举行、仲裁的公正性如何保证、仲裁的时效性问题等（潘峰、王琳，2018）。一旦合约执行过程中出现了纠纷，则按照预先约定的办法组成仲裁委员会予以仲裁。由于仲裁委员会的成员都是基础设施合约中相关的专业人士，其仲裁结果往往是专业而公正的。同时仲裁委员会的工作效率高，交易费用低，司法体系不够完善的国家（地区）常作为解决特许经营合约纠纷的首选方法。从我国现状来看，特许经营合约纠纷的仲裁问题上更倾向于选择国际仲裁机构，可能是因为国际仲裁机构更加高效。

随着基础设施特许经营模式的兴起，其合约纠纷协调方法也在不断创新。纠纷协调方法的本质是协商解决合约双方的分歧，但是各种纠纷协调方法并不具有强制性和约束性，往往提供的是供合约双方参考的解决建议。纠纷协调方法具有高效率、经济性和高弹性的优点，已成为解决特许经营合约纠纷的流行方法。常见的纠纷协调方法是将纠纷交给合适的专家进行分析建议，然后合约双方根据专家建议协商解决。纠纷协调方法可以提高合约双方解决纠纷的可能性，但是由于不具有约束力，其并不能保证纠纷一定可以得到解决。基于此，纠纷协调方法往往作为解决合约纠纷的辅助方法予以使用。当纠纷协调方法并不能起到作用时，双方会使用仲裁的办法甚至诉诸法院。

3. 行政程序

如果政府设立了专门的机构负责基础设施特许经营的争端问题的解决，那么合约的再谈判可以通过行政程序予以解决。美国设立了公用事业规制委员会（URC），该机构是专门处理基础设施特许经营争端问题的，并且该机构和参与特许经营合约的政府部门保持独立（刘晓光、王小洁，2011）。其主要职责有：第一，负责日常基础设施特许经营项目的备案管理；第二，如果某个基础设施特许经营项目产生争端，由该委员会予以裁决，并且该裁决具有法律效率和行政强制力；第三，如果基础设施特许经营合约参与人发生了机会主义行为，可以由该机构予以处罚，并且处罚费率由该机构自行决定；第四，如果某项基础设施特许经营合约发生实质性变化需要重新修订的，合约双方在修订后需要向该委员会报告备案；第五，如果发现基础设施特许经营中有重大违法行为，则负责举证并移交司法部门处理；第六，和基础设施特许经营有关的其他事项。美国公用事业规制委员会是专门处理特许经营合约再谈判问题的，这种机构的存在能够在一定程度上保障合约顺利执行，并对合约参与人的违规行为予以惩罚。我国可以参照美国的做法成立类似机构来提高基础设施合约再谈判的效率。

二、特许经营合约再谈判的一般过程

当特许经营合约的执行出现争端时，合约某一方或双方会主动提出进行合约再谈判。从我国现状来看，政府提出再谈判的常见原因有以下几种：一是政府因为财政负担过重无法继续履行合约承诺而希望特许经营企业做出让步；二是合约条款专业程度不高导致基础设施设计不够科学；三是社会公众对基础设施产品服务评价较低且该矛盾无法调和；四是特许经营企业发生了机会主义行为；五是政府部门认为基础设施产品服务需要更新等。

企业提出再谈判的常见原因有以下几种：一是特许经营项目的宏观环境发生较大变化导致市场需求急剧萎缩；二是特许经营项目管理过程出现重大纰漏导致特许经营企业入不敷出；三是国家调控政策发生重大调整不利于企业的持续运营；四是特许经营企业发现政府有机会主义行为等。

图5-1显示了特许经营合约的再谈判流程。如果是政府发起再谈判，常见的诉求是调整合约支付条款、调整合约担保条款、调整合约期限以及回购特许项目等，如果通过再谈判可以达成新条款，政府一般不会终止该合约。如果是政府要求回购该项目，政府可能会在达成回收目标后重新组织招投标继续运转该项目。如果是特许经营企业发起再谈判，常见诉求是提高政府最高限价、适

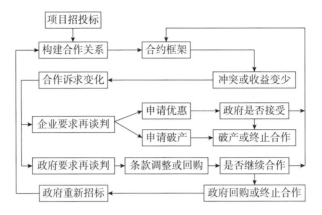

图 5-1　特许经营合约再谈判流程

当延长特许经营期限、申请政府相关财政补贴、申请相关税费的减免以及其他优惠条件。如果政府认为这些诉求是可以接受的，那么双方重新拟定合约并继续执行，如果政府认为难以接受，那么双方再谈判终止，合约也就没有继续执行的必要了（张静、付金存，2015）。一般情况下，政府会和特许经营企业进行多轮协商，最终拟定新的合约条款来保证基础设施特许经营项目的顺利进行。

第三节　基础设施产业特许经营合约中再谈判的单次博弈分析

一、再谈判前的博弈分析

根据本章第二节的讨论，当特许经营企业进入经营困境无法实现预期投资收益时将面临两种解决路径：一种是直接放弃该项目，不再向政府部门申请相应补贴、免税等优惠措施，这时特许经营企业只能进入破产程序，而政府也不得不重新寻找新的企业和资本进入该项目来维持基础设施的顺利运转。另一种是积极和政府部门进行再谈判并申请补贴和相关优惠，这种补贴和优惠包括但不限于以下几种：财政补贴、财政贴息、所得税减免、流转税减免、银行贷款的政府担保、特许期的延长以及改变定价模式等。其中，各种补贴可以直接改善特许经营企业的财务状况，改善其资本结构和现金流量丰裕度；各种税费减免可以节约企业的现金流出量，提高企业的财务流动性；政府贷款担保相当于企业增加了一项资产，有助于企业整体实力的增强；延长特许经营期可以扩展企业获得收益现金流量的期限，从而使企业长期的收益净现值增加；选择更科学的定价模式有助于企业尽快收回投资。

从政府角度来看，其面对特许经营企业的补贴申请有两种应对方案：一是接受特许经营企业补贴申请并妥善兑现相关承诺，二是拒绝其申请。如果政府选择拒绝特许经营企业的申请，特许经营企业只能面临破产的风险，但是政府不得不重新组织新的民间资本来接手盘活该项目以达到供给基础设施产品和服务的目的。特许经营企业破产的决策依据为破产带来的损失小于等于企业继续运营带来的损失，临界点是二者相等。特许经营企业主动选择不申请并接受破产或者主动申请补贴但被拒绝的结果是无差异的，此时其破产支付为 0。如果特许经营企业破产，政府的支付由两部分组成：一是政府选择不补贴该特许经营项目给社会带来的福利损失，表现为消费者剩余的减少，此处以 C 表示。二是政府重新招标带来的增量成本，增量成本主要是政府重新招标导致的财政预算超支金额，此处以 L 表示。当财政预算超支时，政府会面临更多的负面影响和新增支付，由于这部分支付是由 L 引起的，这里以 k 表示，由于预算超支 L 和相关新增支付 k 密切相关，并且 k 是 L 的函数，我们将这两部分支出合并为 $k(L)$，表示由于政府重新招标而产生的增量成本。如果政府同意和特许经营企业进行再谈判，并决定给予企业补贴优惠，假设该支付为 T，那么特许经营企业获得的支付为 T。政府为了支付该补贴费用需要各种流程和审批程序，这需要一定的交易费用，并且交易费用和 T 呈正比例关系。假设政府为支付该补贴发生的所有费用为 $x(T)$，其中 x 是 T 的函数。由于交易费用的存在，一般情况下 $x(T)>T$。当特许经营企业不申请补贴时，政府是否同意进入再谈判程序都不再影响博弈结果，此时政府的支付均为 $k(L)$。表 5-1 显示了该博弈的结果。

表 5-1　再谈判前的博弈结果

企业的选择	政府对再谈判的态度	
	同意	拒绝
申请	$[T, -x(T)]$	$[0, -k(L)-C]$
不申请	$[0, -k(L)]$	$[0, -k(L)]$

第一，对于政府而言，当且仅当 $x(T) \leqslant k(L)+C$ 时，政府会选择同意进行再谈判，此时政府再谈判成本小于不同意再谈判时支付的重新招标成本和消费

者福利损失之和。如果 $x(T) > k(L) + C$，政府会选择不进行再谈判。一般情况下，如果政府不同意进行再谈判，其支付的二次招标成本和消费者福利损失是可确定、可预期的，所以，政府是否选择再谈判往往取决于特许经营企业的补贴诉求 T 的金额以及政府支付该补贴的交易费用（李妍，2017）。由于该交易费用和补贴金额呈正比例关系，那么决定政府是否同意进行再谈判的关键因素在于企业补贴诉求 T 的大小。特别是，如果特许经营企业的经营困境不是很严重，其补贴诉求金额 T 不会太高；反之，如果特许经营企业面临的经营困境很严重以至于政府需要花费大量的 T 去救助它，那么政府会有较强的动机放弃该特许经营企业而宁愿重新开启招标程序。

第二，对特许经营企业而言，如果其特许期结束时的预期净现值[①]为负，即使成功申请补贴也可能无法挽回该结果的话，企业不会选择申请补贴；同时申请政府补贴需要一定的交易费用，即使该费用在总体投资中金额较小，但是仍会进一步加重企业预期净现值为负的负担，从而导致其选择不申请补贴的概率变大。另外，如果企业预期政府同意其申请的概率很低，特许经营企业也会直接选择不申请。在现实中，往往较少存在（企业申请，政府拒绝）的博弈结果。

第三，如果企业直接选择申请破产，政府支付 $k(L)$ 是政府财政预算超量的函数，$k(L)$ 代表了政府重新招标的各项成本之和。一般地，$k(L)$ 之中除了包括 L，还包括和 L 呈正比例关系的相关交易费用，因此 $k(L) > L$。由于特许经营企业直接破产会带来较严重的负面影响，政府一般会在企业申请破产时以回购的形式将基础设施赎回，然后再重新招标组织运营。只有这样，政府才能实现提高社会基础设施产品服务供给效率的目标。政府选择回购还是支付补贴的决策标准是看哪一种方式的经济成本最小。

综上所述，（申请，同意）是该博弈的均衡解。此时双方进入再谈判程序。

二、再谈判的单次博弈分析

上面讨论了政府和特许经营企业关于是否再谈判进行的博弈，结果发现合约双方同意进行再谈判是一个策略均衡。本节讨论合约双方再谈判过程中的单次博弈。

第一，假设在再谈判的单次博弈中存在政府部门 X 和特许经营企业 Y 两个博弈人，政府部门 X 接受广大消费者的约束成为社会福利的代表，同时不排除

---

① 净现值等于未来所有现金净流量的折现值之和，公式是 $NPV = \sum_{i=1}^{n} \frac{CI_i - CO_i}{(1+k)^i} = \sum_{i=1}^{n} \frac{NCF_i}{(1+k)^i}$。

政府部门会选择采取有利于个人利益的行为。消费者的博弈诉求通过政府部门 X 实现。特许经营企业的博弈目标是自身经济利益极大化。政府的策略集是（遵守承诺，不遵守承诺）。政府遵守承诺意味着政府同意进行再谈判，并且接受特许经营企业的补贴申请，如按照再谈判形成的新合约条款调整价格决定机制、给予企业相关的财政补贴、税收减免等。政府不遵守承诺表现为不按照再谈判约定条款对企业的补贴诉求予以支付、不履行再谈判形成的责任和义务，如政府可能提前终止特许经营期、政府违约建设与特许经营项目相关的竞争性设施等。对于特许经营企业 Y 而言，其再谈判合约的策略集是（努力经营，不努力经营）。努力经营意味着特许经营企业按照再谈判形成的新合约条款努力提高基础设施产品服务的供给效率，不努力经营意味着特许经营企业存在机会主义行为，不利于基础设施产品和服务供给效率的提高，如特许经营企业可能恶意降低产品服务的质量，特许经营企业恶意向政府申请不符合申请条件的补贴等。在博弈中，如果政府出现不遵守承诺的情况，会对特许经营企业的利益造成较大侵害，会对拟进入该领域的其他民营资本产生负面示范效应，同时还可能诱发特许经营企业不努力经营的行为，这会反过来损害政府的形象，增加政府的交易费用并造成社会福利的损失。如果特许经营企业主动采取不努力经营的策略也会最终造成上述结果。事实上，博弈双方无论哪一方采取了机会主义行为都会导致社会福利水平的下降。

第二，假设再谈判博弈的信息是充分的，博弈双方能够了解到对方的决策依据和决策路径。对于政府而言，如果政府选择信守承诺时的成本是 C_{X1}，那么特许经营企业将获得 E_{Y1} 的收益。因为信息是充分的，此博弈双方完全了解对方的交易策略，那么此博弈会是一个零和博弈。此时政府遵守承诺的成本是企业获得的收益，即 $C_{X1}=E_{Y1}$。由于政府部门代表了社会公共福利，但是政府部门内部官员是分散的个体，有可能官员个人和政府部门整体的效用函数产生较大偏差，二者也存在委托代理关系，因此政府官员有可能在与企业博弈时过度追求自身利益而损害社会公共福利。如果再谈判不会导致博弈双方的合谋，那么政府的收益取决于企业的收益 E_{Y1} 和法定的税率水平 $\theta(0<\theta<1)$[①]，此时政府的收益是 θE_{Y1}。同样地，如果政府不遵守做出的承诺，其不守信时支付的成本是 C_{X2}，对应的特许经营企业收益是 E_{Y2}，博弈的信息完美性决定了 $E_{Y2}=C_{X2}$。此时政府获得的收益是 θE_{Y2}。如果政府不遵守承诺，会对特许经营企业造成一定的利益损害，所以有 $E_{Y1}>E_{Y2}$。同时由于政府守信需要支付更多的成本，所以有

---

① θ 不一定仅包括税率。如果特许经营企业收益高时会对政府进行利润分成，此时 θ 还包括利润分成比率。

$C_{X1} > C_{X2}$①。

第三，无论政府是否遵守承诺，当特许经营企业选择不努力经营时，其收益会在原有基础上有所增加。假设此时企业收益是原有水平的 η 倍（一般地，$\eta > 1$）。即如果政府遵守承诺，企业不努力经营得到的收益是 ηE_{Y1}；如果政府不遵守承诺，企业不努力经营得到的收益是 ηE_{Y2}。由于博弈信息是充分的，政府有一定的概率发现企业不努力经营的问题。如果被政府发现，企业将面临一定的行政处罚，设此处罚款数量是 D，且企业不努力经营被政府部门发现的概率是 γ（$0 < \gamma \leqslant 1$）。特许经营企业不努力经营的策略会引致政府利益的损耗，这种损耗包含范围广，政府需要花费较高的交易成本去规制企业的不努力行为，政府需要面对社会福利水平下降的社会责任，政府支持率可能下降而减弱其以后在其他项目上的决策能动性，假设这部分政府福利的损耗为 A。如果政府采用不遵守承诺的策略，这会对特许经营企业造成较大的福利损耗，这种损耗至少包括：影响特许经营企业的正常运营，减弱特许经营企业后续投资的积极性，影响其他基础设施特许经营项目的实施和推进等，假设这部分福利损耗为 B。

第四，在上述博弈假设下有四种可能的博弈结果：

第一种情况是，政府遵守承诺，企业努力经营。此时政府净收益是（$\theta E_{Y1} - C_{X1}$），企业净收益是（$E_{Y1} - \theta E_{Y1}$）。

第二种情况是，政府遵守承诺，但是特许经营企业不努力经营。此时政府的收益变为（$\theta E_{Y1} - C_{X1} - A + \gamma D$），特许经营企业的净收益则由两部分组成：一是不努力经营未被政府识别出来的期望收益（$1 - \gamma$）（$\eta E_{Y1} - \theta E_{Y1}$），二是不努力经营被政府识别的期望收益 γ（$\eta E_{Y1} - \theta E_{Y1} - D$），将两部分加总可得企业的净收益，如式（5-1）所示。

$$(1 - \gamma)(\eta E_{Y1} - \theta E_{Y1}) + \gamma(\eta E_{Y1} - \theta E_{Y1} - D) = \eta E_{Y1} - \theta E_{Y1} - \gamma D \quad (5-1)$$

第三种情况是，政府选择不遵守承诺，但是特许经营企业努力经营。此时政府的净收益是（$\theta E_{Y2} - C_{X2}$），特许经营企业的净收益是（$E_{Y2} - \theta E_{Y2} - B$）。

第四种情况是，政府不遵守承诺，且企业不努力经营，此时政府的收益为（$\theta E_{Y2} - C_{X2} - A + \gamma D$），特许经营企业的期望收益由两部分组成：一是特许经营企业不努力经营的策略未被发现的收益（$1 - \gamma$）（$\eta E_{Y2} - \theta E_{Y2} - B$），二是不努力经营的策略被发现的收益 γ（$\eta E_{Y2} - \theta E_{Y2} - B - D$），将两部分合并可得式（5-2）。

$$(1 - \gamma)(\eta E_{Y2} - \theta E_{Y2} - B) + \gamma(\eta E_{Y2} - \theta E_{Y2} - B - D)$$
$$= \eta E_{Y2} - \theta E_{Y2} - B - \gamma D \quad (5-2)$$

表5-2显示了政府部门和特许经营企业单次博弈的收益矩阵。如果政府部

① 由于假设 $C_{X1} = E_{Y1}$，$E_{Y2} = C_{X2}$，当 $E_{Y1} > E_{Y2}$ 时，自然有 $C_{X1} > C_{X2}$。

门和特许经营企业同时采取某个策略，可以发现：当企业努力经营时政府的占优策略是不遵守承诺，证明如式（5-3）所示。在此基础上，如果企业选择不努力经营政府的占优策略也是不遵守承诺[①]。

表5-2　单次博弈的收益矩阵

政府	特许经营企业	
	努力经营	不努力经营
遵守承诺	$(\theta E_{Y1} - C_{X1},\ E_{Y1} - \theta E_{Y1})$	$(\theta E_{Y1} - C_{X1} - A + \gamma D,$ $\eta E_{Y1} - \theta E_{Y1} - \gamma D)$
不遵守承诺	$(\theta E_{Y2} - C_{X2},\ E_{Y2} - \theta E_{Y2} - B)$	$(\theta E_{Y2} - C_{X2} - A + \gamma D,$ $\eta E_{Y2} - \theta E_{Y2} - B - \gamma D)$

$$\begin{aligned}
&\theta E_{Y1} - C_{X1} - (\theta E_{Y2} - C_{X2}) \\
&= (\theta - 1)E_{Y1} - (\theta - 1)E_{Y2} \\
&= (\theta - 1)(E_{Y1} - E_{Y2}) < 0
\end{aligned} \quad (5-3)$$

这说明了无论企业努力还是不努力，无论企业是否选择机会主义行为，政府选择不遵守承诺时的净收益都大于遵守承诺时的净收益，对政府而言，不遵守承诺成为了占优策略。如果政府选择不遵守承诺是占优策略，企业努力经营的净收益是（$E_{Y2}-\theta E_{Y2}-B$），不努力经营的净收益是（$\eta E_{Y2}-\theta E_{Y2}-B-\gamma D$），两者相减得到式（5-4）。

$$E_{Y2} - \theta E_{Y2} - B - (\eta E_{Y2} - \theta E_{Y2} - B - \gamma D) = \gamma D - (\eta - 1)E_{Y2} \quad (5-4)$$

当 $\gamma D > (\eta-1)E_{Y2}$ 时，企业会选择努力经营，即使政府不遵守承诺，企业努力经营依然会得到更高的净收益，此时（不遵守承诺，努力经营）即成为了该博弈的占优均衡解。γD 是政府对企业不努力经营的罚款金额，$(\eta-1)E_{Y2}$ 是企业不努力经营获得的超额回报。该式含义：当政府对特许经营企业不努力经营的罚款金额大于特许经营企业因采取机会主义行为得到的超额回报时，企业不会选择实施不努力经营的机会主义行为。值得说明的是（不遵守承诺，努力经营）的均衡解并不是一个稳定解，原因在于：虽然政府通过对企业不努力经营行为实施高额罚款的规制策略能够让企业努力经营，但是政府不遵守承诺的行为会逐渐加剧政府和企业之间的矛盾，从而成为企业冒险实施机会主义行为的诱因。同时，若政府长期采取不遵守承诺，其公信力会下降较快，这会导致未

---

① $(\theta E_{Y1} - C_{X1} - A + \gamma D) - (\theta E_{Y2} - C_{X2} - A + \gamma D) = (\theta - 1)E_{Y1} - (\theta - 1)E_{Y2} = (\theta - 1)(E_{Y1} - E_{Y2}) < 0$。

来基础设施特许经营建设中政府的承诺能力缺失，从而难以引入新的民间资本进行基础设施特许经营，所以此占优均衡并不满足长期可持续性。基于此，上级政府部门和消费者应该对这种高额罚款的规制策略进行制度性约束，应该让这种罚款制度有据可查、有法可依，同时积极引导政府加强自身美誉度建设。

当 $\gamma D < (\eta-1) E_{Y_2}$ 时，说明政府对特许企业的监管力度较弱，其罚款水平低于企业采取机会主义行为获得的超额回报，此时企业不努力经营成为了博弈占优策略。整个博弈的结果是（不遵守承诺，不努力经营），该结果是对社会福利的极大损害。此时政府具有短视性，在单次博弈中采取不遵守承诺的行为而影响了自己的美誉度及特许经营的可持续性。企业由于政府监管力度较弱，采取不努力经营的机会主义行为也是对社会福利和消费者剩余的极大侵蚀。另外，如果博弈双方不是同时采取相应策略，而是政府先行动企业后行动时，政府选择不遵守承诺，企业在 $\gamma D > (\eta-1) E_{Y_2}$ 时选择努力经营，在 $\gamma D < (\eta-1) E_{Y_2}$ 时选择不努力经营，这种结果和双方同时行动时的分析一致。当企业先行动、政府后行动时，由于不遵守承诺是政府的占优策略，企业的选择和双方同时行动时的一致。

第四节　基础设施产业特许经营合约中再谈判的重复博弈分析

一、重复博弈的求解

根据本章第三节的研究结论，政府部门和特许经营企业之间的单次博弈结果并不利于基础设施产品服务供给效率的提高，也不利于社会福利的极大化。当监管力度不大、罚款较少时，地方政府和特许经营企业都选择机会主义行为，形成了（不遵守承诺，不努力经营）的博弈均衡。即使政府监管力度较大，对特许经营企业形成较大威慑，但是政府依然会选择不遵守承诺，形成（不遵守承诺，努力经营）的均衡。问题是，无论哪一方博弈参与人实施机会主义行为，再谈判都无法继续进行下去，基础设施特许经营合约也就无法顺利执行。只有双方都不采取机会主义行为才能促进基础设施特许经营效率的提高。

重复博弈不同于单次博弈，由于同样的博弈结构和决策机制被重复很多次，那么未来的博弈结果可能会受到以前博弈结果的影响。此时博弈双方如果采取机会主义行为会被另一方观测到，从而不利于未来的博弈均衡的实现（马桑，

2016）。在此条件下，政府或者特许经营企业采取机会主义行为的成本不再仅仅是观测到的支付，还包括对自身声誉的负面影响以及由此带来的其他潜在支付。在重复博弈过程中，博弈双方的策略选择受到了前置博弈的影响。重复博弈有两个显著特征：一是重复博弈的参与人都可以观察到双方历史上博弈的结果和特征，但是前一次博弈并不改变后一次博弈的基本结构；二是博弈参与人的净收益（或净支付）不再采用单一博弈的算法，而是所有期间博弈结果的贴现值之和。贴现值的计算需要考虑货币的时间价值，是一种将未来所有收益折现到现在时间点的价值计算方式。

在重复博弈中，博弈双方的策略具有触发性，一旦发现对方采用机会主义行为，自己立刻从下次博弈开始采取机会主义行为并一直采用机会主义行为。这种触发策略的好处是，一旦被发现自己采用机会主义行为，另一方会立刻改用机会主义行为的策略并一直执行下去。这种博弈策略较好地限制了博弈双方机会主义行为的倾向①。本节假设博弈双方都采用触发策略。图 5-2 显示了特许经营合约双方重复博弈的时间轴，假设重复博弈 n 期，并且 $n→+∞$，一直到第 $(m-1)$ 期政府都遵守承诺（$0<m-1<n$），在前 $(m-1)$ 期政府参与博弈的现金净流量为 NCF_i，假设 $i=1,2,\cdots,m-1$。由于政府采取遵守承诺的策略，企业则采取努力经营的策略，即在前 $(m-1)$ 期双方的策略组合是（遵守承诺，努力经营）。在第 m 期，政府采取不遵守承诺的策略，由于企业采取触发策略，企业的反应是采取不努力经营的策略，所以第 m 期政府的现金净流量发生了变化为 NCF_m。从第 $(m+1)$ 期开始，政府发现企业也采取不努力经营的机会主义行为，政府将会对企业进行处罚，那么从第 $(m+1)$ 期到第 n 期政府的现金净流量为 NCF_j，并且 $j=m+1,m+2,\cdots,n$。

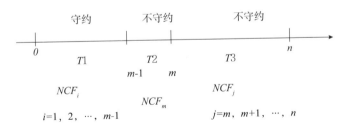

图 5-2　重复博弈中政府策略改变时的现金流量

政府在该重复博弈中的净现值是三个阶段现金流量折现到 0 时点的总和。

---

① 触发策略不好的地方：如果被另一方误解自己采取了机会主义策略，便会使对方一直采用机会主义策略。这种并不给对方辩解和修正错误的机会的博弈方式可能带来效率的下降。

其中，第一阶段为（$m-1$）期，每期现金流量为 NCF_i；第二阶段只有1年，现金净流量为 NCF_m；第三阶段共有（$n-m$）年，每年现金流量为 NCF_j。式（5-5）显示了政府在此博弈中的净现值之和。假设货币时间价值是 k，即折现率是 k，且 $k \in (0,1)$。

$$NPV_1 = \sum_{i=1}^{m-1} \frac{NCF_i}{(1+k)^i} + \frac{NCF_m}{(1+k)^m} + \sum_{j=m+1}^{n} \frac{NCF_j}{(1+k)^j} \times \frac{1}{(1+k)^{m+1}} \quad (5-5)$$

如果政府一直采取不违背承诺的策略，企业也不会采取不努力经营的策略，那么在所有 n 期博弈期间，政府现金净流量都不会发生变化，每一期都是 NCF_i，如图5-3所示。此时政府博弈的净现值如式（5-6）所示。

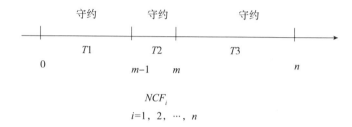

图5-3 重复博弈中政府策略不改变的现金流量

$$NPV_2 = \sum_{i=1}^{n} \frac{NCF_i}{(1+k)^i} \quad (5-6)$$

根据本章第三节的讨论结果，可知各种情况下的现金净流量如式（5-7）所示。

$$NCF_i = \theta E_{Y1} - C_{X1}$$
$$NCF_m = \theta E_{Y2} - C_{X2} \quad (5-7)$$
$$NCF_j = \theta E_{Y2} - C_{X2} - A + \gamma D$$

假设 $\phi = 1/1+k$，称 ϕ 为折现因子，且 $\phi \in (0,1)$。此时两种情况下的净现值如式（5-8）和式（5-9）所示。

$$
\begin{aligned}
NPV_1 &= \sum_{i=1}^{m-1} \frac{NCF_i}{(1+k)^i} + \frac{NCF_m}{(1+k)^m} + \sum_{j=m+1}^{n} \frac{NCF_j}{(1+k)^j} \times \frac{1}{(1+k)^{m+1}} \\
&= \sum_{i=1}^{m-1} \frac{(\theta E_{Y1} - C_{X1})}{(1+k)^i} + \frac{(\theta E_{Y2} - C_{X2})}{(1+k)^m} + \\
&\quad \sum_{j=m+1}^{n} \frac{(\theta E_{Y2} - C_{X2} - A + \gamma D)}{(1+k)^j} \times \frac{1}{(1+k)^{m+1}}
\end{aligned}
$$

$$= \sum_{i=1}^{m-1} \phi^i (\theta E_{Y1} - C_{X1}) + \phi^m (\theta E_{Y2} - C_{X2}) +$$

$$\phi^{m+1} \sum_{j=m+1}^{n} \phi^j (\theta E_{Y2} - C_{X2} - A + \gamma D) \qquad (5-8)$$

$$NPV_2 = \sum_{i=1}^{n} \frac{NCF_i}{(1+k)^i} = \sum_{i=1}^{n} \frac{(\theta E_{Y1} - C_{X1})}{(1+k)^i}$$

$$= \sum_{i=1}^{m-1} \frac{(\theta E_{Y1} - C_{X1})}{(1+k)^i} + \frac{(\theta E_{Y1} - C_{X1})}{(1+k)^m} +$$

$$\sum_{j=m+1}^{n} \frac{(\theta E_{Y1} - C_{X1})}{(1+k)^j} \times \frac{1}{(1+k)^{m+1}}$$

$$= \sum_{i=1}^{m-1} \phi^i (\theta E_{Y1} - C_{X1}) +$$

$$\phi^m (\theta E_{Y1} - C_{X1}) + \phi^{m+1} \sum_{j=m+1}^{n} \phi^j (\theta E_{Y1} - C_{X1}) \qquad (5-9)$$

计算两种情况下的净现值差值过程如下①：

$$NPV_2 - NPV_1$$

$$= \left[\sum_{i=1}^{m-1} \phi^i (\theta E_{Y1} - C_{X1}) + \phi^m (\theta E_{Y1} - C_{X1}) + \phi^{m+1} \sum_{j=m+1}^{n} \phi^j (\theta E_{Y1} - C_{X1}) \right] -$$

$$\left[\sum_{i=1}^{m-1} \phi^i (\theta E_{Y1} - C_{X1}) + \phi^m (\theta E_{Y2} - C_{X2}) + \phi^{m+1} \sum_{j=m+1}^{n} \phi^j (\theta E_{Y2} - C_{X2} - A + \gamma D) \right] -$$

$$= \phi^m \left[(\theta E_{Y1} - C_{X1}) - (\theta E_{Y2} - C_{X2}) \right] +$$

$$\phi^{m+1} \left[\frac{1}{1-\phi} (\theta E_{Y1} - C_{X1}) - \frac{1}{1-\phi} (\theta E_{Y2} - C_{X2} - A + \gamma D) \right]$$

$$= \phi^m \left\{ \left[(\theta E_{Y1} - C_{X1}) - (\theta E_{Y2} - C_{X2}) \right] + \frac{\phi}{1-\phi} \left[(\theta E_{Y1} - C_{X1}) - (\theta E_{Y2} - C_{X2}) \right] - \right.$$

$$\left. \frac{\phi}{1-\phi} (\gamma D - A) \right\}$$

$$= \phi^m \left\{ \frac{1}{1-\phi} \left[(\theta E_{Y1} - C_{X1}) - (\theta E_{Y2} - C_{X2}) \right] - \frac{\phi}{1-\phi} (\gamma D - A) \right\}$$

---

① 计算过程用到了无限次项等比值在 0~1 的等比数列求和公式 $S_n = a_1 / (1-q)$，其中首项是 a_1，等比是 q。

如果 $NPV_2 - NPV_1 > 0$，则可推导出式（5-10）[1]。

$$\phi > \frac{(\theta E_{Y2} - C_{X2}) - (\theta E_{Y1} - C_{X1})}{A - \gamma D} > 0 \tag{5-10}$$

令 $\dfrac{(\theta E_{Y2} - C_{X2}) - (\theta E_{Y1} - C_{X1})}{A - \gamma D} = \phi^*$。即当 $\phi > \phi^*$ 时，$Q_2 > Q_1$，政府选择一直遵守承诺。

图5-2和图5-3的分析同样适用于特许经营企业的机会主义行为。根据图5-2和图5-3，假设重复博弈 n 期，并且 $n \to +\infty$，一直到第（$m-1$）期企业都遵守承诺（$0 < m-1 < n$），在前（$m-1$）期企业参与博弈的现金净流量为 $NCF_i^{\sim}$，假设 $i = 1, 2, \cdots, m-1$。由于企业采取努力经营的策略，政府则采取遵守承诺的策略，即在前（$m-1$）期博弈双方的策略组合是（遵守承诺，努力经营）。在第 m 期，企业采取不努力经营的策略，由于政府采取触发策略，政府的反应是采取不遵守承诺的策略，所以第 m 期企业的现金净流量发生的变化为 $NCF_m^{\sim}$。从第（$m+1$）期开始，企业发现政府也采取不遵守承诺的机会主义行为，那么从第（$m+1$）期到第 n 期企业的现金净流量为 $NCF_j^{\sim}$，并且 $j = m+1, m+2, \cdots, n$。

根据上一节的讨论结果，各种情况下的现金净流量如式（5-11）所示。

$$\begin{aligned} NCF_i^{\sim} &= E_{Y1} - \theta E_{Y1} \\ NCF_m^{\sim} &= \eta E_{Y1} - \theta E_{Y1} - \gamma D \\ NCF_j^{\sim} &= \eta E_{Y2} - \theta E_{Y2} - B - \gamma D \end{aligned} \tag{5-11}$$

假设企业的折现率是 μ，则企业不努力经营的净现值 $NPV_1^{\sim}$ 和努力经营的净现值 $NPV_2^{\sim}$ 计算公式如式（5-12）和式（5-13）所示。

$$\begin{aligned} NPV_1^{\sim} &= \sum_{i=1}^{m-1} \frac{NCF_i^{\sim}}{(1+\mu)^i} + \frac{NCF_m^{\sim}}{(1+\mu)^m} + \sum_{j=m+1}^{n} \frac{NCF_j^{\sim}}{(1+\mu)^j} \times \frac{1}{(1+\mu)^{m+1}} \\ &= \sum_{i=1}^{m-1} \frac{(E_{Y1} - \theta E_{Y1})}{(1+\mu)^i} + \frac{(\eta E_{Y1} - \theta E_{Y1} - \gamma D)}{(1+\mu)^m} + \end{aligned}$$

---

① 推导如下：

$$\phi^m \left\{ \frac{1}{1-\phi}[(\theta E_{Y1} - C_{X1}) - (\theta E_{Y2} - C_{X2})] - \frac{\phi}{1-\phi}(\gamma D - A) \right\} > 0$$

即 $\dfrac{1}{1-\phi}[(\theta E_{Y1} - C_{X1}) - (\theta E_{Y2} - C_{X2})] - \dfrac{\phi}{1-\phi}(\gamma D - A) > 0$

不等式两边同时乘以（$1-\phi$），可得：

$$[(\theta E_{Y1} - C_{X1}) - (\theta E_{Y2} - C_{X2})] - \phi(\gamma D - A) > 0$$

即可得：

$$\phi > \frac{(\theta E_{Y2} - C_{X2}) - (\theta E_{Y1} - C_{X1})}{A - \gamma D} > 0$$

$$\sum_{j=m+1}^{n} \frac{(\eta E_{Y2} - \theta E_{Y2} - B - \gamma D)}{(1+\mu)^j} \times \frac{1}{(1+\mu)^{m+1}} \tag{5-12}$$

$$NPV_2^{\sim} = \sum_{i=1}^{n} \frac{(E_{Y1} - \theta E_{Y1})}{(1+\mu)^i} \tag{5-13}$$

设 $\tau = \dfrac{1}{1+\mu}$ ，则有：

$NPV_2^{\sim} - NPV_1^{\sim}$

$= \Big[\sum_{i=1}^{m-1} \tau^i (E_{Y1} - \theta E_{Y1}) + \tau^m (E_{Y1} - \theta E_{Y1}) + \tau^{m+1} \sum_{j=m+1}^{n} \phi^j (E_{Y1} - \theta E_{Y1}) \Big] -$

$\Big[\sum_{i=1}^{m-1} \tau^i (E_{Y1} - \theta E_{Y1}) + \tau^m (\eta E_{Y1} - \theta E_{Y1} - \gamma D) + \tau^{m+1} \sum_{j=m+1}^{n} \tau^j (\eta E_{Y2} - \theta E_{Y2} - B - \gamma D) \Big]$

$= \tau^m \Big[(E_{Y1} - \theta E_{Y1}) - (\eta E_{Y1} - \theta E_{Y1} - \gamma D) \Big] + \tau^{m+1} \Big[\dfrac{1}{1-\tau} (E_{Y1} - \theta E_{Y1}) -$

$\dfrac{1}{1-\tau} (\eta E_{Y2} - \theta E_{Y2} - B - \gamma D) \Big]$

$= \tau^m \Big\{ (E_{Y1} - \theta E_{Y1}) - (\eta E_{Y1} - \theta E_{Y1} - \gamma D) \Big\} + \dfrac{\tau}{1-\tau} \Big[(E_{Y1} - \theta E_{Y1}) -$

$(\eta E_{Y2} - \theta E_{Y2}) \Big] + \dfrac{\tau}{1-\tau} (B + \gamma D) \Big\}$

$= \tau^m / (1-\tau) \Big\{ \big[(1-\eta) E_{Y1} - \gamma D \big] (1-\tau) + \tau \big[(E_{Y1} - \theta E_{Y1}) -$

$(\eta E_{Y2} - \theta E_{Y2}) + (B + \gamma D) \big] \Big\}$

若 $NPV_2^{\sim} - NPV_1^{\sim} > 0$，则可推出式（5-14）[①]。

$$\tau > \frac{\gamma D - (1-\eta) E_{Y1}}{2\gamma D + (\eta - \theta)(E_{Y1} - E_{Y2}) + B} \tag{5-14}$$

---

① 若 $NPV_2^{\sim} - NPV_1^{\sim} > 0$

$\tau^m / (1-\tau) \{ \big[(1-\eta) E_{Y1} - \gamma D \big] (1-\tau) + \tau \big[(E_{Y1} - \theta E_{Y1}) - (\eta E_{Y2} - \theta E_{Y2}) + (B + \gamma D) \big] \} > 0$

即：

$\big[(1-\eta) E_{Y1} - \gamma D \big] (1-\tau) + \tau \big[(E_{Y1} - \theta E_{Y1}) - (\eta E_{Y2} - \theta E_{Y2}) + (B + \gamma D) \big] > 0$

可得：

$\tau \big[\gamma D - (1-\eta) E_{Y1} + (E_{Y1} - \theta E_{Y1}) - (\eta E_{Y2} - \theta E_{Y2}) + (B + \gamma D) \big] > \gamma D - (1-\eta) E_{Y1}$

简化得：

$\tau \big[2\gamma D + (\eta - \theta) E_{Y1} - (\eta - \theta) E_{Y2} + B \big] > \gamma D - (1-\eta) E_{Y1}$

$\tau \big[2\gamma D + (\eta - \theta)(E_{Y1} - E_{Y2}) + B \big] > \gamma D - (1-\eta) E_{Y1}$

则有：

$\tau > \dfrac{\gamma D - (1-\eta) E_{Y1}}{2\gamma D + (\eta - \theta)(E_{Y1} - E_{Y2}) + B}$

令 $\dfrac{\gamma D-(1-\eta)E_{Y1}}{2\gamma D+(\eta-\theta)(E_{Y1}-E_{Y2})+B}=\tau^{*}$，即当 $\tau>\tau^{*}$ 时，$NPV_{2}^{-}-NPV_{1}^{-}>0$，特许经营企业选择一直不采取机会主义行为。

如果 $\phi>\phi^{*}$，并且 $\tau>\tau^{*}$ 同时满足，意味着政府部门和特许经营企业的触发策略是纳什均衡。原因在于，若给定政府选择触发策略，当企业选择不努力经营时得到的收益净现值永远小于选择努力经营时的净现值，此时企业会选择一直努力经营。同样地，若给定企业选择触发策略，当政府选择不遵守承诺时得到的收益净现值一直小于选择遵守承诺的净现值，此时政府会一直选择遵守承诺。此时基础设施特许经营合约双方的触发策略形成了（遵守承诺，努力经营）的纳什均衡，该结果不同于单次博弈中（不遵守承诺，不努力经营）的均衡。

二、重复博弈结果的分析

通过对上述重复博弈模型的分析，可以得到如下推论：

第一，政府的折现因子 ϕ 和特许经营企业的折现因子 τ 对博弈参与人的现金流量净现值影响较大，代表了博弈双方对特许经营合约长期存续的期待程度和双方长期合作的可能性。如果两个折现因子较大，那么满足 $\phi>\phi^{*}$ 和 $\tau>\tau^{*}$ 的可能性就较大，说明了博弈参与人都更加注重与对方的长期合作关系，为了保证长期持续的合作关系，双方都没有动机在单次博弈中采取机会主义行为，从而有利于基础设施特许经营供给效率的提升和社会福利的提高。由于 $\phi=\dfrac{1}{1+k}$，$\tau=\dfrac{1}{1+\mu}$，说明 ϕ 和 k 负相关，τ 和 μ 负相关。根据财务学原理，在计算 NPV 时折现率代表了投资主体要求的最低回报率，因此 k 和 μ 分别代表了政府和特许经营企业对该特许合约中投资的最小回报率要求。当 k 和 μ 比较小时，则 ϕ 和 k 比较大，博弈双方更注重长期合作关系。说明博弈双方在该合约中预期的回报水平越低，冒风险采取机会主义行为的可能性越小[1]。

第二，根据 ϕ^{*} 的计算公式[2]，当 $(A-\gamma D)$ 不变时，$[(\theta E_{Y2}-C_{X2})-(\theta E_{Y1}-C_{X1})]$ 越小，则 ϕ_{1}^{*} 越小，博弈过程更容易满足 $\phi>\phi^{*}$。$[(\theta E_{Y2}-C_{X2})-(\theta E_{Y1}-C_{X1})]$ 代表了政府违背承诺和遵守承诺时净收益的差值，该差值越大，则 ϕ_{1}^{*} 越

---

[1] 当然，投资主体要求的最低回报率肯定大于等于成本率水平。否则，$NPV<0$，企业会选择放弃投资。

[2] $\dfrac{(\theta E_{Y2}-C_{X2})-(\theta E_{Y1}-C_{X1})}{A-\gamma D}=\phi^{*}$。

大，博弈越难以满足 $\phi>\phi^*$，此时政府有较强烈的动机去实施违背承诺的行为。因此，在对政府部门的监督中应该注重通过制度设计减少其违约带来的收益，这样能够使政府更有动机遵守合约。

第三，当 $[(\theta E_{Y2}-C_{X2})-(\theta E_{Y1}-C_{X1})]$ 不变时，$(A-\gamma D)$ 越大，则 ϕ_1^* 越小，博弈过程更容易满足 $\phi>\phi^*$。A 代表了特许经营企业实施机会主义行为时给政府带来的交易费用和福利损失，主要包括花费新成本去规制特许经营企业，承担社会福利下降和支持率下降的责任等。γD 代表了政府对企业不努力经营的机会主义行为的规制力度。一般情况下 $A>\gamma D$。为提高 $(A-\gamma D)$ 水平，一方面可以加强对政府责任的监管，使得政府在面临特许经营企业机会主义行为时付出的成本 A 更大，这样政府才有足够动力采取科学措施规制企业减少其不努力经营的概率；另一方面可以减少政府对企业不努力经营的机会主义行为的直接惩罚。因为这种直接罚款只会对特许经营企业起到威慑作用，但是不能告诉特许经营企业具体应该怎么做。特别是当企业碰到经营困境不得不采取机会主义行为时（如连续亏损不得不降低基础设施产品服务的质量），政府罚款仅仅告诉企业"你错了"，但是没有告诉企业"你应该怎么渡过难关"，一个可行的办法是：政府利用收到的罚款收入到市场上购买第三方服务指导企业的管理和运营。

第四，根据 τ^* 的公式①，其他条件不变时，$\gamma D-(1-\eta)E_{Y1}$ 越小，τ^* 就越小，$\tau>\tau^*$ 的可能就越大，此时特许经营企业选择努力经营策略的概率就越大。γD 代表了政府对企业不努力经营的机会主义行为的罚款，$(\eta-1)E_{Y1}$ 代表了特许经营企业采取不努力经营的超额回报②，$\gamma D+(\eta-1)E_{Y1}$ 代表了政府对企业不努力经营的罚款金额与企业超额回报之和。为了降低 $\gamma D-(1-\eta)E_{Y1}$ 有两条路径：一是降低 γD，二是降低 $(1-\eta)E_{Y1}$。降低 γD 并不是不要监管，而是应该改变监管模式，提倡人性化监管，让政府的监管不再是以罚款为主，而是在采取罚款策略的同时为企业提供更好的制度设计，促使其提高收益空间，并降低其不努力经营的动机。降低企业采取不努力经营的超额回报 $(\eta-1)E_{Y1}$，这有赖于政府进行系统的制度设计。

综上所述，根据基础设施特许经营合约的重复博弈模型及其分析结论，为有效促进政府和企业努力达到（不违背承诺，努力经营）的均衡结果，应该从如下几方面入手：

第一，政府应该更加注重基础设施产业特许经营的长期可持续性。为此政

---

① $\dfrac{\gamma D-(1-\eta)E_{Y1}}{2\gamma D+(\eta-\theta)(E_{Y1}-E_{Y2})+B}=\tau^*$。

② 由于 $\eta>1$，可将 $\gamma D-(1-\eta)E_{Y1}$ 写成 $\gamma D+(\eta-1)E_{Y1}$。

府应该积极设计出科学的规制策略，在对企业进行有效规制的前提下鼓励更多的民间资本进入该领域，鼓励企业积极与政府协商以解决在经营中碰到的难题。政府应该设置妥善的再谈判渠道，让特许经营企业能够有足够的动机和机会与政府进行再谈判①。

第二，政府应该注重自身美誉度建设，提高自身承诺能力。政府美誉度的建立依赖于良好的合约维护机制和自身队伍建设，良好的合约维护机制要求政府不能过分地与企业争利，要为企业提供良好的投资环境和政策扶持。自身队伍建设着眼点是让政府官员效用函数和社会福利最大化的目标趋于一致。这两点同时改进可以提高政府的美誉度，从而有效规避政府承诺能力缺失的困境。

第三，特许经营企业应该在追求自身利益最大化的同时有限度地考虑社会福利水平，不能完全将自身利益凌驾于所有决策之上。特许经营企业的价值取向可从企业利润最大化向相关者福利最大化适当过渡。虽然我国目前的经营环境还不适合企业追求"相关者利益极大化"的企业目标，但基础设施特许经营企业一般资本比较雄厚，可以适度向该企业目标倾斜。

综上所述，基础设施产业特许经营过程中的再谈判机制是保障其顺利进行的有效制度设计，该机制将政府和特许经营企业的单次博弈拓展为重复博弈，从而有效规避了双方的机会主义行为。在实践中，政府应该致力于提高自身的承诺能力，努力兑现特许经营初始合约和再谈判新合约的相关承诺，并对特许经营企业建立规制和激励相结合的奖惩机制。特许经营企业应该积极执行合约承诺，在遇到合约困难时积极和政府进行再谈判。本书下面的研究重点是分析再谈判双方的个人效用函数和组织效用函数的差异对博弈结果的影响，并设计出对应的约束机制来减弱这种效用函数差异的负面冲击。

---

① 邓菁. 规制经济学研究范式的演进与变革：基于科学研究纲领的视角 [J]. 中南财经政法大学学报，2017（6）：32-40.

第六章　基础设施产业特许经营合约再谈判机制：影响因素及福利效应

　　本章首先通过调查问卷的方法研究基础设施产业特许经营合约再谈判机制的影响因素，继而运用因子分析法对多项影响因素进行综合打分，然后通过设计双对数实证模型探讨该机制各项影响因素在减弱合约非完备性带来的效率损失上的福利提升效应。内容具体安排如下：第一节研究设计，包括问卷设计及基本统计分析；第二节问卷数据的因子分析和影响因素综合排名；第三节再谈判机制的福利提升效应。

第一节　基础设施产业特许经营合约再谈判机制实证研究设计

　　基础设施产业经营过程中特许权的再谈判机制一直是经济学界特别是规制经济学研究的热门话题。目前，相关研究主要是规范性的研究或基于案例的研究，较少存在基于截面数据的实证研究。因此，得出的结论可能缺乏一定的说服力。与特许经营合约再谈判的复杂性相一致，再谈判机制基本上也是一个多阶段重复博弈，同时博弈主体数量、重复属性存在较大变异，这使得博弈双方的可行行动集、效用函数、信息集等共同信息和私人信息存在非预见波动，使得均衡结果表现为随机属性和多重均衡属性。因此，在进行实证研究时，尽可能采用考虑到时间和截面两个维度的面板数据，而非仅仅使用截面数据或者案例分析[①]。同时，将关注焦点由企业和个人转移到契约或者基础设施自身。在有关基础设施产业经营过程中特许权的再谈判机制实证研究的已有文献中，集中分析单个或多个地区不同经营模式或契约方式的质量效益和福利效应，具体遵

---

　　① 周耀东，余晖 . 政府承诺缺失下的城市水务特许经营：成都、沈阳、上海等城市水务市场化案例研究 [J]. 管理世界，2005（8）：58-64.

循传统微观经济理论和功利主义思想，试图通过企业利润最大化来实现政府所主张的全民社会福利最大化。而在本研究中，假设作为社会民众利益代理人的政府存在自我效用。在机制设计过程中，制度必须防止政府的道德风险（即利用政府选择行动后，民众缺乏或无力对政府进行事后监督的事实，侵害企业和个人的利益）和逆向选择（即利用政府事先低成本信息优势，提高行业准入门槛或者设置寻租空间等行为，侵害企业和个人利益）。因此在实证研究中，基于前面的研究结论，从特许经营合约的契约特征、特许经营企业的特性、基础设施产业的属性和政府规制四个方面实证研究基础设施产业特许经营合约再谈判机制的影响因素及福利效应。

实证研究数据来源于调查问卷方法、回溯分析法和事件树分析法，对全国若干个省级行政区域在一定时间内水利和交通运输两类基础设施，实施对调查样本的 PPP 模式和 BOT 模式进行特许经营权合约再谈判机制的定量分析。在本研究中，水利基础设施不仅包括侧重于发电盈利的水库，也包括侧重蓄水、防洪和生态等社会福利民生的堤防、闸坝、河渠和渡槽①；交通运输设施侧重于收费盈利的公路、港口和码头三大类。选择这些类别基础设施的原因如下：一方面，这些基础设施具有准公共产品性质，涉及规模庞大的消费者群体，具有较强的外部性，是目前我国基础设施产业采用特许经营方式的典型代表；另一方面，水利和交通运输设施领域特许经营权违约、收费延期和收费标准提高等现象较为普遍，如 2013 年全国大部分高速公路延长收费期和提高收费标准，是再谈判问题的典型代表。回溯分析法利用记录基础设施的政府与企业档案，历史回溯该基础设施曾经的建设商、承包商、运营商、政府、消费者等具体信息，从而刻画单个样本观察点历史数据以形成多个截面，最终构造成面板数据。事件树分析方法通常用于分析在协议过程中出现的信用违约或者在谈判时间等一系列时间出现的各个影响因素间的内在关联性，同时运用树形图的方式进行表述，运用定量及定性研究相结合的方式，深入挖掘造成这一系列事件出现的核心因素，提出与之对应的解决方案，从而实现预测以及防范事件出现的最终目标。

---

① 需要强调的是，本研究发现水库、堤防、闸坝、河渠和渡槽等水利基础设施存在多重功能属性，既有追求经济利润的，如收取年度水费的河渠；也有追求社会效益的，如避免洪涝灾害的堤防。同样地，交通基础设施，也遇到类似的问题。部分基础设施使用了 PPP 或 BOT 经营机制，部分由政府全资全面经营，没有出现经营者出让现象，因此在本研究样本中，只包括特许经营曾经或现在已经由政府以合约的形式转包给企业或个人的基础设施，其他基础设施（如政府、企业和个人独资独营）不在本研究之中。

一、调查问卷指标体系——再谈判属性

调查问卷指标体系包括再谈判属性、合约属性、企业特征、政府规制、地区经济社会五个部分，并涉及企业、政府、消费者和论证专家四类经济行为人。再谈判属性包括再谈判发起人、再谈判的时间和再谈判结果三大类。其中，再谈判发起人包括是否由企业发起和是否由政府发起两个指标。经调查发现，当收费标准过低导致企业盈利能力或水平较低时，企业通常会发起合约的再谈判，最典型的情况是用于农业灌溉的水利基础设施，如沟渠，在调研中发现，近95%沟渠发生再谈判行为，理由是农户进城务工数量增多导致农地抛荒，从而水资源需求量大幅度减少，沟渠企业收入锐减，企业要求再谈判以确立新的收费标准和希望获得政府补贴。相反，当收费标准过高或消费者难以承受，以至于当地经济社会发展受到严重影响时，例如，跨江大桥的高收费会严重妨碍两岸生产要素的流通，不利于地区形成规模经济，政府会尝试赎回特许经营权，从而引发再谈判；或政府难以抵制高收益诱惑试图违约以重新收回特许经营权时，也会触发再谈判问题，例如，二十年前获得水源优质水库特许经营权的企业，由于近年来污染严重，一类优质水资源价格大幅度上升，政府以保护当地居民整体福利为名，可能要去重新收回特许经营权，引发再谈判行为。再谈判时间指政府与企业再次谈判的具体时间。再谈判结果指再次谈判后，企业和政府是否达成合约及其合约的内容，具体包括维持旧合约、形成新合约。其中，维持旧合约指收费标准保持不变，按照旧合同执行即可。形成新合约指形成新的收费契约、提高收费标准或降低收费标准、延长收费期限。调查发现，再谈判后基本以形成新的收费契约为主，并且基本上都是提高收费标准和延长收费期限。

二、调查问卷指标体系——合约属性

合约属性包括所属行业和地区、收费设置、信息传递、特许经营授权、企业风险承担等多个方面。其中，所属行业指契约是否属于水利产业，或是否属于交通产业。所属地区为基础设施运营地，而非企业注册点。收费设置是未来合约是否重新谈判的关键。一般而言，企业基于信息低成本优势导致合约逆向选择，因此经由基础设施特许经营权而获得超过平均资本利润的超额利润时，其特许经营权面临较大再谈判风险。当超额利润来源于政府投资时，如政府在经由某公路收费站的地段建立飞机场，导致车流量大幅度上升，面对不断增加的企业利润，政府可能通过行使强行终止方式收回特许经营权的可信威胁或可

置信威胁，从而迫使企业缴纳高额租金。相反，如果超额利润来源于普通消费者，政府则有可能要求企业合约再谈判以降低收费标准。具体而言，收费设置包括三个指标：是否设置价格上限、是否设置价格底线、是否设置收费调整机制。一般而言，设置了价格上限能够防止较高收益率，而价格底线价格能够保证企业获得保守收益率，二者有助于降低企业合约再谈判的概率。设置收费调整机制则为企业收费提供调整空间，避免触发再谈判机制。在调查中，发现较少合约存在收费调整机制，一方面是由于物价局等政府部门决定基础设施收费标准，企业普遍缺乏收费上调或下降的法律依据。另一方面更重要的是基础设施普遍存在价格黏性，即价格在3~5年内甚至十年内都难以调整，而且普遍是单向调整机制，即向上调高，而非向下调低。信息传递是指企业向政府传递其成本收益情况，以方便政府决定是否启动再谈判机制。除了目前按照法律要求企业向政府部门呈交常规年度报告外，也有部分地区的政府部门要求企业呈交成本经营报告。由于基础设施具有准公共产品属性，因此政府是否给予财政补贴和是否进行价格调整等对企业生存至关重要，为消除企业信息优势，政府通常要求企业提交十分详细的年度成本收益报告，这比会计年度报告要详细得多。例如，水库营业额中可能就包括要求企业提供水力发电、游轮航运、农田灌溉、水产养殖和旅游服务等多个项目之间的收益数据，以供政府分析水库发展对当地经济社会的正面和负面影响。信息传递的具体指标包括是否提供年度成本数据、是否提供年度收益数据。

特许经营授权是基础设施合约设置的关键，主要包括特许经营期限、特许经营授权方式和特许经营授权法律依据三个子指标。特许经营期限是特许经营合约中政府承诺保证企业获得特许经营的期限。以大中型水库为例，目前特许经营期限普遍为40~50年，个别延长为70年；而小型水库基本为10~20年。特许经营期限越长，越有利于企业稳定经营，从而降低再谈判可能性。但是，另外，特许经营期越长，再谈判的可能性也将加大，因为随着外部条件的变化，项目的盈利能力也可能发生变化，如果是遇到通货膨胀，项目盈利能力可能越来越差。特许经营授权方式包括是否通过竞争性招投标而取得、是否直接授予、是否双边谈判三个子指标。一般而言，招标程序相对公正、透明，并且在招标过程中需要对各自规则、标准、双方的权利义务予以明确，可能导致模糊不清或未明确的规定相对较少，因此相对于直接授予和双边谈判，前者重新谈判的可能性较小。直接授予指政府未经过市场公开手段将特许经营权授予某企业，这一部分协议往往偏向于取得特许经营的一方，降低了其进行再谈判的积极性，所以很少会进行再谈判。但这种直接授予的方法可能损害消费者的利益，例如，向消费者收取较高的价格，在合约执行的后期可能面临较大的再谈判概率。双边谈判处于招投标和直接授予之间，主要是政府与具有合作意向的若干个企业单独谈判。一般而言，双边谈判条款可能较为模糊，政府基于信息优势，对外宣传较低成本和较高投资收益率，从而在合约实际执行过程中可能出现分歧，从而导致重新谈判的发生。特许经营授权法律依据与特许经营权机制对应的法律体系完善情况不存在显著关系。在法律体系较为完善的情况下，项目在筹资、建设、实际经营以及最终所有权转移等阶段均存在明确的法律规定，因此进行再谈判的概率就比较小。并且，还和地方政府贯彻执行能力密切相关，若是其具有较强的贯彻执行能力，则公司就更会积极实施，法律保障将显著减少特许经营权授予者和被授予者发起的重新谈判的概率。特许经营授权法律依据包括是否国家法律法规、是否地方法律法规两个指标。

　　企业运营该特许经营权项目面临的风险较大时，进行再谈判的可能性就越高。通常来说，对于政府参与投资的协议，例如，某水库合作项目，要求当地政府所属投资企业所占投资额超过50%，以达到控股目的，比只考察其运营绩效的合同（例如某水库合作项目，要求水库旅游特许经营权获得方年度最低旅游人次和最低门票收入）进行再谈判可能性就更高，而针对明确价格上限以及拥有稳定回报率两个方面来说，前者进行再谈判的可能性更高。例如，20世纪90年代初，某县沟渠农业灌溉价格上限为0.06元/立方米，并且合约期限为20年，但是进入21世纪后，沟渠所属企业基本亏损，甚至几次再谈判提高收费标准后，企业仍然亏损，要求重新谈判。当特许经营企业承担了更多风险，导致在经济或者是政策环境出现差异的过程中往往会由于自身收益问题而要求进行再次谈判。特许经营主体承担的风险越大，其发起重新谈判的概率就越大。企业风险承担指标包括特定投资要求和最低营运绩效要求两个子指标。其中，特定投资要求指标是指在投资过程中，是否强调政府控股，是否插手企业人事安排等。最低营运绩效要求指标是指要求特许经营企业在经营期内，是否完成年度最低收费量、客流量和曝光率等类似指标。

三、调查问卷指标体系——企业特征

　　基础设施产业特许经营企业特征涉及多个方面，在本研究中，集中探讨与投资收益关系紧密的四个方面：企业性质、企业规模、企业治理结构和产权结构、资产负债率。其中，企业性质包括是否外资企业、是否本地国有企业、是否非本地国有企业和是否民营企业四个子变量。外资企业契约精神较强，当地政府也不想过多卷入外交事件，因此企业和政府合约再谈判概率均较小。调查发现，外资企业再谈判的概率约为2%，远低于平均水平的73%。相对于民营企

业，国有企业与政府行政资源关系更为密切，甚至在部分政企不分的情况下，国有企业就是政府所属的事业单位。因此，随着政府主管官员的变迁，国有企业与政府都表现出强烈的再谈判激励。在与政府的谈判中，民营企业基本处于劣势地位，特别是在基础设施招标和建设初期信息劣势相当明显。因此，一般而言，除非民营企业自身利益受到严重损害，否则不愿意引发再谈判机制。

企业规模越大，则企业越容易获得评估基础设施项目的专业人才、资金和技术等各种所需资源。因此，基础设施建设和运营项目的评估涉及专业性较强的知识。例如，水库建设过程中的土方施工，包括土方质量、接缝处理、挤压实验测试、质量管理等诸多关键问题。因此，小规模企业缺乏必要的资源，如高薪聘请资金管理专家、土木工程专家等，从事评估工程的可行性及其成本收益。此外，大型企业资金更为充裕，风险承受能力更强，在取得特许经营权后的建设和经营期内，如遇到突发事件大型企业能够依托自身内部资源有效处理，而无须将包袱转嫁给社会或政府，导致企业规模越大，与政府再谈判的概率越小。在调查中发现，除了自身经营能力有限外，小规模企业通常通过直接授予和双方谈判的方式获得基础设施特许经营权，在这一过程中可能存在寻租行为。因此，在地方政府选举换届后的一到两年，再谈判现象最频繁。企业规模指标包括企业员工数量、企业营业额两个指标。

企业治理结构包括是否上市、是否所有权与经营权合二为一两个指标。其中，上市包括国内上市和国外上市。是否所有权与经营权合二为一，指公司董事长和总经理是否为同一人。上市公司普遍设立总经理职位，成立董事会、监事会和定期召开股东大会，这使得所有权与经营权基本分离，企业逐步建立了现代经理人管理制度。然而，对于大部分非上市公司，特别是民营企业来说，所有者与经营者同一，所有权与经营权基本合二为一，即公司董事长与总经理为同一人。企业治理结构家族化与企业所有权结构即绝对控股相一致。

企业产权结构包括公司股东责任和合伙企业、企业控股两个方面。公司股东责任包括是否有限责任公司、是否独资企业或合伙企业两个指标。在调查中发现，超过80%的企业是有限责任公司；独资企业和合伙企业分别占10%。但是需要强调的是，部分被调查企业尽管在名义上是当地的有限责任公司，但实质仍然是家族控股企业。企业控股包括是否混合控股和是否家族控股两个指标。其中，家族控股包括夫妻控股、父子控股、兄弟控股等多种形式。调查发现，60%的企业属于混合控股，而30%的企业属于家族控股。相比较而言，家族控股不利于企业建立现代企业治理框架，对投资规模较大的基础设施表现出较高的道德风险和逆向选择激励，在实施合约过程中，重新谈判的冲动较明显。混合控股表现出多方利益之间的均衡，较少出现一股独大现象，有利于公司培育职业代理人制度，进而形成声誉机制，降低了基础设施合约再谈判发生概率。

资产负债率为从当期会计报表内获取的负债金额跟资产金额之间的相对值。这一指标能够充分反映公司资产内运用借款方式获取资金占据比率的情况。我国水利和交通等基础设施领域经过混合所有制改革已经初步形成市场化竞争机制，经营效率不断提高。由于基础设施投资规模较大，大部分企业普遍实施借贷杠杆，这使银行贷款利率上升导致企业融资成本快速上升，增加了降低基础设施投资项目建设规模和建设质量的双重压力。在交通运输设施领域尤为明显，以中国铁路公司为例，2015年公司资产负债率高达66.0%，造成2015年实际投产新里程与预定计划约减少一半，另外27个铁路项目尚未投产。资产负债率对处于建设期内的基础设施影响尤为明显，因为该阶段融资规模庞大，一旦国家货币政策收紧，或者国家发生异常经济波动，利率和融资成本快速上升，企业面临较大的利息压力，往往会要求政府开启再谈判、增加政府补贴或提高收费标准等来增加企业未来现金流。如果导致企业破产，基础设施项目将可能直接停工。因此，预计资产负债率与合约再谈判发生率成正比。

四、调查问卷指标体系——政府规制

作为准公共产品，基础设施具有一定的非排他性和非独占性属性，直接影响到普通消费者的日常生活，如水库发电、沟渠灌溉等。因此，政府一般会对这些基础设施的建设与营运给予相应的财政补贴、给予一定的贴息贷款或给予相应的政府担保，甚至直接给予现金补贴。由于基础设施产业的经济特性及其产品的特性，政府一般会对企业产品及其定价实施必要的监管或规制。如果监管主体不明确，则也有更大概率进行再次谈判。若不存在监管主体，则对于公共部门以及私营部门而言违约成本就会大幅下降，双方均有可能为确保自身眼前收益而进行再次谈判。同时，监管主体存在较强的独立性，可以不受到参与双方的约束以及限制，能够全面发挥出监管的效力，由此进行再次谈判的概率更小。政府规制包括市场准入规制、价格水平规制和社会性规制（环境保护、安全等）三个方面。

由于交通和水利基础设施具有自然垄断属性，垄断经营有利于形成规模经济、降低企业产品成本和提高消费者福利，必须对市场准入进行规制。基础设施领域提供的产品或服务是消费者生活的必需品，如居民电力、出行交通等，缺乏需求价格弹性，这就使垄断企业为获得最大化利润，制订市场有效供给不足的生产计划，使产品或服务的价格远远高于市场竞争性价格，无法实现资源高效配置，也无法保障广大民众的利益。为缓解以上冲突，公共部门针对本身

具有垄断特征的公共设施项目通常设置准入门槛，通过寡头垄断的方式来提升整体效率，凭借控制价格的措施达到资源优化配置。采取寡头垄断而非完全垄断，原因在于企业获得合法垄断地位，由于缺乏市场竞争的压力，企业将缺乏技术改进、成本控制等生产效率改进措施。市场准入规制具体指标包括地区同行业企业数量和地区同行业招标项目比例两个指标。地区同行业企业数量为同省内，基于《国民经济行业分类与代码》（GB/T 4754—2011）行业分类，统计同一行业内企业数量。地区同行业招标项目比例为同省内，基于《国民经济行业分类与代码》（GB/T 4754—2011）行业分类，统计同一行业内基于公开指标项目的比例。

价格水平规制是政府规制中的关键，部分与合约属性中的收费设置相一致。但价格水平规制更加强调的是价格对社会福利的负面影响。尽管现阶段政府逐渐放松对价格方面的控制，并且规定可以在相应的区间内进行波动，然而定价体系非常不合理，呈现出相对较大的黏性，从售价方面往往不能全面体现产品生产成本以及具体供需情况。制定消费产品价格机制时，应考虑市场结构，如替代性及其外部性和公共性，对于少部分基础设施产业应创建高效竞争体系，让公司之间自主竞价；针对一部分存在垄断特征的领域，为杜绝垄断公司因此设置较高售价获得超高利润，往往会规定比边际成本较高的售价，政府或根据企业实际生产成本采用成本定价法，或根据资本市场平均投资利率确定产品价格。价格水平规制与以往政府定价方式存在很大差异，同时也与自由竞价方式存在较大差异，主要体现在产品价格制定的依据。价格水平规制包括是否采用成本定价法、是否采用投资收益率定价法或企业自主定价。其中，企业自主定价指企业根据自身利润最大化原则进行定价，相比于前两种方法，这种方法政府规制水平最低，社会福利损害最大。

社会性规制体现部分基础设施的目的是最大化社会福利，而非追求企业自身经济利益最大化。基础设施的社会福利涉及保障劳动者和消费者的安全、健康、卫生、环境保护、预防灾害等。以土石堤坝为例，主要目的是能够防水拦水，附带景观功能。基础设施产品和服务的供给及其随着提供所产生的各种活动需要制定一定的规则和标准，并对特定的形式予以禁止或实施等规制措施。在公共事业方面施行不断宽松的经济规制过程中，针对一部分流程以及业务还必须强化社会规制，主要表现在交运部门的安全方面、一般公共服务以及水利部门的水质标准等方面，社会性规制指标包括安全费用、"三废"收费两个子指标。其中，安全费用指一年内企业用于安全与治安所花费的相关费用。"三废"收费指一年内企业因排放废水、废气和废渣所需向政府环保部门支付的费用。这两个子指标数值越高，则企业投资回报率越低，进而再谈判可能性越大。

五、调查问卷指标体系——地区经济社会

基础设施产业特许经营合约再谈判发生的概率受到当地经济社会发展特征因素的影响。经济社会外部冲击能影响特许经营主体的成本，从而影响特许经营预期收益，进而增加了合约再谈判概率。导致预期收益增加的正面冲击，如产品需求的增加，基于规模经济属性，经营主体边际成本将下降，提高企业盈利能力，从而会降低企业发起重新谈判的可能性（如果消费者有能力，他们也会在这种情况下发起再谈判）。由此导致预期收益不断降低的负面作用，例如，市场需求量不断降低、售价降低或者消费者的要求提升、贷款利率提高、通货膨胀等，这一系列因素均会提升再谈判概率。政治、经济、经营期限以及不确定性等方面发生改变，同样会提升再谈判概率。在本书中，考虑的经济社会影响指标主要包括当地 GDP、财政政策和货币政策。

其中，当地 GDP 指标包括基础设施所在省人均 GDP、基础设施所在市人均 GDP 两个子指标。市场经济是法治经济，随着经济规模的不断增大，契约精神和法治理念在不断规范企业市场行为的同时，也将不断约束政府的经济管理行为。在经济较发达的东部沿海省份，发生违约概率远低于中西部内陆省份。此外，经济规模较大的城市，其基础设施如交通运输设施、水利工程、城市基础设施、港口水利建设、公共交通网络、灯光照明、下水道、保障性住房建设、服务业及教育卫生等社会事业、生态环境保护等领域均较为发达，并且各自都形成了较完善的基础设施市场体系。因此，预计地区人均 GDP 与合约再谈判发生率成反比。

在基础设施产业方面，财政政策主要涉及税收政策、财政投资政策两个方面。地区为支持当地基础设施发展，往往提供较为优惠的税收政策。这些优惠的税收政策来自国家层面或来自省、市、县级层面。税收优惠政策主要涉及企业所得税，即"三免三减半"政策。除了有法可依的政策优惠外，地方政府为鼓励纳税，通常建立地方税款返还优惠制度。税收政策包括税收优惠比例指标，具体为税收优惠额与税收应缴纳额之比。财政投资政策主要包括补贴拨款政策和贷款优惠政策两个方面。其中，补贴拨款是当地政府为支持地方基础设施建设而无偿投资的优惠政策，主要针对在贫困地区和农业、重工业等部门，以减轻贫困地区工农业的负担和改善贫困地区的投资环境和吸引外资流入。贷款优惠政策则使用范围较广，并不局限于贫困地区，属于有偿投资，通常以贷款担保的形式存在。财政投资政策包括无偿拨款和是否贷款担保两个指标。无偿拨款指政府给予合约企业无偿投资的资金额；是否贷款担保指政府是否为合约提

供贷款担保，预计两个指标与再谈判发生率存在负相关关系。

货币政策通过贷款利率等方式影响企业融资成本。对投资周期为几十年的基础设施而言，利率增加将增加企业还贷压力，利率增加过快甚至会迫使企业破产，进而增加合约再谈判概率。货币政策的指标是贷款利率。

六、调查问卷指标体系——调查范围及其时间跨度

调查范围为全国除西藏自治区外的水利和交通运输基础设施。出于数据的可获得性和样本的代表性，本书没有考虑西藏自治区样本。一方面，长期以来，西藏自治区水利基础设施基本由中央投资完成，地方投资额几乎为零，这使西藏自治区水利和交通运输等基础设施表现出纯公益性质，几乎没有以企业盈利为目的，因此数据缺乏代表性。另一方面，西藏自治区水利和交通运输基础设施数量较少，数据可靠性和可获得性较差。经调查发现，在西藏自治区样本中，调查问卷指标体系中近40%的指标无法获得可靠数据，因此最终将西藏自治区样本剔除。

调查数据的时间跨度为1991~2012年，共22个年度。在1991年之前，我国基础设施建设基本上都是中央政府和地方政府无偿投资，未能有效引入市场化的竞争机制。进入21世纪后，基础设施建设融资、建设和经营模式不断改革创新，市场体系不断完善，目前在众多领域形成了较充分的市场竞争状况。

七、影响因素统计分析

基础设施产业特许经营合约再谈判影响因素自变量与因变量结果统计分析如表6-1所示。因变量谈判结果表明，基础设施产业特许经营权合约再谈判发生率较高，为83.8%，其中，水利基础设施产业再谈判发生概率为75%，交通运输产业再谈判发生概率为89%。水利基础设施产业特许经营权再谈判发生率远低于交通运输产业，后者比前者高出14个百分点。在水利部门，72%的再谈判由企业发起，政府发起的比例约为24%。这与水利部门侧重于社会福利密切相关，以经济利润为主要目的的交通运输部门则主要由企业发起，比例高达84%，由政府发起的比例仅为15%，比水利部门低9个百分点。再谈判结果表明，大部分再谈判都导致收费标准的提高（水利和交通运输部门各为88%和92%）和收费期限的延长（水利和交通部门各为93%和98%）。而维持旧合约和降低（或取消）收费标准的比例较少，调查发现，降低（或取消）收费标准的基础设施主要集中在严重影响当地经济发展的跨江大桥或5公里之内的收费站。

表6-1　基础设施产业特许经营合约再谈判影响因素统计描述

自变量与因变量			水利		交通运输	
			均值 （%）	标准差	均值 （%）	标准差
谈判 结果	再谈判 发起人	是否再谈判（y1）	75	0.433	89	0.312
		是否由企业发起（y2）	73	0.444	84	0.367
		是否由政府发起（y3）	24	0.427	15	0.357
	再谈判 结果	是否维持旧合约（y4）	5	0.218	4	0.196
		是否提高收费标准（y5）	88	0.325	92	0.271
		是否降低或取消收费标准（y6）	0.3	0.171	0.1	0.099
		是否延长收费期限（y7）	93	0.255	98	0.14
合约 属性		所属地区（x1）*				
	收费设置	是否设置价格上限（x2）	32	0.466	52	0.499
		是否设置价格底限（x3）	70	0.458	80	0.4
		是否设置价格调整机制（x4）	10	0.3	20	0.4
	信息传递	是否提供年度成本数据（x5）	10	0.3	18	0.384
		是否提供年度收益数据（x6）	5	0.218	4	0.196
	特许经营 授权	特许经营期限（x7）	44	0.496	35	0.477
		特许经营 授权方式 · 是否招投标（x8）	25	0.433	33	0.470
		是否直接授予（x9）	35	0.476	29	0.453
		是否双边谈判（x10）	30	0.458	20	0.400
		特许经营授 权法律依据 · 是否国家法律法规（x11）	70	0.458	77	0.421
		是否地方法律法规（x12）	20	0.4	22	0.414
	企业风险 承担	特定投资 要求 · 是否强调政府控股（x13）	43	0.495	65	0.477
		是否插手企业人事（x14）	30	0.458	48	0.499
		最低营运 绩效要求 · 是否最低收费量（x15）	49	0.4999	29	0.453
		是否最低客流量（x16）	23	0.421	28	0.449
		是否最低曝光率（x17）	9	0.286	11	0.313
企业 特征	企业性质	是否外资企业（x18）	5	0.218	6	0.237
		是否本地国有企业（x19）	45	0.497	57	0.495
		是否非本地国有企业（x20）	27	0.444	31	0.462
		是否民营企业（x21）	15	0.357	13	0.336
	企业规模	企业员工数量（万人）（x22）	0.253	1.298	0.35	3.308
		企业营业额（亿元）（x23）	3.9	359	5.9	658

续表

自变量与因变量			水利 均值（%）	水利 标准差	交通运输 均值（%）	交通运输 标准差
企业特征	企业治理结构	是否上市（x24）	0.5	0.071	1	0.11
		是否所有权与经营权合二为一（x25）	28	0.448	26	0.438
	企业产权结构	是否为有限责任公司（x26）	82	0.384	90	0.3
		是否独资企业或合伙企业 — 是否夫妻控股（x27）	3	0.170	1	0.099
		是否独资企业或合伙企业 — 是否父子控股（x28）	2	0.14	1	0.099
		是否独资企业或合伙企业 — 是否兄弟控股（x29）	1	0.099	1	0.099
		是否独资企业或合伙企业 — 是否混合控股（x30）	9	0.2861	2	0.14
	资产负债率（x31）		93	0.255	97	0.171
政府规制	市场准入管制	地区同行企业数（家）（x32）	129	92.7	173	195.8
		地区同行招标项目比例（x33）	30	0.458	35	0.477
	价格水平管制	是否成本定价法（x34）	11	0.312	21	0.407
		是否收益率定价法（x35）	14	0.347	43	0.496
		是否企业自主定价（x36）	30	0.458	13	0.336
	社会性管制	治安费用（亿元）（x37）	0.009	1.29	0.01	1.32
		"三废"支出（亿元）（x38）	0.02	2.39	0.02	0.98
地区经济社会	当地GDP	省人均GDP（万元）（x39）	1.50	3.65	1.53	2.37
		市人均GDP（万元）（x40）	0.92	4.3	0.7	5.39
	财政政策	税收政策 — 税收优惠比例（x41）	12	0.325	15	0.3575
		税收政策 — 贷款优惠（亿元）（x42）	0.23	2.9	0.33	3.59
	货币政策	贷款利率（x43）	7	0.13	9	0.23
		通货膨胀率（x44）	10	0.926	12%	0.54
样本数量	总样本数：35202		13004		22198	

注：*表示所属地区由于涉及除西藏自治区外的33个省级行政区域，数量较多，没有一一列出；括号内数字代表自变量名称，如"谈判发生率"（y1）表示"y1代表谈判发生率"；"税收优惠比例"（x41）表示"x41代表税收优惠比例自变量"。

合约属性类因素表明，大部分水利和交通运输产业基础设施都设置了价格上限和底线，但是较少设置价格调整机制。水利基础设施只有1/10的合约明确了价格调整机制，交通运输产业尽管相对有所提高，但仍然较低，明确价格调整机制的合约仅为 1/5。较为僵化的价格机制可能不利于降低再谈判发生率。同时信息传递不顺畅，政府与企业存在信息不对称，例如，10% 和 5% 的水利基础设施合约要求企业提供成本和收益数据，这增加了企业道德风险概率。特许经营授权表明大部分合约授权期限、方式和法律依据存在缺陷。其中，水利基础设施合约平均特许经营期限为 24 年，无论是集中于社会效益的沟渠、堤坝，还是集中于经济效益的水库，该经营权普遍较短。调查中发现，合约企业普遍要求延长特许经营期限，特别是随着我国经济社会发展的不确定因素，如通货膨胀，特许经营授权不存在明显占优的方式。表 6-1 表明，水利和交通运输基础设施的招投标比例各为 25% 和 33%，直接授予比例各为 35% 和 29%，双边谈判比例各为 30% 和 20%。这表明，相对于水利基础设施，交通运输建立了更加透明、公开和竞争的市场体系。然而，企业风险承担表明，地方政府对交通运输企业施加了较明显的经营干预，例如，近 65% 的合约强调政府控股，近 48% 的合约要求干预企业人事。这与大部分交通运输企业近亲繁殖、地方官员安排家属就职的现状相一致。作为补偿，合约对交通运输企业营运绩效要求普遍低于水利企业。

企业特征要素是指企业自身特征对基础设施特许经营合约再谈判的影响。表 6-1 表明，在企业性质中，大部分合约企业都是国有企业，特别是本地国有企业，民营企业较少，外资企业更是寥寥无几。具体而言，在水利和交通运输基础设施合约中，本地国有企业所占比例各为 45% 和 57%，接近一半；非本地国企各为 27% 和 31%，约为 1/3；民营企业分别为 15% 和 13%，约为 1/7；外资企业分别为 0.5% 和 0.6%。企业规模普遍较大，水利特许经营权企业正式职工平均为 0.253 万人，营业额为 3.9 亿元。交通运输特许经营企业规模更大。调查发现，规模较大的企业再谈判发生概率普遍较小，因为企业能够实现成本上涨的自我消化，而不是求助于政府提高收费标准和延长收费期限。上市公司较少，水利特许经营企业仅为 0.5%，交通运输特许经营企业为 1%。不仅如此，接近 1/3 的企业是实施所有权和经营权合二为一，因此，目前大部分企业未能建立现代企业制度，特别是企业经理人制度，这在企业治理结构中得到反映。在水利合约企业中，近 20% 的企业是独资企业或合伙企业，基本上属于家族控股。此外，这些企业负债水平普遍较高。水利和交通运输特许经营企业平均资产负债率分别为 93% 和 97%，暗示平均而言，基础设施特许经营企业基本都是银行借债经营，几乎没有任何净资产。调查中发现，资产负债率达到 250% 以上的企业约为总样本数的 20%，因此，这些企业极易受到国内经济环境的影响，如借款利率、汇率等的变动。故与政府重新谈判，商讨收费调整事宜。

政府规制要素包括市场准入规制、价格水平规制和社会性规制三个子要素。

水利基础设施企业的地区内同行企业数量平均为 129 家，交通运输为 173 家，前者约为后者的 75%。这表明相对于水利基础设施产业，交通运输市场竞争更充分。从地区同行招标项目比例指标也可以得到验证，前者约为 30%，而后者为 35%，前者比后者低 5 个百分点。然而，两类基础设施产业的价格水平规制存在较大差异。例如，实施成本定价法和收益率定价法的水利基础设施企业比交通运输企业低 10 个百分点和 29 个百分点；同时，水利基础设施企业实施自主定价的比例远高于交通运输基础设施企业，前者比后者高出 17 个百分点。这表明，政府和企业在制定特许经营权转让契约时，对于交通运输部门的规制强度要明显高于水利部门。较为合理的价格规制可能降低合约双方再谈判概率。在社会规制方面，两类企业差别显著，年均安全费用分别为 90 万元和 100 万元，"三废"支出均为 200 万元。

表 6-1 表明，地区经济社会因素显著影响基础设施特许经营权再谈判发生率。在当地 GDP 指标中，水利基础设施特许经营合约再谈判发生省份人均 GDP 与交通运输设施领域相似。但是市人均 GDP 存在较大差异，前者比后者高出 0.22 万元，是后者的 1.31 倍。然而，从财政优惠政策来看，交通运输产业获得更大的优惠比例。前者税收优惠比例比后者高出 3 个百分点，企业平均贷款优惠额前者比后者高出近 1000 万元。但是，在货币政策方面，相对于水利基础设施特许经营合约企业，交通运输类企业未能获得优势，前者平均贷款利率比后者低 2 个百分点，通货膨胀率也比后者低 2 个百分点，这或许能部分解释为何交通运输类企业较频繁地要求政府再谈判，以提高收费标准和延长收费期限。

第二节　基础设施产业特许经营合约再谈判机制影响的因子分析

一、因子分析法的基本思想、理论模型和步骤

1. 探索性因子分析基本思想

因子分析（Factor Analysis）也称因素分析，是一门减少数据维度的分析技术，集中研究众多相关性较强的自变量之间内部依赖关系，通过考察若干变量之间的协方差及其变体矩阵的数据结构，以解释这些变量与少数不可观测或难

以测量因子之间的内生耦合关系。1904 年，查尔斯·斯皮尔曼（Charles Spearman）在研究智力问题时，首次将因子分析方法运用于实践以简化和归纳智力问题相关因素。随后，因子分析作为多元统计分析的重要分支，进入 20 世纪 50 年代后，随着计算机技术快速发展和计量软件逐步成熟，因子分析法在管理科学、社会学、经济学、教育和社会心理学等诸多领域得到广泛运用。该方法的原理和步骤得到不断完善，目前已经形成了探索性因子分析（Exploratory Factor Analysis，EFA）和验证性因子分析（Confirmatory Factory Analysis，CFA，也称为实证性因子分析、证实性因子分析、确定性因子分析）两种重要方法。尽管学术界对于这两种方法的特征及其具体运用范围存有争议，但是对于两种方法的基本指导思想及其大致运用范围基本获得一致意见。探索性因子分析主要为了简化观测变量维度，找出影响可观测变量的因子个数，并分析出各个因子与可观测变量之间的相关程度及能够解释的可变方差，从而能够揭示出复杂变量群之间的内在结构。探索性因子分析假定每个指标变量都与某个因子匹配，而且只能通过因子载荷凭知觉推断数据的因子结构。而验证性因子分析的主要目的是决定事先定义的因子模型是否与实际数据相吻合，或者说事先构建的理论预期是否与可观测变量的因子个数相匹配。指标变量是基于先验理论选出的，而因子分析是用来看它们是否如预期的一样。其先验假设是每个因子都与一个具体的指示变量子集对应，并且至少要求预先假设模型中因子的数目，但有时也预期哪些变量依赖哪个因子。在本书中，为了归纳出所有变量中的因子以简化分析维度和揭示变量之间的结构。

2. 探索性因子分析的理论模型

探索性因子分析的理论模型：假设 m 个可能存在相关关系的测试变量 Z_1，Z_2，$\cdots$，Z_m 含有 p 个独立的公共因子 F_1，F_2，$\cdots$，F_p（$m \geqslant p$），测试变量 Z_i 含有独特因子 U_i（$i=1$，$\cdots$，m），诸 U_i 间互不相关，且与 F_j（$j=1$，$\cdots$，p）也互不相关，每个 Z_i 可由 p 个公共因子和自身对应的独特因子 U_i 线性表示：

$$\begin{cases} Z_1 = a_{11}F_1 + a_{12}F_2 + \cdots + a_{1p}F_p + c_1U_1 \\ Z_2 = a_{21}F_1 + a_{22}F_2 + \cdots + a_{2p}F_p + c_2U_2 \\ \vdots \quad\quad \vdots \quad\quad \vdots \quad\quad\quad\quad \vdots \quad\quad \vdots \\ Z_m = a_{m1}F_1 + a_{m2}F_2 + \cdots + a_{mp}F_p + c_mU_m \end{cases} \quad (6-1)$$

用矩阵表示：

$$\begin{pmatrix} Z_1 \\ Z_2 \\ \vdots \\ Z_m \end{pmatrix} = (a_{ij})_{m \times p} \times \begin{pmatrix} F_1 \\ F_2 \\ \vdots \\ F_p \end{pmatrix} + \begin{pmatrix} c_1 U_1 \\ c_2 U_2 \\ \vdots \\ c_m U_m \end{pmatrix}$$

简记为式（6-2）：

$$\underset{(m \times 1)}{Z} = \underset{(m \times p)}{A} \times \underset{(p \times 1)}{F} + \underset{\substack{(m \times m) \\ (对角阵)}}{C} \times \underset{(m \times 1)}{U} \tag{6-2}$$

且满足：（Ⅰ）$P \leq m$。

（Ⅱ）$\mathrm{COV}(F \cdot U) = 0$（即 F 与 U 是不相关的）。

（Ⅲ）$E(F) = 0$　$\mathrm{COV}(F) = \begin{pmatrix} 1 \\ & \ddots \\ & & 1 \end{pmatrix}_{p \times p} = I_p$。

即 F_1，$\cdots$，F_p 不相关，且方差皆为 1，均值皆为 0。

（Ⅳ）$E(U) = 0$，$\mathrm{COV}(U) = I_m$，即 U_1，$\cdots$，U_m 不相关，且都是标准化的变量，假定 Z_1，$\cdots$，Z_m 也是标准化的，但并不相互独立。

式（6-2）中 A 称为因子负荷矩阵，其元素 a_{ij} 表示第 i 个变量（Z_i）在第 j 个公共因子 F_j 上的负荷，简称因子负荷，如果把 Z_i 看作 P 维因子空间的一个向量，则 a_{ij} 表示 Z_i 在坐标轴 F_j 上的投影。

因子分析的目的就是通过模型（6-1）或模型（6-2），以 F 代替 Z，由于一般有 $p<m$，从而达到简化变量维数的目的。

3. 探索性因子分析的模拟步骤

使用 STATA 软件，探索性因子分析的基本步骤如下（事物可观测原始变量为 x_1，x_2，$\cdots$，x_p）：

（1）对原始变量标准化。在因子分析求解时若采用主成分法，由于主成分分析在通过总体协方阵求主成分时，往往优先顾及方差较大的变量，受变量的计量单位影响较大，有时会造成不合理的结果，所以为了消除这种影响，需在分析之前，对原始变量标准化。标准化最常规的方法是将原变量数列化为均值为 0、方差为 1 的数列，即令 $Z_x = \dfrac{x - E(x)}{\sqrt{D(x)}}$。

（2）对所有自变量进行 KMO 和巴特利特（Bartlett）球形度检验，以确定是否适合于探索性因子分析法。因子分析主要从统计角度分析变量是否存在内在结构，也就是潜在因子结构，如果潜在因子与原有变量维度基本一致或者完全降为单一维度，就不适合因子分析。一个极端现象就是所有变量都测量的是一个维度的因子概念，而另一个极端就是所有变量全部是正交不相关的，根本不存在因子，二者都不适合因子分析。

（3）确定因子个数及其排名，并提取因子。如果变量适合于因子分析。则求出标准化数据 Z_{x1}，Z_{x2}，…，Z_{xp} 的协方差矩阵，或相关系数矩阵 R（两者等价）。然后计算 R 的特征值及相应的一组正交单位特征向量。并由此计算累计贡献率，同时根据实际情况事先假定因子个数，也可以按照特征根大于 1 的准则或碎石准则来确定公共因子个数及因子载荷矩阵 A。此外，根据需要选择合适的因子提取方法，如主成分方法、加权最小平方法、极大似然法等提取因子。

（4）因子旋转、解释因子和计算因子得分。首先，由于初始因子综合性太强，难以找出实际意义，因此一般都需要对因子载荷矩阵 A 进行旋转（常用的旋转方法有正交旋转、斜交旋转等），以便对因子结构进行合理解释。其次，可以根据实际情况及负载大小对因子进行具体解释。最后，可以利用公共因子来做进一步的研究，如聚类分析、评价、综合排名等。

二、因子分析结果

1. KMO 和 Bartlett 的球形度检验

KMO 和 Bartlett 的球形度检验结果见表 6-2。KMO 的原假设各变量各自独立。巴特利特（Bartlett）球形度检验结果显示在 5% 限制水平上显著不为零，因此拒绝原假设，表明存在因子结构。另外，KMO 为 0.904，完全适宜于因子分析。

表 6-2　KMO 和 Bartlett 的球形度检验统计

取样足够度的 Kaiser-Meyer-Olkin 度量		0.904
巴特利特（Bartlett）球形度检验	近似卡方	1982983
	df	35202
	Sig.	0.000

注：df 表示自由度；Sig. 表现显著性水平；估计结果是使用 STATA 软件所得。

2. 相关矩阵特征值及其贡献率

对 44 个变量标准化后，计算协方差矩阵，并得到该矩阵的特征值与方差贡献率，具体见表 6-3。首先分析初始矩阵特征值，发现其中六个特征根大于 1，其他特征根较小。一般而言，特征值大于 1 的个数与因子个数成正比。因此，估计存在六个主因子。但是，表 6-3 同样表明主因子 3 至主因子 6 共四个因子，特征值都普遍较小，仅仅略大于 1，暗示四个因子的典型代表性不突出，远不如第一主因子和第二主因子明显。其次分析方差贡献率，发现六个主因子贡献率高达 99.169%。但是，第一主因子贡献率接近 50%，而第三主因子之后的贡献率均低于 10%，因此有必要对矩阵进行正交化。

表 6-3　相关矩阵的特征值与贡献率统计

变量序列号	因子分析初始解对变量的描述			因子旋转后对变量的描述		
	特征值	方差贡献率	累计方差贡献率	特征值	方差贡献率	累计方差贡献率
1	6.720	44.017	44.017	6.720	27.493	27.493
2	3.420	22.402	66.419	3.570	14.606	42.099
3	1.530	10.022	76.440	2.890	11.824	53.922
4	1.420	9.301	85.741	2.890	11.824	65.746
5	1.120	7.336	93.078	2.780	11.374	77.120
6	1.001	6.092	99.169	2.620	10.719	87.838
7	0.01	0.066	99.235	0.76	3.109	90.948
8	0.002	0.013	99.248	0.51	2.087	93.034
9	0.001	0.007	99.254	0.43	1.759	94.794
10	0.001	0.007	99.261	0.41	1.677	96.471
11	0.000	0.000	99.261	6.720	27.493	27.493
⋮	…	…	…	…	…	…
44	0.000	0.000	100.000			100.000

注："…"表示省略。

3. 因子旋转后综合排名结果

表 6-4 为因子正交化旋转后各变量的负荷及其方差解释率。根据表 6-3，可知变量群共有六个主因子，分别命名为价格管制、规模经济、股东和社会管制、政府监管、政府歧视、外部经济冲击。由于对负荷小于 0.3 的变量进行了删除，这使得自变量数量由最初的 44 个缩减为目前的 33 个，例如，"所属地区"（x1）变量由于正交矩阵后相应特征值 F1 的特征向量值即负荷为 0.15，因此，在第一主因子中删除了"所属地区"（x1）变量。

价格规制是基础设施特许经营合约再谈判概率的关键影响因素，共解释了近 27% 的样本方差，具体见表 6-4。以负荷因子大小排序，发现"是否设置价格上限"（x2）变量负荷值最大，最能解释合约再谈判发生概率。调查发现，由于基础设施特许经营合约期限往往为数十年，设置的价格上限往往未能充分考虑通货膨胀、劳动力成本快速上升等外部经济冲击。以大中型水库为例，目前特许经营权平均期限为40～50年，个别延长为70年；而小型水库基本为10～20年。在特许经营权合约签订时，上网电价为5～8分，但是随着贷款利率提高、工人工资上涨，特别是通货膨胀等经济现象的出现，严格遵守原有合约，水电站难以盈利。同时，合约也缺乏必要的价格调整机制。具体而言，缺乏成本与价格联动机制，也缺乏收益率托底机制，因此政府与企业不得不再次再谈判。

规模经济属性来源于基础设施产业批量生产导致的边际成本下降，解释了14.6%的样本方差。其中，以资产负债率为最大负荷因子，达到0.85，具体见表6-4。基础设施建设、经营企业资产负债率普遍较高，水利产业平均负债率高达93%，交通运输产业高达97%。一方面，较高的资产负债率抑制企业经营过程中投资冲动，迫使企业理性投资。另一方面，较高的资产负债率往往面临着较大的现金流压力，企业不得不寻找新的投资项目，发挥专业性较强的固定资产，如压路机、大型搅拌机等的规模经济效应。地区同行企业数可能也是影响规模经济的关键因素。一般而言，企业数量越多，市场机制就越公平、公正和透明，在合约之初就能够建立较为全面的条款，降低再谈判发生率。企业营业额和企业员工数量两个变量负荷值较少，意味着信息承载量较少，因此预计对样本方差的解释力有限。

基础设施产业服务及其产品与消费者日常生活密切相关，例如，公路、铁路、机场、通信、水电煤气等，因此该产业的收费、服务标准必然受到公司股东和社会公众的广泛监管。因子旋转后，发现第三方监管影响因素较多，涵盖上市、项目招标、公司性质和当地经济等多个方面，共同解释了11.82%的自变量样本方差。是否上市负荷值最大，为0.83，具体见表6-4。相对而言，上市公司股权结构和治理结构都比较完善，股东大会、董事会、监事会、证监局和新闻媒体共同构成了企业经理层监督网络。多层次监督，特别是股东的第三方监督，使上市公司在与政府签订特许经营权合约时较为谨慎，合约也较为完备，建立较为灵活的收费机制和价格指导机制，因此上市企业发起特许经营权合约再谈判的概率较小。除了股东监督外，企业同行和普通民众也是监督的主体。企业同行以地区同行指标项目比例指标表示，该指标负荷为0.75。相较于基础设施特许经营权直接授权和双边谈判方式，招投标方式更加透明、公正和公平。普通民众监督主要通过市人均GDP表示，负荷值为0.73。一般而言，地区经济发展水平越高，法制化程度越高，市场经济体制越完善，合约再谈判概率越低。

除了股东监督和社会第三方监督外，最重要的监督来源于政府。政府监督解释了自变量样本方差的 11.82%。受第四主因子影响程度最深的变量是"是否招投标"（x8）、"是否直接授予"（x9）、"是否双边谈判"（x10），这三个变量负荷均为 0.85，具体见表 6-4。这表明，目前政府监管仍然以事前审批为主，事中、事后监管较为薄弱。例如，"是否提供年度成本数据"（x5）和"是否提供年度收益数据"（x6）两个事中、事后监督指标负荷值仅为 0.65 和 0.64，比三个事前审批变量负荷值低 0.20 左右。此外，税收优惠和贷款优惠等财政政策变量负荷值也仅为 0.63，这表明也存在暗箱操作的可能。最后，"是否插手企业人事"（x14）变量负荷值为 0.44，信息变异程度较低。表 6-1 变量统计描述表明，变量（x14）水利基础设施产业平均值为 30%，交通运输产业为 48%。因此，变量（x14）结合平均值和负荷值数据，表明政府与企业存在较严重的合谋现象，只不过合谋形式由直接的现金交易转变为隐蔽的人事安排。

矩阵正交扭转后的主因子分析表明，政府除了扮演合约执行的监督方外，还扮演企业性质歧视的角色。表 6-4 将第五个主因子命名为政府歧视，共解释变量方差 11.37%，"是否本地国有企业"（x19）、"是否非本地国有企业"（x20）、"是否民营企业"（x21）三个变量与政府歧视主因子的关联度最强，负荷值分别达到 0.74、0.74 和 0.72，具体见表 6-4。调查发现，由于交通运输基础设施，特别是高速公路基本都是稳赚不赔的工程项目，因此当地政府为维护自身利益，往往希望由当地国有企业负责实施。表 6-1 统计表明，45% 的水利基础设施由本地国有企业运营（特别是市县级国有企业），27% 的由非本地国有企业运营，民营企业仅为 1%；而交通运输基础设施趋势更明显，57% 由本地国有企业运营，31% 由非本地国有企业运营，民营企业仅为 13%。政府歧视容易纵容企业收费标准过高，导致企业有效供给和消费者有效需求的不足，损害社会福利，消费者迫使政府与企业重新谈判，缩减收费期限或降低收费标准。因此，政府歧视与再谈判发生率成正比。

外部经济冲击是第六个主因子，主要影响变量"贷款利率"（x43）和变量"通货膨胀率"（x44），两变量负荷值分别为 0.89 和 0.88，自变量样本方差解释率为 10.719%，具体见表 6-4。表 6-1 变量统计描述表明水利和交通运输基础设施产业的平均贷款年利率各为 7% 和 9%，与银行五年期贷款利率基本持平。但是调查发现，平均值严重掩盖了企业之间的差异性，贷款年利率最高为 35%，最低为 2%，而利率在 15%~20% 的企业占比约 40%。另外，由于企业平均资产负债率高达 95%，因此可以预见大部分基础设施经营企业融资成本较高，央行的降息和升息对企业投资利润率有限制影响，进而影响企业与政府基础设施特许经营权合约再谈判概率。通货膨胀率也类似于贷款利率，影响企业经营成本，进而降低企业盈利能力和增加企业与政府再谈判概率。

表 6-4 扭转成分矩阵后负荷及其解释率统计

因子命名	因变量	F1	F2	F3	F4	F5	F6
价格规制	是否设置价格上限（x2）	0.75					
	是否设置价格底线（x3）	0.73					
	是否设置价格调整机制（x4）	0.70					
	是否成本定价法（x33）	0.68					
	是否收益率定价法（x34）	0.43					
	是否企业自主定价（x35）	0.42					
规模经济	资产负债率（x30）		0.85				
	地区同行企业数（家）（x31）		0.75				
	企业营业额（亿元）（x23）		0.65				
	企业员工数量（万人）（x22）		0.60				
股东与社会监督	是否上市（x24）			0.83			
	地区同行招投标项目比例（x32）			0.75			
	市人均GDP（万元）（x39）			0.73			
	是否有限责任公司（x25）			0.52			
	省人均GDP（万元）（x38）			0.45			
	"三废"支出（亿元）（x37）			0.31			
政府监管	是否招投标（x8）				0.85		
	是否直接授予（x9）				0.85		
	是否双边谈判（x10）				0.85		
	是否提供年度成本数据（x5）				0.65		
	是否提供年度收益数据（x6）				0.64		
	税收优惠比例（x40）				0.63		
	贷款优惠（亿元）（x42）				0.63		
	是否插手企业人事（x14）				0.44		
政府歧视	是否本地国有企业（x19）					0.74	
	是否非本地国有企业（x20）					0.74	
	是否民营企业（x21）					0.72	
外部经济冲击	贷款利率（x43）						0.89
	通货膨胀率（x44）						0.88
	方差解释率（%）	27.493	14.60	11.82	11.82	11.374	10.719

注：负荷值表明该变量承载的信息量大小，负荷值小说明变量信息量小。在表6-4中，对于负荷小于0.4的变量进行了删减。同时，对未删除的变量进行排序。

三、生成新的因子变量

根据前面部分已经形成了六个主因子，价格规制、规模经济、股东与社会监督、政府监管、政府歧视、外部经济冲击，使用 STATA 软件重新生成六个因子变量以代替原来的 44 个自变量，具体统计描述见表 6-5。

表 6-5　主因子合成变量统计描述

主因子变量		水利		交通运输	
		均值（％）	标准差	均值（％）	标准差
价格规制（h1）		62	0.485	81	0.392
规模经济（h2）		53	0.499	72	0.449
股东与社会监督（h3）		43	0.495	54	0.498
政府监管（h4）		59	0.492	75	0.433
政府歧视（h5）		23	0.421	20	0.400
外部经济冲击（h6）		22	0.414	25	0.433
样本数量	总样本数：35202	13004		22198	

第三节　基础设施产业特许经营合约
再谈判机制福利提升效应分析

一、再谈判发生率模型设定及其结果解释

1. 再谈判发生率模型设定

因变量 y1、y2 和 y3 为哑变量，发生再谈判时取值为 1，否则取值为 0。因此可以选择二分类因变 Probit 模型或 Logit 模型。基于回归系数解释的方便性和两类模型估计结果没有显著差异的稳健性检验事实，本书选择 Logit 模型。具体模型设定见式（6-3）。

$$\ln \frac{p_{it}}{1-p_{it}} = \beta_0 + \sum_{k=1}^{k=N} \beta_k x_{ikt} + \varepsilon \qquad (6-3)$$

其中，p_{it} 是在 X（大写 X 表示所有自变量）给定的条件下，样本 i 在时间 t 时 y1 为 1 的概率，其中，$p/(1-p)$ 解释为发生风险比率。β_0 是常数项；β_k 是变量 $x(k)$ 的估计系数；ε 为随机扰动项。自变量个数 N 随着样本来源和模型设定的不同而不断变化。当所有因变量加入式（6-3）时，自变量个数 N 为 44。然而随着检验模型估计结果的可靠性和稳健性，模型结构需要差异性设定时，自变量个数也存在较大变化①。

由于研究使用的是面板数据，而非简单截面数据。因此在回归过程中使用到固定效应和随机效应两类面板数据模型。在最终结果呈现的形式上，由于固定效应模型采用一阶差分法或平均差分法，估计结果中只包括随着时间变化的可变自变量，未随时间变化的不变变量如企业性质和合约设定等变量将未能在估计结果中显示；而随机效应模型包括未随时间变化的不变变量。固定效应和随机效应的本质区别在于，固定效应模型中个体的独特属性并不是随机变化的结果，而是呈现出一定的规律性。由于本部分使用的时间跨度为 1991~2012 年共 22 个年度，并且包括除西藏自治区外 33 个省级行政区的面板数据，因此模型选择影响较小。

2. 估计结果内生性问题检验

从经济学领域来说，模型的定义为对某个因变量观察值概率分布的特定设置，而结构则是对该分布参数的设置。这导致十分容易出现模型无法识别现象，或者说两个模型都指向相同的概率估计结果，并且模型在结构上存在了较小的差异。模型的不可识别性对于相关关系而言问题不大，但对于衡量因果关系样本数据而言，模型的不可识别性则是模型是否有意义的关键问题。模型的不可识别大部分是由内生性问题和测量误差引起的。

模型设置错误和测量误差是导致内生性问题产生的重要源头。在社会科学的调查问卷方法中，测量误差主要来自被访问者对调查问题内容理解的偏差。典型的例子是对农村居民收入的调查，部分农户认为收入就是货币性收入，而另外一些农户则认为应该包括非货币收入；同时，一部分农户认为收入就是年度收入减去年度开支，即年度纯收入，而另一部分农户则认为收入就是毛收入；再者，一部分农户认为收入就是单个家庭成员收入而非家庭收入，而部分农户

---

① 当样本来源于因子分析后的合成数据时，自变量个数 N 为 6。需要强调的是，因子分析合成数据不是本书的焦点，该部分数据只是用来检验模型分析的稳健性和可靠性。

则认为，收入就是所有家庭成员收入之和。对于同一个概念，不同的被调查者将给出内涵完全不同的定义，因此在设计调查问卷时，务必要概念清晰，同时实施小范围预调查以检验当前调查问卷可能存在的问题。在本书中，通过两次预调查减轻了测量误差对模型估计结果的误差。测量误差通过对被调查者反复解释调查问卷概念和进行多次预调查，能够得到明显缓解。因此，本部分重点关注较为复杂的模型设置错误问题，具体包括遗漏变量偏误、自我选择偏误、样本选择偏误和联立性偏误。

遗漏变量偏误又被称为未观测到偏误，是指在模型设置过程中，遗漏了主要的自变量，使得模型估计残差与因变量表现出高度相关关系，而非随机关系。例如，在假设契约性质中的授权方式（具体包括是否竞争性招投标、是否直接授予、是否双边谈判）是影响契约再谈判方式概率的关键因素。如果难以测量契约授权方式或者在模型设定过程中有意遗漏该变量，则其他变量如合约条款模糊性和合约法律依据，则将与合约再谈判发生率形成虚假因果关系。因为授权方式在一定程度上决定了合约条款的模糊性和合约法律依据。例如，通过竞争性招投标其合约条款往往清晰并且基本上有法可依；但是通过其他方式特别是直接授予合约条款往往较为含糊，并且可以基于与国家法律相违背的地方性法规。又如，在社会资本文献中，分析家庭或个人人际交往进行工作匹配因果效应的过程中，若无法准确预估的"智商"为核心变量，却直接被忽视，则预估参数明显存在偏离性。由于智商高度的情况不同，会造成个体进行人际交往的差异，同时也有一定概率会对薪酬造成影响，主要表现为智商高的个体通常而言其能力都比较强。所以，若是忽略了智商这个重要变量，接受调查人员的薪酬以及熟人职业声誉两者间关系有很大概率并不真实。在实证研究中，针对遗漏变量偏差问题，存在四种解决或缓解办法：一是如果遗漏变量是非时间变化，则通过增强数据的有效性，将截面数据扩展为面板数据，然后运用一阶差分或平均差分法，能够消除遗漏的不可观测非时间变化变量所带来的影响；二是通过组内方差，消除遗漏变量的组内影响；三是利用非传统数据作为替代遗漏变量；四是经常使用的工具变量，即找到一个与遗漏变量相关程度较高，同时与误差变量无关的替代变量。

自我选择偏误是一类较难处理的遗漏变量偏误，主要指在因果关系设置上表现出个体主观选择或者相互因果关系。最典型的例子就是"物以类聚，人以群分；近朱者赤，近墨者黑"。比如，分析学校平均成绩与学生个体成绩之间的因果关系时，不能简单地进行回归，因此二者表现出双向因果关系，学生家长会选择学校，学校也会选择学生。基于教学质量、升学率声誉，家长会选择与其观念、智力、收入、教育背景相适应的学校；同时，学生入校后，学校的教学和日常管理又会影响学生的成绩。因此，应通过将该现象分解为两个过程加以理解。一个过程是，学校自身对学生成绩发生因果效应，这是研究关注的核心；另一个过程是，在选择学校的这一过程中，也有很多因素将影响学生成绩。与一般性的遗漏变量偏误相比，自选择问题的实质就是两个过程的非观测因素相互关联，甚至表现出较复杂的因果关系。在进行实证分析的过程中，存在三种改正自身决策偏离的方式：第一种是以自然实验随机分配作为基础，实验和自然实验设计很明显为最优方式，由于其能够达到随机分配的目的。第二种是运用匹配法以及倾向匹配法，是现阶段最为普遍的方法。倾向匹配法的前提假设是所有变量能够观测和测量，即数据呈现完整性。第三种是联立方程法，主要是基于相互因果关系，建立选择过程的正式模型的联立方程。其中典型的方法为内生转换模型。同时，由于自选择同样能够被认为是遗漏变量偏误造成的产物，所以从理论方面来说，同样能够运用添加大量代理变量、控制变量或者固定效应模型这一系列经典方式进行解决。

样本选择偏误主要指在抽样调查中，针对因变量进行观测的过程中单纯运用相对较为有限并不是随机的样本过程中，就会有很大概率出现样本选择偏误，最具代表性的实例便是教育对女性薪酬方面造成的影响。主要问题体现在，能够获取薪酬的女性自身就是一个相对固定的群体，并不存在较大随机性。例如，出于某种原因如照顾幼儿，部分妇女选择家庭全职，无法获得工资薪酬，如果进行简单的回归分析就极有可能造成偏误。现阶段，运用最普遍的解决方式为 Heckman 的二阶段方法。具体流程：首先，通过总样本内全部观察值，针对自选择过程中被干扰的概率进行预估，由此得出所有观测值的反向 Mills 比率。在 Logit 线性回归过程中，反向 Mills 比率通常而言即为不受干扰的概率，又可以称为是非响应概率。其次，通过对接受干扰的样本做出线性回归分析，并且将反向 Mills 比率当作变量，并以此来取得具有统一性的预测值。

内生性还有可能是由于联立性问题造成的。实质上体现为解释变量同样会通过因变量造成影响，简而言之就是存在双向因果关系。通常而言，不断增多排除约束，简而言之就是找到工具变量为有效处理联立性问题的重要方式。这里所说的工具变量即为外部环境变化以及随机实验对一些样本造成的冲击。该方式又可以称作"偏总体试验"（Partial‐population Ex‐periments）或莫菲特（2001）所建构的"偏好选择干预"（Preference Channg Intervention）。一种名为"条件方差限定"（Conditional Variance Restrictions）的内生效应识别方法由格莱塞尔等（1996）开创，格拉哈姆（2008）将其正式模型化。

估计过程中使用工具变量克服模型内生性问题。具体工具变量如下：在价格规制变量中，"是否设置价格上限"（x2）的工具变量是"是否设置职工最高工资待遇"，因为再谈判过程中可能导致设置价格上限。一般而言，政府对企业设置价格上限，也往往对企业职工待遇特别是对最高工资待遇进行限定，但是最高工资待遇与企业或政府发起再谈判没有密切关系，因为再谈判基本不会降低或提高公司高级管理层的工资待遇。"是否设置价格调整机制"（x4）与"是否设置价格上限"（x2）变量类似，其工具变量为"是否设置职工工资待遇调整机制"。在政府监督变量中，"是否招投标""是否双边谈判"的工具变量是"本地职工占比""本地户籍职工占比"，因为是否发生再谈判将影响政府将来基础设施特许经营权授予的方式。普遍来说，如果发现双边谈判和直接授予经常发生再谈判事件，对该地区经济社会产生了不利影响，政府部门将更多地采取招投标方式。另外，是否招投标与本地职工占比显著相关，本地职工占比较大，说明该地区经济较封闭，使用招投标的概率较小；然后与再谈判发生概率没有显著相关联系，因为即使企业本地职工多，企业获得基础设施特许经营权后不会因为本地职工数量较多就发起重新谈判，政府也不会因为企业自身本地职工较多就发起重新谈判。因此，该工具变量是一个较好的工具变量。其他变量也采用了工具变量，但由于估计结果不限制，这里不再一一罗列。

3. 模型估计结果及其解释[①]

在前文因子分析的基础上，依据表 6-4 所获得的因子分析结果，模型（6-3）对 1991~2012 年共 22 个年度、33 个省级行政区的面板数据，结合逐步回归方法和多元回归方法，使用 STATA 计量软件获得表 6-6 估计结果。其中"企业发起再谈判 1"模型和"企业发起再谈判 2"模型均使用规定效应模型，而"企业发起再谈判 3"模型则使用随机效应模型；"政府发起再谈判 1"模型和"政府发起再谈判 2"模型均使用规定效应模型，而"政府发起再谈判 3"模型则使用随机效应模型。工具变量豪斯曼检验拒绝原假设（原假设是所有解释变量都是外生）表明部分变量为内生变量，也表明模型选择的工具变量较为合理。表 6-6 估计结果表明，整体而言企业发起再谈判与政府发起再谈判在价格规制、股东与社会监督、政府监管和外部经济冲击四类变量的估计系数正负方面差别不大，甚至在估计系数大小方面差别也不大。但是，在规模经济和政府歧视两类变量的估计结果方面却存在显著差异。

在价格规制方面，估计结果表明，企业发起和政府发起再谈判对发生概率

---

① 基于因子分析合成数据的计量结果与本部分估计结果完全一致，因此这里不再一一罗列；对交通运输基础设施合约样本和水利基础设施合约样本分开估计结果显示与两部分样本合并后估计结果没有实质差异，因此在样本估计结果部门没有列出分样本估计结果，只给出总样本估计结果。

没有显著影响；并且设置价格上限会提高再谈判发生率，设置价格调整机制、实施成本定价和实施收益率定价都将降低再谈判发生率。需要强调的是，实施成本定价的合约，相比较于企业，政府更加有意愿降低再谈判发生率；而实施收益率定价的合约，相比较于政府，企业更加有意愿降低再谈判发生概率。"是否设置价格上限"（x2）变量估计系数为正，为 0.05~0.06，并且在 1% 统计水平上显著不为零，表明在控制其他变量的条件下，相对于没有设置价格上限合约（参照组）来说，在设置了价格上限的合约再谈判发生率高出了 5.1%（$e^{0.05}-1=1.051-1=5.1\%$）。"是否设置价格调整机制"（x4）变量估计系数为负（绝对值范围为 0.1~0.3）并且在 1% 统计水平显著不为零，表明在控制其他变量的条件下，相对于没有设置价格调整机制的合约（参照组）来说，设置了价格调整机制的合约再谈判发生率降低了 16%（$1-e^{-0.17}=1-0.84=16\%$）。"是否成本定价法"（x33）变量估计系数在 1% 统计水平显著不为零，且估计系数为负，绝对值大小为 0.05~0.24，政府估计系数绝对值大于企业估计系数绝对值。表明在控制其他变量的条件下，相对于企业价格黏性的合约来说，实施了成本定价的契约再谈判发生率降低了 5%（$1-e^{-0.05}=1-0.95=5\%$）；也表明实施成本定价的企业，政府比企业更有意愿降低再谈判发生率。"是否收益率定价法"（x34）估计系数在 1% 统计水平为负且显著不为零，绝对值大小在 0.001~0.25，并且政府估计系数绝对值小于企业估计系数绝对值。表明在控制其他变量的条件下，相对于企业价格黏性的合约来说，实施了成本定价的契约再谈判发生率降低了 22%（$1-e^{-0.25}=1-0.78=22\%$）；也表明实施成本定价的企业比政府更有意愿降低再谈判发生率。其他变量不显著。

在股东与社会监督方面，企业上市和增加地区同行招标项目能够显著降低再谈判发生率，并且该结果对不同再谈判发起人均没有显著差异，尽管地区项目招投标比例对企业降低再谈判意愿明显大于政府再谈判意愿。"是否上市"（x24）变量估计系数在 10% 统计水平显著不为零，且估计系数为负，绝对值为 0.2，表明在控制其他变量的条件下，相对于与未上市企业签订的合约（参照组）来说，在与上市企业签订的合约再谈判发生率降低了 19%（$1-e^{-0.2}=1-0.81=19\%$）。"地区同行招投标项目比例"（x32）变量估计系数在 1% 统计水平显著不为零，且估计系数为负，绝对值为 0.1~0.2，表明在控制其他变量的条件下，地区同行招标项目比例每增加 1 个百分点，合约再谈判概率约降低 19%（$1-e^{-0.2}=1-0.81=19\%$）。但是企业发起谈判样本的估计系数比政府发起谈判样本的估计系数大一倍，表明地区同行招标项目比例越大，相比较于政府，企业越不愿意发起合约再谈判。其他变量不显著。

在政府监管方面，无论是政府作为再谈判发起人，还是企业作为再谈判发起人，招投标显著降低合约再谈判概率。"是否招投标"（x8）变量估计系数在10%统计水平显著，并且估计系数为正，绝对值大小为0.08~0.17，表明在控制其他变量的条件下，相比较于未实施招投标的合约来说，实施了招投标的合约再谈判发生概率下降了8%（$1-e^{(-0.08)}=1-0.92=8\%$）。这与股东和社会监督方面得到的结果相互验证。在股东和社会监督方面，"地区同行招投标项目比例"（x32）变量估计系数为负且显著不为零，与"是否招投标"（x8）变量估计结果相互验证。其他变量不显著。

在外部经济冲击方面，提高贷款利率和通货膨胀率将增加政府和企业发起再谈判的可能性。"贷款利率"（x43）变量估计系数在1%统计水平显著并且估计系数为正，大小约为0.2，表明在控制其他变量的条件下，贷款利率提高1个百分点，实施了招投标的合约再谈判发生概率增加了22%（$e^{0.2}-1=1.22-1=22\%$）。"通货膨胀率"（x44）变量估计系数在1%统计水平显著并且估计系数为正，大小为0.15~0.25，表明在控制其他变量的条件下，贷款利率提高1个百分点，实施了招投标的合约再谈判发生概率增加了16%（$e^{0.15}-1=1.16-1=16\%$）。其他变量不显著。

在规模经济方面，降低资产负债率能够显著降低企业、政府发起合约再谈判的发生率。然而，在资产负债率对政府和企业合约再谈判发生率的影响程度方面，存在显著差异，企业估计系数是政府的10倍，因此资产负债率较高企业通常自动发起合约再谈判，而与资产负债率较高的企业签订基础设施特许经营权转让的政府则通常较少发起合约再谈判。因此，企业面临自身风险是，希望通过再谈判转移自身经营风险，政府则通常不自动将企业风险转移至自身。"资产负债率"（x30）变量估计系数在1%统计水平显著不为零，并且系数大小为0.001~0.01，表明在控制其他变量的条件下，资产负债率提高1个百分点，在实施了招投标的合约再谈判发生概率增加了1%（$e^{0.01}-1=1.01-1=1\%$）。其他变量不显著。

在政府歧视方面，企业性质对企业和政府对合约再谈判态度存在显著影响。具体而言，相较于民营企业，国有企业特别是本地国有企业较少愿意发起特许经营合约再谈判。然而，相较于民营企业，政府有更强意愿针对国有企业发起特许经营权再谈判。研究结果表明，地方政府具有歧视国有企业的倾向，这可能与过去大部分基础设施特许经营权是直接授予等转让形式有关，因此存在寻租空间。由政府发起再谈判样本，"是否本地国有企业"（x19）变量估计系数不为零并且在1%统计水平显著，大小为0.07~0.13。表明控制其他变量，相较于民营企业，与本地国有企业签订合约，政府对合约再谈判的发生率高出了7%（$e^{0.07}-1=1.07-1=7\%$），企业发起再谈判样本不显著。由政府发起再谈判样本，"是否非本地国有企业"（x20）变量估计系数为正且在1%统计水平显著，表明控制其他变量，相较于民营企业，与非本地国有企业签订合约，政府对合约再谈判的发生率高出了9%（e^0.09-1=9%）。由企业发起再谈判样本，"是否本地国有企业"（x19）估计系数为负且在1%统计水平显著，表明控制其他变量，相较于民营企业，与非本地国有企业签订合约，企业对合约再谈判的发生率下降了1%（1-e^（-0.01）=1%）（见表6-6）。

表6-6 再谈判发生概率模型（6-3）估计结果统计

自变量 \ 因变量		企业发起再谈判1	企业发起再谈判2	企业发起再谈判3	政府发起再谈判1	政府发起再谈判2	政府发起再谈判3
价格规制	是否设置价格上限（x2）①	0.053*** (13.82)	0.057*** (15.64)	0.060*** (18.87)	0.050*** (120.0)	0.048*** (122.5)	0.055*** (117.4)
	是否设置价格底线（x3）②	-0.001 (-0.502)			-0.0001 (-0.141)		
	是否设置价格调整机制（x4）③	-0.170*** (-5.45)	-0.101*** (-5.78)	-0.254*** (-9.91)	-0.207*** (-10.91)	-0.214*** (-12.71)	-0.301*** (-15.54)
	是否成本定价法（x33）④	-0.050*** (-54.25)	-0.102*** (-58.25)		-0.211*** (-17.08)	-0.241*** (-19.01)	-0.201*** (-30.00)
	是否收益率定价法（x34）⑤	-0.238*** (-213.5)	-0.247*** (-225.9)	-0.253*** (-75.26)	-0.002*** (-78.23)	-0.001*** (-77.25)	
规模经济	资产负债率（x30）	0.001*** (12.32)	0.01*** (10.25)	0.01*** (13.47)	0.001*** (254.3)	0.001*** (400.3)	0.001*** (336.5)
	地区同行企业数（家）（x31）	-0.001 (-1.23)			-0.031 (-1.00)		
	企业营业额（亿元）（x23）	-0.0001 (-0.90)			-0.002 (-1.03)		
	企业员工数量（万人）（x22）	-0.005 (-0.84)			-0.007 (-1.40)		

①② 该变量参照组为没有设置价格上下限。
③④⑤ 该变量参照组为没有设置价格调整机制，即价格黏性。

续表

自变量 ＼ 因变量	企业发起再谈判1	企业发起再谈判2	企业发起再谈判3	政府发起再谈判1	政府发起再谈判2	政府发起再谈判3
股东与社会监督						
是否上市（x24）①	-0.210* (-1.78)	-0.230** (-1.98)	-0.204** (-2.14)	-0.140* (-1.65)	-0.250** (-1.99)	-0.209** (-2.47)
地区同行招投标项目比例（x32）	-0.210*** (-3.33)	-0.230*** (-4.01)	-0.279** (-5.65)	-0.100** (-2.01)	-0.105** (-2.49)	-0.114**· (-3.54)
市人均GDP（万元）（x39）	-0.0001* (-1.803)	-0.0001 (-1.598)		-0.0002 (1-.369)	-0.0001 (-1.62)	
是否有限责任公司（x25）	0.0028 (1.600)			0.0006 (1.214)		
省人均GDP（万元）（x38）	-0.0041 (-1.008)			0.0001 (1.000)		
"三废"支出（亿元）（x37）	0.001 (0.505)			-0.00091 (-0.845)		
政府监督						
是否招投标（x8）②	-0.084** (-2.000)	-0.079* (-1.714)	-0.080*** (-2.788)	-0.100** (-2.110)	-0.111** (-2.559)	-0.177*** (-2.780)
是否双边谈判（x10）③	-0.021 (-1.00)	-0.020 (-1.47)			-0.040 (-1.00)	
是否提供年度成本数据（x5）	-0.001 (-0.05)				-0.006 (-0.87)	
是否提供年度收益数据（x6）	0.022 (1.25)					
税收优惠比例（x40）	0.001 (0.856)					
贷款优惠（亿元）（x42）	0.080 (0.798)					
是否插手企业人事（x14）	0.147* (1.651)	0.109 (1.441)		0.007 (1.550)	0.014* (1.156)	

① 该变量参照组为非上市企业。

②③ 该变量参照组为基础设施特许经营权授予时，政府未举行招投标和双边谈判，而是直接授予。

续表

自变量＼因变量		企业发起再谈判1	企业发起再谈判2	企业发起再谈判3	政府发起再谈判1	政府发起再谈判2	政府发起再谈判3
政府歧视	是否本地国有企业（x19）①	−0.052 * （−1.66）	−0.052 （−1.095）		0.007 *** （5.369）	0.013 *** （4.65）	0.013 *** （8.66）
	是否非本地国有企业（x20）②	−0.01 ** （−1.99）	−0.02 * （−1.83）	−0.01 * （−1.65）	0.009 *** （15.79）	0.010 *** （9.74）	0.01 *** （14.69）
外部经济冲击	贷款利率（x43）	0.211 *** （45.36）	0.200 *** （43.80）	0.200 *** （48.98）	0.195 *** （i48.9）	0.208 *** （152.0）	0.210 *** （155.3）
	通货膨胀率（x44）	0.158 *** （35.68）	0.200 *** （28.96）	0.240 *** （16.53）	0.213 *** （147.2）	0.250 *** （174.7）	0.236 *** （236.0）
组内 R−sq		0.68	0.70	0.58	0.55	0.62	0.51
Prob. >F(N(x) ,N(sample))		0.00	0.00	0.00	0.00	0.00	0.00
F(个体一致性误差检验)		0.00	0.00		0.00	0.00	
Sample		35202	35202	35202	35202	35202	35202

注：***、**、*分别表示在1%、5%和10%的统计水平下显著不为零；"企业发起再谈判1""企业发起再谈判2""政府发起再谈判1"和"政府发起再谈判2"所在列的括号内数字为 t 统计值；"企业发起再谈判3"和"政府发起再谈判3"所在列的括号内数字为 z 统计值；尽管在最终估计结果中未能显示常数项，但各个模型的实际估计过程中都包含常数项。

二、再谈判结果模型设定及其结果解释

1. 再谈判结果模型设定

因变量是否维持旧合约（y4）、是否提高收费标准（y5）、是否降低或取消收费标准（y6）和是否延长收费期限（y7）为哑变量，发生再谈判时取值为1，否则取值为0。因此可以选择二分类因变 Probit 模型或 Logit 模型。基于回归系数解释的方便性和两类模型估计结果没有显著差异的稳健性检验事实，本书选择 Logit 模型。具体模型设定见式（6−4）。

$$\ln \frac{p_{it}}{1 - p_{it}} = \beta_0 + \sum_{k=1}^{k=N} \beta_k x_{ikt} + \varepsilon \qquad (6-4)$$

①② 该变量参照组为民营企业。

其中，p_{it} 是在 X（大写 X 表示所有自变量）给定的条件下，样本 i 在时间 t 是 y1 为 1 的概率，其中，$p/(1-p)$ 解释为发生风险比率。β_0 是常数项；β_k 是变量 $x(k)$ 估计系数；ε 为随机扰动项。自变量个数 N 随着样本来源和模型设定的不同而不断变化。当所有变量纳入模型（6-4）分析时，自变量个数 N 为 42。然而随着检验模型估计结果的可靠性和稳健性，模型结构需要差异性设定时，自变量个数也存在较大变化，具体情形请参考下面模型具体估计结果①。

2. 模型估计结果及其解释②

在前文因子分析的基础上，依据表 6-4 所获得的因子分析结果，模型（6-4）对 1991~2012 年共 22 个年度、33 个省级行政区的面板数据，使用 STA-TA 计量软件，结合逐步回归方法和多元回归方法，并进行了模型结果稳健性检验，最终获得表 6-7 估计结果。

表 6-7 估计结果显示：价格规制和外部经济冲击是再谈判效果的关键影响因素。具体而言，实施基础设施特许经营合约中，事先规定了成本定价和投资收益率定价事宜，特许经营权未通过招投标授予，降低外部贷款利率和通货膨胀率，均会提高再谈判后维持旧合约的概率；合约中未设置价格调整机制、未设置成本定价法和未设置投资收益定价法，特许经营权未通过招投标授予，提高外部贷款利率和通货膨胀率，均将提高再谈判后提高收费标准的概率；合约中未设定价格调整机制，特许经营权未通过招投标授予，提高外部贷款利率和通货膨胀率，均将提高再谈判后延长收费期限的概率。

在维持旧合约模型中，"是否成本定价法"（x33）变量在 1% 统计水平显著不为零，并且估计系数为 0.01~0.02，表明在控制其他变量的条件下，相比较于未实施成本定价法的合约来说，在实施了成本定价法的合约再谈判后维持原合约的概率增加了 1%（$e^{\wedge}(-0.01) = 1\%$）。"是否收益率定价法"（x34）变量在 1% 统计水平显著不为零，并且估计系数为 0.02，表明在控制其他变量的条件下，相较于未实施收益率定价法的合约来说，在实施了收益率定价法的合约再

---

① 当样本来源于因子分析后的合成数据时，自变量个数 N 为 6。需要强调的是，因子分析合成数据不是本研究的焦点，该部分数据只是用来检验模型分析的稳健性和可靠性；数据跨度及其截面都与本节第一部分完全一致，这里不再赘述；模型内生性问题处理包括具体工具变量的设置都与本节第一部分设置完全相同，这里不再赘述。

② 本部分只罗列了最终估计结果，删掉了本节第一部分表 6-6 中有关中间结果；基于因子分析合成数据的计量结果与本部分估计结果完全一致，因此这里不再罗列；对交通运输基础设施合约样本和水利基础设施合约样本分开估计结果显示与两部分样本合并后估计结果没有实质差异，因此在样本估计结果部分没有列出分样本估计结果，只给出总样本估计结果。

谈判后维持原合约的概率增加了 2（e^(-0.02)= 2%）。"贷款利率"（x41）变量估计系数在 1% 统计水平显著不为零且为负，绝对值大小为 0.2，表明在控制其他变量的条件下，贷款利率每增加 1 个百分点，再谈判后维持原合约的概率减少了 18%（e^(-0.2)= 18%）。"通货膨胀率"（x42）变量估计系数在 1% 统计水平显著不为零且为负，绝对值大小为 0.2，表明在控制其他变量的条件下，通货膨胀率每增加 1 个百分点，再谈判后维持原合约的概率减少了 18%（e^(-0.2)= 18%）。

在是否提高收费标准模型中，"是否设置价格调整机制"（x4）变量估计系数为负且在 1% 统计水平显著不为零，绝对值大小为 0.07~0.1，表明在控制其他变量的条件下，相对于没有设置价格调整的合约，在设置了价格调整的合约再谈判后提高收费标准的概率降低了 7%（1-e^(-0.07)= 7%）。"是否成本定价法"（x33）变量估计系数为负且在 1% 统计水平显著不为零，绝对值大小为 0.01，表明在控制其他变量的条件下，相对于没有设置收费标准为成本定价法的合约，在设置了成本定价法的合约再谈判后提高收费标准的概率降低了 1%（1-e^(-0.01)= 1%）；"是否收益率定价法"（x34）变量估计系数为负且在 1% 统计水平显著不为零，绝对值大小为 0.02，表明在控制其他变量的条件下，相对于没有设置收费标准为收益率定价法的合约，在设置了收益率定价法的合约再谈判后提高收费标准的概率降低了 2%（1-e^(-0.02)= 2%）。"贷款利率"（x43）变量估计系数为正且在 1% 统计水平显著不为零，大小为 0.2，表明在控制其他变量的条件下，贷款利率每增加 1 个百分点，再谈判后提高收费标准的概率增加了 18%（e^(-0.2)= 18%）。"通货膨胀率"（x44）变量估计系数为正且在 1% 统计水平显著不为零，大小为 0.2，表明在控制其他变量的条件下，通货膨胀率每增加 1 个百分点，再谈判后收费标准提高的概率增加了 18%（e^(-0.2)= 18%）。

在是否延长收费期限的模型中，"是否设置价格调整机制"（x4）变量估计系数为负且在 1% 统计水平显著不为零，绝对值大小为 0.10，表明在控制其他变量的条件下，相对于没有设置价格调整的合约，设置了价格调整的合约再谈判后延长收费期限的概率降低了 10%（1-e^(-0.1)= 10%）。"贷款利率"（x43）变量估计系数为正且在 1% 统计水平显著不为零，大小为 0.2，表明在控制其他变量的条件下，贷款利率每增加 1 个百分点，再谈判后延长收费期限的概率增加了 18%（e^(-0.2)= 18%）。"通货膨胀率"（x44）变量估计系数为正且在 1% 统计水平显著不为零，大小为 0.2，表明在控制其他变量的条件下，通货膨胀率每增加 1 个百分点，再谈判后延长收费期限的概率增加了 18%（e^(-0.2)= 18%）（见表 6-7）。

表 6-7　再谈判结果模型（6-4）估计结果统计

自变量	因变量	是否维持旧合约1	是否维持旧合约2	是否提高收费标准3	是否提高收费标准4	是否延长收费期限5	是否延长收费期限6
价格规制	是否设置价格上限（x2）①	0.013 (1.08)		0.060 (1.27)		0.004 (0.85)	
	是否设置价格底线（x3）②	-0.002 (-1.26)		-0.001 (-1.07)		-0.003 (-0.98)	
	是否设置价格调整机制（x4）③	-0.23 (-0.81)		-0.08*** (-12.64)	-0.07*** (-19.65)	-0.10*** (-17.21)	-0.11*** (-16.00)
	是否成本定价法（x33）④	-0.01*** (-12.89)	-0.02*** (-65.25)	-0.01*** (-23.65)	-0.01*** (-27.06)	-0.01 (-1.01)	
	是否收益率定价法（x34）⑤	-0.020*** (-156.2)	-0.020*** (-182.2)	-0.023*** (-75.26)	-0.002*** (-78.23)	-0.01 (-1.08)	
规模经济	资产负债率（x30）	0.04 (0.98)		0.01 (1.38)		0.001 (0.03)	
	地区同行业企业数（家）（x31）	-0.001 (-0.23)		-0.0041 (-0.50)		-0.0001 (-0.001)	
	企业营业额（亿元）（x23）	-0.0001 (-1.48)		-0.001 (-1.30)		-0.0001 (-1.00)	
	企业员工数量（万人）（x22）	-0.053 (-0.04)		-0.007 (-1.00)			
股东与社会监督	是否上市（x24）⑥	-0.114 (-1.11)		-0.009** (-0.07)		-0.050** (-1.02)	
	地区同行业招投标项目比例（x32）	-0.044 (-0.33)		-0.098 (-1.001)		-0.085 (-0.72)	
	市人均GDP（万元）（x39）	-0.0001 (-0.003)		-0.001 (-0.027)		-0.0007 (-1.05)	

①② 该变量参照组为没有设置价格上下限。

③④⑤ 该变量参照组为没有设置价格调整机制，即价格黏性。

⑥ 该变量参照组为非上市企业。

续表

自变量 / 因变量		是否维持旧合约1	是否维持旧合约2	是否提高收费标准3	是否提高收费标准4	是否延长收费期限5	是否延长收费期限6
股东与社会监督	是否有限责任公司（x25）	0.0035 （1.040）		0.005 （1.000）		0.013 （1.097）	
	省人均 GDP（万元）（x38）	−0.017 （−1.31）		−0.047 （−1.01）		−0.070 （−0.04）	
	"三废"支出（亿元）（x37）	0.001 （0.770）		0.001 （0.194）		0.021 （1.501）	
政府监督	是否招投标（x8）①	−0.033 * （−1.900）	−0.049 * （−1.714）	−0.080 * （−1.808）	−0.090 * （−1.690）	−0.01 ** （−1.724）	−0.017 * （−1.690）
	是否双边谈判（x10）②	−0.001 （−0.99）		−0.002 （−1.49）		−0.040 （−1.30）	
	是否提供年度成本数据（x5）	−0.071 （−0.03）		−0.006 （−1.00）		−0.007 （−0.001）	
	是否提供年度收益数据（x6）	0.012 （1.05）		0.007 （0.523）		0.001 （0.009）	
	税收优惠比例（x40）	0.001 （1.555）		0.000 （1.085）		0.003 （1.47）	
	贷款优惠（亿元）（x42）	0.007 （0.000）		0.001 （0.000）		0.001 （0.000）	
	是否插手企业人事（x14）	0.001 （1.087）		0.001 （1.011		0.001 （1.077）	
政府歧视	是否本地国有企业（x19）③	−0.005 （−1.08）		−0.007 （−1.45）		−0.005 （−1.01）	
	是否非本地国有企业（x20）④	−0.001 （−1.00）		−0.010 （−1.38）		−0.004 （−1.06）	
外部经济冲击	贷款利率（x43）	−0.211 *** （−13.6）	−0.200 * （−13.0）	0.200 *** （12.65）	0.20 *** （14.1）	0.20 *** （18.6）	0.19 *** （19.6）
	通货膨胀率（x44）	−0.17 *** （69.65）	−0.20 *** （−84.5）	0.20 *** （69.14）	0.20 *** （69.44）	0.20 *** （174.7）	0.21 *** （156.5）

①②　该变量参照组为基础设施特许经营权授予时，政府未举行招投标和双边谈判，而是直接授予。

③④　该变量参照组为民营企业。

续表

自变量 ＼ 因变量	是否维持旧合约 1	是否维持旧合约 2	是否提高收费标准 3	是否提高收费标准 4	是否延长收费期限 5	是否延长收费期限 6
组内 R-sq	0.55	0.50	0.60	0.58	0.65	0.63
Prob. >F(N(x),N(sample))	0.00	0.00	0.00	0.00	0.00	0.00
F（个体一致性误差检验）	0.00	0.00		0.00	0.00	
Sample	35202	35202	35202	35202	35202	35202

注：＊＊＊、＊＊、＊分别表示在1%、5%和10%的统计水平下显著不为零；所有列括号内数字为 t 统计值；尽管在最终估计结果中未能显示常数项，但各个模型的实际估计过程中都包含常数项。

本章附录

水利交通运输基础设施特许经营权合约再谈判机制调查问卷

问卷编号：_____

访问员姓名：_____

访问日期：_____

被访者姓名：_____被访者性别_____

联系电话：_____

家庭住址：_____

· ·

回访员姓名：_____

回访日期：_____

回访结果：_____

· ·

　　为了探究水利交通运输基础设施特许经营权合约再谈判机制，制作了本调查问卷，特意向您了解一下有关情况，请您就下面的问题做出如实回答，谢谢您的合作！

　　1.【单项选择题】现行的基础设施产业特许经营合约是否发生再谈判（　　）。

　　A. 是　　　　　　　　　　B. 否

　　如果问题 1 选择 B，则直接进入第 4 题。

　　2.【单项选择题】再谈判发起人是（　　）。

　　A. 企业　　　　　　　　B. 政府　　　　　　　　C. 其他

　　3.【多项选择题】再谈判结果是（　　）。

A. 维持旧合约　　　　　　B. 提高收费标准

C. 降低或取消收费标准　　D. 延长收费期限

E. 其他

4.【填空题】合约签订的基础设施所属省份＿＿＿＿＿＿（如江西省）。

5.【多项选择题】合约明确的收费情况（　　）。

A. 设置价格上限　　　　　B. 设置价格底线

C. 设置调整机制　　　　　D. 固定比例回报

E. 其他

6.【多项选择题】合约规定的信息传递方式（　　）。

A. 提供成本数据　　　　　B. 提供收益数据　　　　　C. 其他

7.【填空题】合约规定特许经营授权经营期限＿＿＿＿＿＿年。

8.【单项选择题】合约规定的特许经营授权方式（　　）。

A. 招投标　　　　　　　　B. 直接授予

C. 双边谈判　　　　　　　D. 其他

9.【多项选择题】合约给予特许经营的法律依据（　　）。

A. 符合国家法律法规　　　B. 符合地方法律法规　　　C. 其他

10.【多项选择题】合约对企业经营主体的投资要求（　　）。

A. 政府控股　　　　　　　B. 政府插手企业人事　　　C. 其他

11.【多项选择题】合约对企业最低营运绩效的要求（　　）。

A. 设置最低收费量　　　　B. 设置最低客流量

C. 设置最低曝光率　　　　D. 其他

12.【单项选择题】企业性质（　　）。

A. 外资企业　　　　　　　B. 本地国有企业

C. 外地国有企业　　　　　D. 民营企业

E. 其他

13.【填空题】上一年度，企业员工年初数量＿＿＿万人，企业员工年末数量＿＿＿万人；上一年度，企业全年营业额＿＿＿亿元。

14.【单项选择题】企业是否为上市公司（　　）。

A. 是　　　　　　　　　　B. 否

15.【单项选择题】企业所有权与经营权是否合二为一（　　）。

A. 是　　　　　　　　　　B. 否

16.【单项选择题】企业是否为有限责任公司（　　）。

A. 是　　　　　　　　　　B. 否

17.【单项选择题】企业是否为独资企业（　　）。

A. 是　　　　　　　　　　　　B. 否

18.【单项选择题】企业控股方为（　　　）。

A. 夫妻控股　　　　　　　　　B. 父子控股

C. 兄弟控股　　　　　　　　　D. 混合控股

E. 其他

19.【填空题】上一年度，企业资产负债率为＿＿＿＿＿＿％。

20.【填空题】上一年度，合约基础设施所在省份同行企业数＿＿＿家，所在省份同行招标项目政府对外招投标比例＿＿＿％。

21.【多项选择题】政府对基础设施收费价格制定方法（　　　）。

A. 采取成本定价法　　　　　　B. 采取收益率定价法

C. 采取企业自主定价　　　　　D. 其他

22.【填空题】上一年度，政府用于社会性管制的治安费用为＿＿＿亿元，"三废"支出＿＿＿（亿元）。

23.【填空题】上一年度，合约基础设施所在省人均 GDP 为＿＿＿＿＿万元，合约基础设施所在市人均 GDP 为＿＿＿＿＿万元（本题数据由访问者直接从数据库中查出）。

24.【填空题】上一年度，合约基础设施所在省税收优惠比例为＿＿＿％，合约基础设施所在省贷款优惠＿＿＿亿元。

25.【填空题】上一年度，合约基础设施所在省贷款利率为＿＿＿％，合约基础设施所在省通货膨胀率为＿＿＿％。

感谢您的参与，您的反馈是对我们莫大的支持！

第七章 基础设施产业特许经营合约再谈判机制的优化

本章将进一步讨论基础设施产业特许经营合约再谈判机制的优化问题。首先给出再谈判机制优化的一般原则，在此基础上，讨论再谈判机制的优化路径，并结合博弈论的工具，作出进一步的分析。然后对基础设施产业特许经营合约再谈判机制优化中的关键因素政府承诺，设计出一套政府承诺能力指数，并试图将这一套指数应用于现实的分析中。

第一节 基础设施产业特许经营合约再谈判机制的优化设计原则

通常而言，基础设施项目特许经营协议再谈判机制的优化设计，应当遵循投资激励原则、创新激励原则、激励相容约束原则、效率提升优先原则、公众利益优先原则、可持续导向原则、违约救济原则及依法运作原则等。

一、投资激励原则

基础设施产业特许经营运营方式其实可以归纳为通过设计、筹资、建设、实际运营以及完工后维护保养为一体的优化整合。若是协议存在不完备性，无法全面包含所有不确定性，则极有可能造成投资障碍，并且导致激励体系无法发挥作用，必须运用再谈判体系来科学、合理解决这一系列问题。由于基础设施产业建设项目投入资金巨大，建设运营时期较长，其间由于认知局限，面临众多的不确定问题无法由合约包罗万象，因此，如果缺乏民间资本所认可的再谈判机制去消除认知障碍，民间资本可能因巨大风险而不愿介入基础设施产业，导致政府"剃头挑子一头热"，导致基础设施产业投入不足，因而出现供给不足问题，导致基础设施产业成为国民经济和社会发展的"瓶颈"和"短板"，从而阻碍社会公众福利水平的提升以及经济的长远健康发展。所以，针对特许经营协议再谈判机制设计上必须体现出投资激励原则，通过合约再谈判机制设计打消民间资本投资疑虑和困惑，给予民间资本进入以明晰的成本收益预期。政府和社会公众不能因眼红民间资本赚钱从而出现"鞭打快牛""棘轮效应""敲竹杠"等不良行为，而应该从政策上和合约上体现对民间资本进入基础设施产业的欢迎和支持。须知，公到极致便为私，私到极致便为公，公私之间本质界限比较模糊，对于腾讯、阿里巴巴、万达等民营企业而言，由于其巨大的社会贡献及创始人拥有的巨额财富，最终还是回馈社会，其社会贡献相对于国有企业而言毫不逊色；相反，一些国有企业沦为了特定行业主管部门及内部员工受益的内部人控制企业，广大公众并不能直接受益。因此，政府应引导社会公众以客观、公正的眼光看待民营资本进入基础设施产业，鼓励民营资本依法、合规赚钱甚至赚大钱，从而激励和引致更多的民间资本投资基础设施产业，从而解决该产业的资本供给不足和效率提升困难问题，从而真正提升公众的社会福利水平和促进经济社会的长期可持续发展。

二、创新激励原则

基础设施产业特许经营合约可以被视为激励合约，它激励民间资本充分实施运营理念创新、组织机制创新、管理体制创新、市场运营模式创新、施工及运营技术手段及工具创新等全过程动态一体化创新活动，通过创新降低运营成本，规避运营风险，从而在合法合规的情况下实现投资回报最大化。政府机构在民间资本特许经营期间，在再谈判机制设计上必须充分体现创新激励原则，鼓励民间资本通过积极创新活动获得高额乃至超额投资回报，政府不能依靠"鞭打快牛""敲竹杠"的手段掠夺民间资本的创新收益，改变民间资本的创新预期，否则政府的诚信度在民间资本乃至社会公众面前就会下降，这样的结果就会使民间资本不愿和政府合作，最后的结果要么是基础设施产业投资不足导致供给不足，要么是"劣币驱除良币"效应显现，诚实经营的民间资本逃避或被挤出这个市场，靠近权力的权贵资本或和权力媾和的资本进入基础设施产业领域，最终进行了高成本、低质量的无效率基础设施产业供给，严重损害了政府的公信力和社会公众利益，导致基础设施产业供给始终在低效率的陷阱徘徊。因此，政府必须体现出高度的诚信意识和执政理念，坚决不与民争利，确保在再谈判机制设计上鼓励和保障民间资本的创新收益，使民间资本的创新收益内部化，从而给予民间资本明确的创新收益预期，有效地鼓励和引致民间资本投资基础设施产业，从而有效提升该产业的有效供给和运营效率。

三、激励相容约束原则

基础设施产业特许经营合约再谈判机制的优化设计应体现激励相容约束原则。为有效降低在进行委托代理时存在的道德风险，委托人必须要创建相对科学、合理的体系，促使代理人利益跟委托人的利益紧密相连，以此来促使代理人执行的各项方案以及措施均对委托人具有正面效应，从而达到委托人的利益最大化目标，也就是达到激励相容原则。公共事业特许经营合约再谈判机制设计时，应对委托方政府和代理人民间资本进行多重激励及多重约束。对委托方政府而言，其激励不仅来源于因特许经营项目的成功所收获的政绩、公众满意度及政治声誉提升，而且也来源于项目运营中政府财政补贴等各类投入的减少以及项目的成功实施所带来的各类税费收入的增加；而对于道德情操不高的部分官员而言，基础设施产业特许经营范围越广泛，意味着更多的租金机会和腐败收益。同样，对于政府官员而言，其约束体现在基础设施产业特许经营失败导致的政绩下滑、政府公信力下降及投资环境的恶化，导致政府的声誉机制及执政能力受到不可挽回的伤害，这意味着相关政府官员政治生命的结束。对于代理方民间资本而言，其投资基础设施产业的激励来自预期的投资回报、更强的企业成长预期、更有利的市场势力获取、更成功的个人价值实现以及收获社会政治地位的期待，当然民间资本的约束主要是因政府官员变更及政策变更造成的政治风险、由于供需关系以及科技进步造成的市场风险及因企业经营管理不善所导致的个体特质风险。针对上述状况，在基础设施产业特许经营合约再谈判机制设计时，应针对委托代理双方的利益诉求进行合法合规的合约制度性安排，完善对委托代理双方的激励约束机制。

四、效率提升优先原则

基础设施产业特许经营合约再谈判机制优化应体现效率优先原则。这里的效率优先既体现在合约制度性设计能促进该项目更有效率的进展，又体现在具体民间资本投资的特许经营项目更加有效率地运营；同时，从更宏观的视角来看，政府认为合约的修改和再谈判能够对区域经济和产业结构优化和效率提升有帮助，这时通过再谈判机制对合约进行优化修改也更加有利于地方经济乃至国民经济效率的提升。由于基础设施产业特许经营合约时期跨度一般都很漫长，该期间内政治、经济、资源、技术、公众需求都会发生巨大的波动，如原来某垃圾处理厂本位于偏僻的市郊，但随着经济社会的发展，原来偏僻的郊区和垃坡填埋地可能会发展成新兴城区或公园等居民休闲区，这时特许经营企业必须面临选址的再谈判活动。同样，随着产业结构的变动，某些特许经营合约可能显得不合时宜，如目前生活垃圾处理行业成本很高，很少有民间资本愿意进入，但随着技术进步和新兴产业发展，生活垃圾循环利用率大大提高，因此该行业完全可以联合新兴产业内部化运营，这样效率更高，对建设资源节约型和生态友好型社会的支持帮助更大。当然，依据效率提升优先原则进行合约再谈判设计也必须依法依规进行，企业要服从国民经济和社会发展的大局，政府也必须支持企业的合理利益诉求，并积极提供优质的公共服务。

五、公众利益优先原则

基础设施产业建设和发展的初衷及归宿都是为了提升公众的福利水平，满足社会公众在不同发展时期多样化和更高级的需求，因此基础设施产业特许经营合约再谈判机制优化必须坚持公众利益优先原则。俗话说，"皮之不存，毛将焉附"。离开了社会公众决定性的最终需求，任何基础设施产业建设和发展都没有什么意义。尽管供给能创造和引导需求，但公众需求是政府发展基础设施产业的合法性前提，也是民间资本介入基础设施产业建设必须高度关注的核心问题及决定项目成败的决定性因素。由于公众的需求有着时期性、多样性、随机性等特点，因此在漫长的基础设施产业特许经营期间，如何在维护合约的完备执行和尊重公共利益之间进行选择就可能成为必须考虑的问题。政府因为政绩、政府声誉、执政合法性等因素必须考虑公众利益诉求，那么这可能会选择再谈判影响民间资本的经营连续性和投资回报预期，影响对民间资本的投资激励和创新激励力度。应该说，公众利益优先原则在基础设施产业特许经营合约再谈判中必须得到尊重并贯彻执行，民间资本经营公共行业本身就意味着以公共利益为导向，自觉遵守维护社会公众的公共利益并在经营活动中体现，通过自身高质量的经营活动满足并引导社会公众的多样化需求，从而在企业利益和公共利益之间实现较好的平衡和协调共赢。当然，政府因公共利益诉求而与民间资本进行再谈判时必须依法依规进行，政府不能假借公众利益之名损害民间资本利益，政府可以为维护公众利益采取与民间资本就特许经营合约进行再谈判活动，但必须依法给民间资本信服的解释和满意的合约修改补偿。

六、可持续导向原则

基础设施产业特许经营合约再谈判机制应体现可持续导向原则，这里的

"可持续导向"应体现在理念及实践上。首先，基础设施产业特许经营合约再谈判机制应在政府行政理念上体现可持续导向，该机制有利于基础设施产业可持续运作及发展。由于政府行政理念要从"建设型政府"转向"服务型政府"，显然政府要集中有限的财政资源提供公众满意的公共服务，因此，政府可能很难有充足财力进行基础设施产业建设，从长期来看，该领域必然存在政府供给不足的问题。然而，基础设施是经济和社会可持续发展的物质基础和技术创新平台，基础设施产业供给不足必然阻碍经济社会长期可持续发展，因此，政府为了促使该产业发展的可持续性，必然千方百计地吸引民间资本进入该领域，从而使该产业发展与经济社会发展协调一致。一般而言，基础设施产业对民间资本并没有什么诱惑力，公欲退而民不进态势已反映了民间资本的态度，这时政府提供的基础设施产业特许经营合约对民间资本要有充足的诱惑力，在投资补贴、项目优惠、违约救济上要打消民间资本投资疑虑，以确保有充足的民间资本进入基础设施产业以促进该产业可持续发展，进而实现经济社会的可持续发展，可见，这是一个关乎国民经济战略全局的宏大理念。其次，基础设施产业特许经营合约设计同样需要体现可持续导向的原则，在合约设计上应预先周详考虑并解决未来面临的种种不确定问题，合约设计应客观真实、可信可行，不因政府换届及相关政府官员人事变动而受影响，也不因特许经营企业领导人或公司重大变故而终止，这要求可持续的合约必然是一份认真、严谨、互利共赢的合约，再谈判优化的精髓应体现在上述理念上。最后，特许经营企业也应以可持续运营为导向，政府应严格按照合约的契约精神不折不扣地为特许经营企业服务，帮助解决特许经营企业在经营中面临的政策、融资、市场等种种难题，依法依规帮助特许经营企业可持续运营。特许经营企业也必须依法依规、严格按照合约履行义务，以公众利益为优先，赚取合理合规的利润，使企业的运营处于社会公众的监管之下，做一个受公众尊敬并支持的公共领域诚信企业，只有这样，当企业经营面临不确定难题需要再谈判时，才能被社会公众及政府理解并顺利进行再谈判，才能真正实现可持续经营。

七、违约救济原则

在基础设施产业特许经营合约履行期间，由于众多事先不确定性因素发生了改变，这时委托代理双方必须根据新的环境下合约履行进行再谈判活动。通常情况下，由于政府的强势地位，违约方一般是委托方政府，因此再谈判机制在设计时必须设计违约救济原则以保护委托代理双方利益，其中重要的是保护民间投资方的合理利益。在基础设施产业特许合约签订时，政府往往会针对税收优惠或者便捷性等领域进行承诺，以此激发民营部门的主动性。针对动态方面来说，虽然进行较长时间的承诺可以确保协议的正常开展，然而因为承诺的缺失，政府部门往往能够充分发挥其具有的强势优势，频繁地更改协议条款，并且同时对民营部门通过勒紧的形式进行激励；由于对政府不信任，认为其极有可能会出现违约情况，并且充分衡量自身进行重新谈判的能力，民营部门有很大概率会减少针对专用性方面的资金投入，导致无法形成高效投资，因此对双方的收益均造成损伤，也与双方的最初目标相悖，对公众福利水平的提升造成阻碍。按照国际惯例，在再谈判机制设计时必须凭借违约补偿规定来对双方进行限制，尤其是针对政府部门。通过协议制定的违约补偿来取代协议内本身存在的或然规定，由此来对协议的不完备性进行补偿。违约补偿是针对协议规定的显性条款进行代替的方式，能够凭借相对完善的激励，确保参与双方针对履约情况进行决策。促使双方在并不具备完善性合约的前提下，进行的行为活动可以跟存在完备性合约的前提下相差不大，以此来达到帕累托最优（王涯茜，2010）。

八、依法运作原则

基础设施产业特许经营合约再谈判机制优化应体现依法操作原则。必须依法规定再谈判活动中激励与约束原则、诚信原则、公众参与原则、正当程序原则、违约救济原则等。必须依法规定基础设施产业特许经营中合格投资者的准入机制、公共服务持续给付的保障机制、第三人合法权利的保护机制、政府及投资者撤回选择权的救济及补偿机制。当前我国基础设施产业领域的现实是政府的权力过大，导致政府不履行承诺受到的处罚小，不履行承诺的成本低，因此政府出于自利动机就越有可能不履行承诺。当然，在极少数案例中，如政府被民间资本虏获或民间资本具有很强的议价能力，民间资本对政府也存在"敲竹杠"的动机和可能，但这毕竟不是主流。因此，基础设施产业特许经营要形成良性可持续的再谈判机制，首先，必须要依法规制政府行为，确保政府承诺要依法进行和落实。其次，要依法对民间资本行为进行规范，要形成对民间资本进入基础设施产业完整的准入条款、质量数量要求条款、激励约束要求条款等。最后，要形成一系列完整的基础设施产业特许经营法律法规体系，如出台《地方公用事业法》《基础设施产业特许经营暂行条例》等，通过法律体系约束合约双方的行为，但在当前要确保依法约束政府承诺的依法行使，避免政府承诺的随意性损害民间资本利益。有效的法律法规体系的效力和落实有赖于独立性高并且执行力强的司法机制。因为其能够有效约束公共部门做出无法达到的承诺行为。该司法机制涵盖相对独立性较高的正式司法部门，同时也涵盖一部分非正式司法部门，以此来杜绝政府违约的情况发生。

第二节　基础设施产业特许经营合约再谈判机制优化的路径设计

根据上述的基础设施产业特许经营合约再谈判机制优化设计的投资激励原则、创新激励原则、激励相容约束原则、效率提升优先原则、公众利益优先原则、可持续导向原则、违约救济原则、依法运作原则等，可以指导公共设施项目特许经营协议重新谈判的普通流程。

一、基础设施产业特许经营合约再谈判发生的必然性

因为公共设施项目特许经营协议往往存在不完备性，因此在履约阶段通常会存在一系列阻碍，不可避免地需要进行重新谈判。

公共设施项目特许经营要想成功开展必须要以协议正常履行作为基本前提，因为特许经营协议本身存在不完备性，导致在履约阶段会存在一系列阻碍，通常表现为下述三个方面：

第一，在履约阶段，不论是公共部门还是私营部门均会试图发挥出协议不完备性的作用，存在一部分投机行为。例如，私营部门往往会在完工后存在道德风险，通过网络科技方面的绝对优势"敲竹杠"，为提升眼前收益强烈要求更改协议条款，并且通过提价以及延期等方式进行，而此时公共部门别无选择，只能妥协，由此造成广大民众利益受损。而公共部门则可能通过私营部门大额专用投资进行"敲竹杠"，由于私营部门已经对项目投资，其议价能力往往就比较弱，在很大程度上会对民营部门收益造成损失，导致协议不能按期实施。

第二，项目参与方战略目标的不一致导致其履约存在较大难度。针对特许经营项目而言，民营部门往往是想要大幅提升自身利润，而公共部门更注重的是让广大民众受益，若是这一项目仅仅能够为民营部门创造利益，则无法得到民众支持，同时也说明这一项目本身就应当进行优化，而政府同样会迫于民众压力而对相关条款进行更正，由此出现"棘轮效应"。

第三，协议约定的特许经营时限往往比较长，通常保持在 10~30 年，在这较长的时限里各项环境均有可能出现变更。若是在项目实施阶段，其成本以

及市场需求情况发生改变，则民营部门实际收益会遭遇损失，并且导致参与方的收益不均衡，由此肯定会导致重新谈判。

因为公共设施项目特许经营协议存在的不完备性会造成一系列问题的出现，那么如何解决基础设施产业特许经营出现的问题，再谈判成为必要。

政府以及民营部门在项目完工后产生纠纷，协议只有在成功实施的情况下才可以确保公共设施的健康及可持续发展。因为协议本身存在不完备性，导致其中不存在与之对应的限制条款，要自觉履约存在较大难度。基于存在独立性较强的地方政府的前提下，则参与双方能够凭借法院进行协调，然而这一方式通常存在较高成本，并且若是进入司法流程，则会导致合作失败，若是媒体对此进行报道，则对参与双方的声誉均会造成重大负面影响，对长远健康发展也存在负面影响。当然，大多数情况下不存在这样的第三方，因此往往法院也无法进行判决，为继续协作，往往需要凭借再次谈判的方式处理相关问题。由于在特许经营协议内，不完备性是不可避免的，而又无法创建完善的管控机制对其作出科学、合理的管控，所以协议双方往往需要运用重新谈判的方式进行协商，由此才可以确保协议成功开展，也才能够促进公共设施行业的长远可持续发展，由此可见，重新谈判也是不可避免的。基础设施行业特许经营协议开展的全部流程如图 7-1 所示。

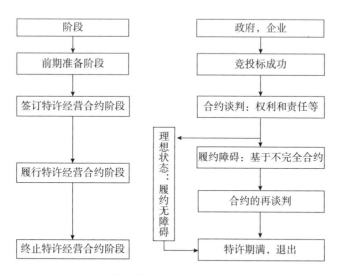

图 7-1 基础设施产业特许经营合约流程

二、优化基础设施产业特许经营合约再谈判机制的路径设计

当公共设施特许经营过程中双方协作存在问题时，最普遍的救济形式便是重新谈判。特许经营项目外部环境变化涵盖很多方面：一是供需情况发生改变造成公司利益受损，二是公司由于管理不当造成无法确保长期稳定发展，三是政策或宏观经济环境发生改变造成公司盈利能力下降，不能达到公司预期盈利水平，由此造成必须进行重新谈判。并且，由于公共部门本身缺乏较强的专业性，容易造成在制定合同条款时失当，并且因为财政原因导致不能承担事先确定的费用，广大民众针对民营部门公共设施的服务水平以及收费情况保持不满的状态，同时公共部门在不能全面协调的情况下，必须要进行重新谈判。

当民营部门要求重新谈判时，如果项目实际运用过程中取得的利益跟协议签订时所预估的利益相比更低，民营部门通常会要求提升售价、延期、由财政给予补助以及税收优惠政策等方式来提升自身收益，若是公共部门妥协，则能够快速形成新的协议；相反，则面临终止协议的可能。若民营部门出现资不抵债的情况，则其同样会申请破产。当政府要求重新谈判时，往往是因为受自身财政情况约束或充分考虑广大民众的利益。这时，政府通常会要求通过对合同约定的期限进行调节、回购等方式来维护广大民众的利益或者缓解财政方面的巨大压力。通常而言，政府要求重新谈判涵盖两个方面的原因：一是由于民营部门存在较大的违约行为，政府必须要终止协议或者对相关条款进行更改；二是特许经营协议的制定缺乏科学性或民营部门的服务水平过低造成广大民众不满。若是参与双方能够对调节的部分形成统一意见，那么就可以持续合作；若是政府需要采取回购措施，则必须进行重新谈判，在回购成功后可以再次进行招标，并寻找全新的民营部门进行合作。

基于上述分析，众多原因的改变造成公共部门对公共设施特许经营的情况以及相关政策都进行更改，导致违背了初始的政府承诺。同样，特许经营企业也会由于种种内外因导致经营波动，从而提出再谈判需求，当然，作为市场化导向的特许经营企业，其再谈判的发生一般是被动的，在当前政府处于绝对强势的支配地位下，特许经营企业再谈判的发生一般是应对政府承诺变化的无奈之举。为了克服政府违背承诺及特许经营企业的机会主义倾向，再谈判机制中必须完善违约救济及违约金制度。优化基础设施产业特许经营合约再谈判机制的路径设计如图7-2所示。

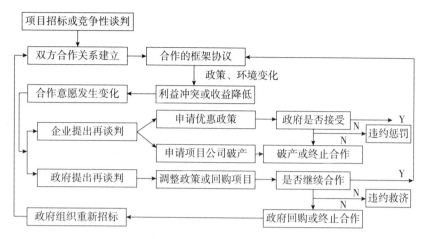

图7-2　基础设施产业特许经营合约再谈判机制优化设计的路径

第三节　基础设施产业特许经营合约再谈判机制的优化设计：基于博弈分析的视角

一、进入再谈判程序前的博弈分析

由特许经营协议进行重新谈判的普遍流程不难发现，若是民营部门运营出现危机，往往有两个选择：第一，不进行再谈判，也就是不通过要求政策优惠的方式进行，最终极有可能造成民营部门倒闭；第二，进行再谈判，也就是通过要求以政策优惠的方式进行。假定通过这一方式能够实现的收益为 S_0[①]，能够通过财政补助、税收优惠政策、延期运营、提供担保等一系列方式进行权衡。如果缺乏这一系列措施，金融机构可能会因为民营部门出现财务危机而不继续为其提供信贷。财政补助能够有效改善民营部门的财务情况，而税收优惠政策则能够大幅降低民营部门资金流出；担保对于民营部门而言是一项资产，也能够促使其取得贷款，所以，担保从本质上来说同样是一类补助；延期运营则能

---

① 从理论上来说，S_0 应当为特许期内项目财务净现值的预期值与财务净现值的实际值之差，但实际的补贴数量是通过双方协商同时考虑资金的时间价值来确定的。

够有利于民营部门提升未来现金流入。

针对政府而言，在面对民营部门提出重新谈判时，其存在两种选择：一为拒绝，二为接受。如果选择拒绝，则导致民营部门破产清算，但是公共设施依旧会持续提供，所以政府需要再次进行招标，挑选符合要求的合作方。这时，若民营部门实施破产，通常而言，其支付往往不高于零同时无限趋近零，民营部门决定破产的边界点通常表现为收入与支出接近均衡，并且通过破产的方式可以降低公司整体损失，因此假设破产支付是零；而政府支付则能够通过 $-g(B)C_s$ 进行呈现，由此可见政府支付通常由两方面构成：首先是因为再次进行招标导致的成本提升，在这之中用 B 表示公共部门成本提升的金额，若是民营部门出现破产，则政府支付 g 表现为 B 的函数，为再次进行招标所形成的成本。其次为政府不再继续投资这一项目，导致广大民众声誉价值的降低，也就是针对再次招标而言，广大民众更倾向于现阶段的民营部门。若是政府愿意进行重新谈判，则通过慎重衡量后确定对民营部门进行补助，而这一部分补助则通过 S 进行表示，由此可见民营部门支付就能通过 S 进行表示，而政府支付则能够通过 $-f(S)$ 进行表示，S 表示政府为民营部门提供补助过程中形成的各类费用总和，而 f 则表示政府成本跟社会费用之间的函数，简而言之就是政府为确保项目继续施行所形成的行政成本（陶蕾，2015）。

若是民营部门申请破产，则民营部门支付是零，政府支付则可以用 $-g(B)$ 来表示，按照上述分析，能够创建在重新谈判流程开启前针对项目资金筹集方面进行重新谈判的博弈（见表7-1）。

表7-1　政府和民营企业再谈判前的博弈

特许经营企业	政府	
	同意再谈判	拒绝再谈判
申请政策优惠	$[S,-f(S)]$	$[0,-g(B)-C_s]$
不申请政策优惠	$[0,-g(B)]$	$[0,-g(B)]$

当民营部门提出重新谈判时，如果 $f(S) \leqslant g(B)+C_s$，也就是重新谈判过程中政府行政成本通常要比其他方式更小，也就是比再次进行招标产生的成本以及广大民众声誉价值的总和更小，这一情况下政府应当同意重新谈判。如果 $f(S) \geqslant g(B)+C_s$，这一情况下政府应当拒绝重新谈判。这时，针对民营部门而言，若是觉得在持续经营情况下，其取得的财务净现值小于零，同时若是公司提出重新谈判势必会存在费用支出，虽然金额不大，然而却会导致其不愿意提出重新谈判，最终结果便是破产；若是经营者了解政府方面的看法，清楚政府不会同意，

则民营部门同样会选择破产，也就是参与双方并未存在平衡。

同时，若是民营部门决定申请破产，则政府支付可以用 $-g(B)$ 进行表示，其中 B 表示政府公共部门成本提升的金额，若是民营部门出现破产，则政府支付 g 表现为 B 的函数，为再次进行招标所形成的成本。通常而言，由于存在政治与财政方面的收益，民营部门在决定破产后对政府造成的影响非常巨大，会对政府造成重大损失。若是从经济方面来说，项目持续实施是相对科学的，则政府能够对这一项目进行回购，同时再次进行招标，跟新的民营部门达成合作，以此来满足广大民众的实际需求；如果从广大民众利益的角度进行考虑，给予民营部门相应的政策优惠以此来确保其可持续发展，可以创造跟政府自身运营一样可观的收益，那么就没有必要回购，政府能够赋予民营部门一定的政策优惠。不管政府最终选择要不要进行回购，均须经过重新谈判流程。

综上所述，民营部门要求政策优惠以及政府予以同意在很大程度上体现为博弈的均衡解。这个时候能够再继续下一步，也就是政府以及民营部门正式开启重新谈判流程。针对这一博弈而言，g、f、C_s 均为参与双方达成的统一认识，也就是都觉得对方处于理性状态。

二、正式进入再谈判程序的博弈分析

上述主要研究参与双方在尚未开启正式重新谈判流程的阶段进行的博弈，最终认为，在民营部门决定进行重新谈判的情况下，政府往往倾向于同意并且开启重新谈判。这时则正式开启重新谈判流程，下面针对重新谈判流程内政府以及民营部门之间的决策进行博弈研究。

1. 模型假设及变量说明

若在特许经营重新谈判的过程中，存在两个参与方，也就是政府 A 以及获得特许经营的民营部门 B，双方由于特殊原因必须要重新谈判，在这一过程中存在两个可选方案，针对政府 A 而言，其行动集合往往可以用（守信，不守信）表示。政府守信也就是按照相关协议开启重新谈判，主要体现在根据协议规定对相应价格进行调节以及若是当公司出现财务危机的过程中根据协议进行相应补助等。在这之中，政府不守信主要反映为其不愿意根据协议的规定履约，不愿意承担应负的责任，比如并未对项目的唯一性进行贯彻落实，而是推出与这一项目相差不大的基础设施、不按照协议规定的期限进行回收运营权、不对民营部门提供财政补助、更改或者取缔跟这一项目紧密相连的相关规定等。针对获得特许经营权的民营部门 B 而言，行动集合通常可以用（发生机会主义行为，不发生机会主义行为）表示。民营部门出现投机行为的情况同样存在差异，比如要求跟公司实际运营成本不相匹配的财政补助或者是政策优惠、开启重新谈判时并未遵循诚实守信原则造成服务质量不断降低等。

政府如果产生不守信行为，会对民营部门的实际收益造成损伤，并且同时还会降低民营部门的投资主动性，更有甚者导致公司出现投机行为；如果民营部门出现投机行为，则会导致政府利益遭遇损失，主要体现为广大民众利益受损、政府成本大幅提升或者政府声誉受损等。政府以及民营部门，不管是谁通过上述方案，均会对公共设施的长远健康发展造成负面影响，从长远角度分析，还会对公共设施行业的稳定发展不利。

若这一博弈存在完备信息，下面给出模型假设：

（1）针对政府而言，其守信成本可以用 C_{A1} 表示，这时民营部门取得的收益用 R_{B1} 表示，可知 R_{B1} 与 C_{A1} 保持一致。若政府完全代表广大民众的利益，因为政府通常表现为整体，可以通过大量个体共同构成，因此政府在维护广大民众利益过程中往往又会注重其本身收益。通常而言，政府在重新谈判时往往不会与民营部门达成合谋，所以形成的收益通常为税收，通过 αR_{B1} 进行表示，（有时与公司协议的过程中约定，若公司盈利水平较高，则实现的利润与政府共同分配），用 α 来表示税率，同时 $0<\alpha<1$。若发生政府不守信的情况，则成本可以用 C_{A2} 表示，这时，民营部门取得的收益用 R_{B2} 表示，可知 R_{B2} 与 C_{A2} 保持一致，而政府收益可以用 αR_{B2} 表示。若政府不守信，民营部门获取的实际收益就会大幅下降，所以出现 $R_{B1}>R_{B2}$。

（2）针对民营部门而言，若其出现投机行为，则通常自身收益会提升，然而在向政府汇报的过程中，其实际收益依旧保持 R_{B1} 或者 R_{B2}，因为投机行为能够使民营部门创造的收益表现是之前收益的 β 倍，然而，若政府在这一过程中明确民营部门运用了投机方式，则会对其进行严厉处罚，而处罚金额用 T 表示，假定民营部门被发现的概率是 γ。民营部门出现投机行为会造成政府利益受损，主要体现为成本提升、广大民众利益受损与广大民众利益受损过程中造成政府声誉的降低，这一部分用 A 表示。若是政府实施不守信方案，除了对公不利，而且还会在很大程度上降低民营部门的投资主动性，并且往往会通过降低专用性投资的方式来减少经济损失，这一部分则用 B 表示。

2. 收益分析

（1）针对政府采取守信方案进行分析，如果民营部门不采取投机行为，则政府收益可以用 $\alpha R_{B1}-C_{A1}$ 表示，而民营部门收益则可以用 $R_{B1}-\alpha R_{B1}$ 表示。

（2）针对政府采取守信方案进行分析，如果民营部门采取投机方案，则政

府收益可以用 $\alpha R_{B1}-C_{A1}-A+\gamma T$ 表示，而民营部门期望收益则可以用下述公式表示：

$$(1-\gamma)(\beta R_{B1}-\alpha R_{B1})+\gamma(\beta R_{B1}-\alpha R_{B1}-T)=\beta R_{B1}-\alpha R_{B1}-\gamma T$$

（3）针对政府采取不守信方案进行分析，如果民营部门不采取投机行为，则政府收益可以用 $\alpha R_{B2}-C_{A2}$ 表示，而民营部门收益则可以用 $R_{B2}-\alpha R_{B2}-B$ 表示。

（4）针对政府采取不守信方案进行分析，如果民营部门采取投机方案，则政府收益可以用 $\alpha R_{B2}-C_{A2}-A+\gamma T$ 表示，而民营部门期望收益则可以用下述公式表示：

$$(1-\gamma)(\beta R_{B2}-\alpha R_{B2}-B)+\gamma(\beta R_{B2}-\alpha R_{B2}-B-T)=\beta R_{B2}-\alpha R_{B2}-B-\gamma T$$

3. 一次博弈分析

（1）假设双方同时行动。面对非动态博弈，针对特许经营协议的谈判模型，政府和民营部门若是共同行动，则信息相对而言处于封锁状态，也就是均只能获取自身信息，无法获取对方相关信息，由此能够得出支付矩阵，见表7-2。

表7-2　单次博弈支付矩阵

政府	特许经营企业	
	不发生机会主义行为	发生机会主义行为
守信	$(\alpha R_{B1}-C_{A1}，R_{B1}-\alpha R_{B1})$	$(\alpha R_{B1}-C_{A1}-A+\gamma T，\beta R_{B1}-\alpha R_{B1}-\gamma T)$
不守信	$(\alpha R_{B2}-C_{A2}，R_{B2}-\alpha R_{B2}-B)$	$(\alpha R_{B2}-C_{A2}-A+\gamma T，\beta R_{B2}-\alpha R_{B2}-B-\gamma T)$

针对一次博弈进行分析不难发现，因为存在 $R_{B1}=C_{A1}$，$R_{B2}=C_{A2}$，同时 $R_{B1}>R_{B2}$，对政府收益进行深入探讨能够得出：

$\alpha R_{B1}-C_{A1}-(\alpha R_{B2}-C_{A2})<0$，也就是 $\alpha R_{B1}-C_{A1}<\alpha R_{B2}-C_{A2}$。

$\alpha R_{B1}-C_{A1}-A+\gamma T-(\alpha R_{B2}-C_{A2}-A+\gamma T)<0$，也就是 $\alpha R_{B1}-C_{A1}-A+\gamma T<\alpha R_{B2}-C_{A2}-A+\gamma T$。

所以，不管民营部门有没有出现投机行为，政府部门通过不守信方案取得的收益均比较大，从这一方面来说，政府不守信是创造收益的一个绝佳方案。由此进一步针对民营部门收益进行分析。因为不再包括守信方案，所以仅仅针对不守信方案前提下民营部门收益进行对比：

$$R_{B2}-\alpha R_{B2}-B-(\beta R_{B2}-\alpha R_{B2}-B-\gamma T)=\gamma T-(\beta-1)R_{B2}$$

民营部门有没有出现投机行为，主要是针对 γT 以及 $(\beta-1)R_{B2}$ 进行比较。①若出现 $\gamma T>(\beta-1)R_{B2}$ 的情况，也就是（不守信、不发生机会主义行为）为该博弈的占优策略均衡。最重要的因素为存在较强的监管水平、处罚措施较为严厉，民营部门发生投机行为需要承担较大风险，并且其所获取的收益不足以支付受到的处罚，所以，一般较为理性的民营部门通常都不会采取投机行为这一方案。然而也能够发现，尽管在此次博弈中，这一方案占优策略均衡，然而从长远的角度来说，这一方案缺乏稳定性。从政府角度来看，尽管不守信可以取得比较大的收益，然而会造成其与民营部门的冲突激化，由此导致民营部门出现投机行为，不利于双方达成良好协作，也不利于基础设施的长远稳定发展。并且，不守信行为还会对政府的可信度造成重大负面影响，造成一部分优质民营部门可能会对政府的信赖度下降，同时由于民营部门风险不断提升，由此导致民营部门不愿意主动地投入基础设施项目之中。因为对于参与双方来说，政府的强制力使得政府处于优势地位，所以，若是监管足够强，也就是当出现 $\gamma T > (\beta-1)R_{B2}$ 的情况时，必须要对政府作出一定的限制，从而让其高度关注声誉，杜绝政府通过其较为强势的地位做出有损民营部门实际收益的行为。由于声誉模型非常繁杂，所以在这里并不做具体深入研究，只是进行简单研究。②若是出现 $\gamma T < (\beta-1)R_{B2}$ 的情况，说明缺乏有效监管，不管政府做出怎样的抉择，民营部门出现投机行为产生的实际利益都比较高，所以，民营部门占优方案是出现投机行为。针对双方都保持理性的情况，这时（不守信，发生机会主义行为）即为该博弈的占优策略均衡。该结果的存在不难发现，政府因为仅仅关注眼前短暂收益，在进行重新谈判的过程中，通常会做出不守信的决定，由此对自身声誉造成负面影响，并未高度重视其长远收益。并且，因为缺乏有效监管，同时处罚并不严厉，民营部门出现投机行为的收益大幅上升，远远高于其处罚力度，造成部分缺乏素质的公司通过投机行为获取眼前短暂利益，对政府以及广大民众的利益造成损害。造成的结果是由于参与双方均注重眼前利益，导致公共设施项目无法实现长远稳定发展。

（2）若政府率先有所举动，根据前文研究不难发现，其通常会采取不守信行为；民营部门在面对 $\gamma T > (\beta-1)R_{B2}$ 的情况下，通常不会出现投机行为，而在面对 $\gamma T < (\beta-1)R_{B2}$ 的情况下，则会出现投机行为，得出的结果跟（1）相同。

（3）若是民营部门率先有所举动，不论其是否选择投机行为，政府均会采取不守信行为，得出的结果跟（1）相同。

4. 无限次重复博弈分析

针对重新谈判一次模型的研究不难发现，其均衡结果往往与期望相违背，若是进行有效监管，则存在（不守信，不发生机会主义行为）的均衡，出现不守信情况除了会对政府声誉造成负面影响外，还会在很大程度上降低民营机构的投资主动性，对于双方形成良好的协作关系具有非常显著的负面影响，同时也会对公共设施的长远健康运营造成负面影响，所以，针对政府行为进行限制便非常重要；若是缺乏有效监管，则存在（不守信，发生机会主义行为）的均衡，民营部门往往会因为眼前利益而对政府以及广大民众的利益造成损害。不管是政府还是民营部门，采用不合作方案，均会导致重新谈判不能继续进行，由此会对基础设施长远稳定发展造成负面影响。仅仅在双方均决定采取（守信，不发生机会主义行为）方案的情况下，才可以确保双方利益都得到有效保证，并以此来维持基础设施的长远稳定运营。所以，本节主要强调在缺乏有效监管的情形下，研究重新谈判，不断重复博弈，以期能够解决这一现象。

重复博弈为针对相同的结构进行频繁博弈，在这之中，每一次博弈均称作是阶段博弈。重复博弈往往存在三个显著特点：第一，阶段博弈间不存在内在关联性，也就是已经存在的阶段博弈不会对以后造成影响；第二，全部参与者均能够准确观测以往经验；第三，参与方总支付为全部阶段博弈的现值总和。在这之中，任何阶段博弈内，参与方有一定概率是共同行动，也有一定概率是分开行动（张维迎，2004）。

冷酷策略，又可以称作触发策略，也就是存在弱势一方不再进行合作的现象，那么另一方会直接决定，不论在什么情况下未来均不会发生合作，在这里假定政府以及民营部门之间均运用这一策略，也就是在最初双方均决定达成良好协作，也就是存在（守信，不发生机会主义行为）的情况，持续发展至 $n-1$ 阶段，然而当达到 n 阶段的时候，若是双方还不存在不守信或者投机行为的情况，则其所决定采取的方案依旧没有发生改变。如果在这一过程中，有一方采取的方案发生改变，也就是政府出现不守信，或者是民营部门出现投机行为的情况，与之对应地，则通常会导致民营部门出现投机行为的情况，或者是政府出现不守信的情况，同时在未来将永远不会再出现合作方案。这一战略组合即子博弈精炼纳什均衡。

（1）若持续发展至 $n-1$ 阶段，互相所选择的均为（守信，不发生机会主义行为）的良好协议方案，而当发展至 n 阶段的时候，政府为提升眼前利益，采取了不守信方案，在这之后的全部阶段博弈内，民营部门全部按照触发策略选择不合作方案，也就是存在投机行为。若政府贴现因子可以用 δ_1 来表示，则发展至 k 阶段的时候，政府实际收益 x 则能够通过 $k+1$ 阶段的实际收益进行表述，也就是表示 $\delta_1 x$，通常而言，δ_1 的值应当在 $0 \sim 1$ 的区间内，下面对其作出进一步的分析：

如果发展至 n 阶段的时候，政府采取不守信方案，则民营企业就会运用触发策略，n 阶段之后的全部博弈支付总和表现如下：

$$P_1 = \alpha R_{B2} - C_{A2} + \delta_1(\alpha R_{B2} - C_{A2} - A + \gamma T) + \delta_1^2(\alpha R_{B2} - C_{A2} - A + \gamma T) + \cdots$$

$$= \alpha R_{B2} - C_{A2} - (\alpha R_{B2} - C_{A2} - A + \gamma T) + (\alpha R_{B2} - C_{A2} - A + \gamma T) \times \sum_{n=0}^{\infty} \delta_1^n$$

$$= A - \gamma T + \frac{1}{1-\delta_1}(\alpha R_{B2} - C_{A2} - A + \gamma T)$$

$$= \frac{1}{1-\delta_1}[\alpha R_{B2} - C_{A2} + \delta_1(\gamma T - A)]$$

如果政府自始至终坚持守信方案，那么两者就可以始终保持良好协作，则 n 阶段之后全部博弈支付总和表现如下：

$$P_2 = \alpha R_{B1} - C_{A1} + \delta_1(\alpha R_{B1} - C_{A1}) + \delta_1^2(\alpha R_{B1} - C_{A1}) + \cdots$$

$$= (\alpha R_{B1} - C_{A1}) \times \sum_{n=0}^{\infty} \delta_1^n$$

$$= \frac{1}{1-\delta_1}(\alpha R_{B1} - C_{A1})$$

假设存在 $P_2 > P_1$ 的情况，则：

$$P_2 - P_1 = \frac{1}{1-\delta_1}[(\alpha R_{B1} - C_{A1}) - \alpha R_{B2} + C_{A2} - \delta_1(\gamma T - A)] > 0 \text{[①]}$$

通过整理能够得出：$\delta_1 > \dfrac{(\alpha R_{B2} - C_{A2}) - (\alpha R_{B1} - C_{A1})}{A - \gamma T} > 0$。

令 $\dfrac{(\alpha R_{B2} - C_{A2}) - (\alpha R_{B1} - C_{A1})}{A - \gamma T} = \delta_1^*$，也就是存在 $\delta_1 > \delta_1^*$ 的情况下，$P_2 > P_1$，政府则会始终保持守信。

（2）若是发展至 $n-1$ 阶段的情况下，两者均选择通过（守信，不发生机会主义行为）的方案达成良好协作，发展至 n 阶段，民营部门为提升眼前利益往往采取投机行为的方案，在这之后，政府全部按照触发策略选择不合作方案，也就是不守信。若民营部门贴现因子可以用 δ_2 来表示，则发展至 k 阶段的时候，政府实际收益 x 则能够通过 $k+1$ 阶段的实际收益进行表述，也就是表示为 $\delta_1 x$，通常而言，δ_2 的值应当在 $0\sim1$ 的区间内，下面对其作出进一步的分析：

如果发展至 n 阶段的时候，民营部门采取不守信方案，则政府就会运用触发策略，n 阶段之后的民营部门全部博弈支付总和表现如下：

$$P_1' = \beta R_{B1} - \alpha R_{B1} - \gamma T + \delta_2(\beta R_{B2} - \alpha R_{B2} - B - \gamma T) + \delta_2^2(\beta R_{B2} - \alpha R_{B2} - B - \gamma T) + \cdots$$

$$= \beta R_{B1} - \alpha R_{B1} - \gamma T - (\beta R_{B2} - \alpha R_{B2} - B - \gamma T) + (\beta R_{B2} - \alpha R_{B2} - B - \gamma T) \times \sum_{n=0}^{\infty} \delta_2^n$$

---

① 在本书中假设政府是代表公共利益的，因此当特许经营企业发生机会主义行为时，对政府利益的损害 A 足够大，有 $A > \gamma T$，若政府仅追求自身利益最大化，则有 $A < \gamma T$，本书仅考虑 $A > \gamma T$ 时的情况。

$$= (\beta-\alpha)(R_{B1}-R_{B2})+B+\frac{1}{1-\delta_2}(\beta R_{B2}-\alpha R_{B2}-B-\gamma T)$$

如果民营部门始终坚持守信方案，那么两者就可以始终保持良好协作，则 n 阶段之后全部博弈支付总和表现如下：

$$P_2' = R_{B1}-\alpha R_{B1}+\delta_2(R_{B1}-\alpha R_{B1})+\delta_2^2(R_{B1}-\alpha R_{B1})+\cdots$$
$$= \frac{1}{1-\delta_2}(R_{B1}-\alpha R_{B1})$$

假设存在 $P_2'>P_1'$ 的情况，那么：

$$P_2'-P_1' = \frac{1}{1-\delta_2}(R_{B1}-\alpha R_{B1})-(\beta-\alpha)(R_{B1}-R_{B2})-B-\frac{1}{1-\delta_2}(\beta R_{B2}-\alpha R_{B2}-B-\gamma T)>0$$

通过整理之后得出：

$$\delta_2 > \frac{(\beta-1)R_{B1}-\gamma T}{(\beta-\alpha)(R_{B1}-R_{B2})+B}$$

令

$$\delta_2^* = \frac{(\beta-1)R_{B1}-\gamma T}{(\beta-\alpha)(R_{B1}-R_{B2})+B}$$

也就是在存在 $\delta_2>\delta_2^*$ 的情况下，那么 $P_2'>P_1'$，也就是民营部门自始至终秉承不出现投机行为的方案。

下面一起验证在 $\delta_1>\delta_1^*$、$\delta_2>\delta_2^*$ 的情况下，若两者均通过触发策略为这一博弈的子博弈精炼纳什均衡。首先我们能够发现，政府所选择的方案为最优方案。若是民营部门选择触发策略，那么在民营部门始终秉承着不出现投机行为方案的前提下，政府同样始终秉承守信方案计算得出的支付是 P_2，而当 n 阶段之后，其采取不守信方案计算得出的支付是 P_1，所以通常而言，政府会始终秉承守信方案。令民营部门在 n 阶段率先出现投机行为，如果政府采取触发策略，那么在之后的所有阶段内，政府支付均可以用 $\alpha R_{B2}-C_{A2}-A+\gamma T$ 进行表示，如果政府采取别的策略，其得到的结果均不会超过 $\alpha R_{B2}-C_{A2}-A+\gamma T$，所以不管 δ 的值多大，政府通常都会保持较高的主动性采取触发策略。由此可知，民营部门选择触发策略同样为最优决策。

5. 再谈判机制博弈分析的现实意义

运用上述针对重复博弈模型的研究，能够得出下述三个结论：

（1）贴现因子可以对以后收益现值造成较大影响，而 δ 在很大程度上能够表示参与方的耐心大小。从不断重复博弈模型不难发现，若是 δ 的值比较大，也就是政府以及民营部门都非常具有耐心，则针对短时间内的收益而言，其往往更关注长期收益，由此也更易形成良好协作，以此来维持基础设施的长远健康运营。由以上博弈结论不难发现，若是在存在 $\delta_1 > \delta_1^*$ 的情况下，政府始终采取守信方案，其所获取的短期收益往往是最大的，因此政府通常会采取守信方案。与之相同，针对民营部门而言，若是在存在 $\delta_2 > \delta_2^*$ 的情况下，民营部门非常肯定，坚持长远协作要比因为眼前收益采取投机行为所创造的利益更大，因此民营企业通常会采取不出现投机行为的方案。由于双方都始终秉承长远协作的理念，所以促使（守信，不发生机会主义行为）发展为稳定性较强的均衡，这也促使在重新谈判过程中双方均能够相互理解，并以此来解决纠纷，同时也不会造成其中一方表现出不合作策略，并使公共设施的长远健康发展遭遇负面影响。所以，政府必须高度重视公共设施特许经营机制的长远健康发展，激励民间资本参与基础设施建设过程，并且必须确保政府给出的承诺都能够得到兑现，帮助民营部门解决困难，有效增强其投资热情。并且，民营部门绝不可以出现投机行为，必须要高度重视长期收益，并始终秉承诚实守信的基本经营原则。

（2）$(\alpha R_{B2} - C_{A2}) - (\alpha R_{B1} - C_{A1})$ 的值越小，则 δ_1^* 的值也越小。简而言之，就是当政府采取不守信方案的时候，其收益跟采取守信方案的时候收益并不存在较大差异，则对于政府而言采取不守信的可能性就降低，体现在 δ_1^* 不断减小，而 δ_1 比 δ_1^* 大的概率就更大，也就是政府更希望能够形成长远协作，则双方协作的均衡性就更容易实现，也就更能够确保基础设施的长远健康运营。

（3）$(\beta - 1)R_{B1} - \gamma T$ 的值越小，则 δ_2^* 的值相应也会越小。简而言之，若是政府采取守信方案的时候，民营部门采取投机行为获取的收益与被政府发现的处罚金额两者间的差距就更小，则对于民营部门而言，采取投机行为的可能性就降低，体现在 δ_2^* 不断减小，δ_2 比 δ_2^* 大的概率就更大，也就是民营部门更为注重长远收益，则双方协作的均衡性就更容易实现，也就更能够确保基础设施的长远健康运营。

并且还能发现，确保 $(\beta - 1)R_{B1} - \gamma T$ 值不断降低有两种方法：第一，促使 $(\beta - 1)R_{B1}$ 值不断降低，也就是降低民营部门运用投机行为获取的收益，要实现这种方式存在很大难度；第二，促使 γT 值不断增大，主要是通过有效监管或者是增强处罚金额的方式，要促使 $(\beta - 1)R_{B1} - \gamma T$ 值不断降低，这种方式实现的难度较小，尤其是在出现 $(\beta - 1)R_{B1} - \gamma T$ 的情况下，$\delta_2^* < 0$、$\delta_2 > 0$ 是绝对会存在的，由此可见，民营部门通常更重视长远收益，采取合作方案，也就是不会存在投机行为。

同时还可以发现，在 γT 值逐渐增大，而 δ_2^* 值不断减小的情况下，则会造成 δ_1^* 值不断变大，政府可能由于缺乏耐心，而更倾向于采取不守信方案，造成该结果最合理的阐释为，针对 $\dfrac{(\alpha R_{B2}-C_{A2})-(\alpha R_{B1}-C_{A1})}{A-\gamma T}=\delta_1^*$ 这个公式，$A-\gamma T$ 表示民营部门存在投机行为的情况下会让政府产生经济损失，而得到的 $A-\gamma T$ 的值小，则表示产生的损失比较小，同时可以说明政府对民营部门是否存在投机行为并不敏感，同时也能够表示其自身耐心不够。针对民营部门而言，政府往往是强势的一方，所以增强政府耐心水平、限制政府在重新谈判过程中的各项行为具有举足轻重的意义。现阶段必须要进行有效监控，以达到限制政府各项行为，预防信用风险的最终目的。

第四节　基础设施产业特许经营合约再谈判机制优化设计的关键：政府承诺能力指数

一、政府承诺能力是再谈判机制优化并顺利完成的关键因素

从上述博弈分析可以发现，政府和特许经营企业再谈判机制优化并实现长期均衡条件是（政府守信，企业不发生机会主义行为）。在此前提下，双方的纠纷往往可以运用重新谈判方式进行有效协调，均衡博弈结果摒弃了"棘轮效应""敲竹杠"等对公共设施项目未来长远健康运营造成影响的不当措施。

由此可知，在政府与获得特许经营权的民营部门之间的再谈判机制优化并实现长期均衡中，有一个关键的前提条件即政府守信，与之相对应的是企业不发生机会主义行为；换句话说，如果政府不守信，企业理性行为是发生机会主义行为，因此再谈判机制优化并实现长期均衡无法实现。可见，在基础设施产业特许经营中，政府守信水平即政府承诺能力水平是非常关键和重要的。

在我国现有的政治生态下，因为"政治锦标赛""预算软约束"因素，地方官员在地方竞争及政绩生产驱动下，执政的短期化倾向明显，在面对具体经济社会热点难点问题时"头痛医头、脚痛医脚"倾向明显，缺乏全局的及长远的规划。本届政府不管下一届政府财政能力的情况，在基础设施产业领域，不切实际地提供不合理的高投资补贴及用项目优惠吸引民间资本加盟，而不管这种承诺是否具有可持续性及下届政府是否有能力及意愿兑现。对于下一届地方政府主要官员而言，为突出自身政绩生产能力及统筹财政资源，肯定会对上一届政府的政策及规划有重大调整，"新官不管旧事"可能就是对这种政治生态的描

述。对中央政府而言，为了"稳增长""稳就业""调结构"，许多政策的落实和实行必须依靠地方政府积极配合才能形成政策力，因此对地方政府这种不科学、不合理的政治经济生态也采取默认的态度，甚至当地方政府出现财政危机时还采取兜底行为，原因在于地方政府在执行中央政策出现执政成本时，中央政府有责任救助，同样我国的中央政府政策也很难保持连续性。作为深谙中国政治经济生态的特许经营企业而言，不采取机会主义倾向行为是不可能的。为了在变幻莫测的政治经济周期变化中规避风险，熨平经营波动，肯定要结合地方政府的这种特点设计特许经营合约及再谈判机制，追求投资回报最大化。至于一些其他因素，如技术、市场、经营变化对特许经营企业带来的干扰，相对于政府承诺能力水平而言反而成为次要因素。

在中国独特的政治经济生态下，各级政府掌握着经济社会发展所需的宝贵资源和投资机会，在很多领域特别是基础设施产业这个公共事业领域掌握着绝对的话语权和资源分配权，在市场对资源配置起决定性作用的今天，许多领域仍然是市场失灵的领域，在该领域，政府干预和主导具有天然合理性，目前众多 PPP 项目就是由政府主导才能有效实施。当然，在理性政府态势下，政府会珍惜政府声誉，注重政府的公信力及执法合理性，反映到基础设施特许经营领域就是政府具有完全的守信动力和保持政策执行连续性的承诺能力，此时相对应的是特许经营企业不采取机会主义倾向，不对政府"敲竹杠"。然而在现实中，我国各级地方政府执政显然是不理性的，存在精致的机会主义倾向，如政府为生产政绩，通过高承诺把民间资本"请君入瓮"，鉴于资本的专用性性质对民间资本"敲竹杠"，民间资本的反应肯定是"政府不仁我也不义"，在项目的谈判及再谈判中抬高要价，对政府"敲竹杠"。这样恶性循环的结果就是进入基础设施产业特许经营领域的民间资本减少，由于政府的强势及主导地位，民间资本被挤出这个领域；相反，一些和权利耦合的权贵资本或虏获腐败官员的民间资本则进入该领域，让"劣币驱除良币"的规律在基础设施产业特许经营领域频繁出现，目前基础设施产业领域"公欲退而民不进"的尴尬现象充分反映了该问题，导致该领域腐败横行，运行成本增加，且质量难以得到保障，增加了经济社会运行成本并显著降低了社会公众的社会福利水平。

显然，提高各级政府的诚实守信水平，增强各级政府的承诺践诺能力，是（政府守信，企业不发生机会主义行为）这一政府和特许经营企业再谈判机制优化并实现长期均衡条件有效保持下去的充要条件。这里各级政府承诺能力水平是基础设施产业特许经营领域可持续运营的关键，因此，如何衡量政府承诺能力，如何提高政府承诺能力则是解决问题的前提和关键。各级政府必须提高自身承诺能力水平，做一个理性的诚信政府，让特许经营企业依法依规诚实经营，努力促进基础设施产业特许经营领域的法制化和可持续化，有效增强经济社会发展的后劲和有效提高社会公众的福利水平。

二、再谈判机制优化中政府承诺能力指数的编制

1. 再谈判机制优化中政府承诺能力指数编制的原则

（1）代表性强。要选取各方面的代表性指标来衡量我国各级地方政府承诺能力，在指标选取的过程中必须要注重客观性、系统性以及典型性。

（2）灵敏度高。挑选的指标即便是存在较小的波动都可以敏感地展示政府在承诺方面存在的各项影响因素的改变。

（3）操作性好。挑选的指标可以迅速获取切实可靠的信息。

（4）体现全面性。考核指标可以系统体现政府承诺能力出现的运营形式。

2. 再谈判机制优化中政府承诺能力因素分析及指标体系构建

在影响基础设施产业特许经营政府承诺能力的诸多因素中，政府经济发展能力、政府社会发展能力、政府公共管理和服务能力及政府公信能力是核心影响因素变量，这同样对再谈判机制优化中政府承诺能力构成强有力的约束和支撑。一个经济发展、社会发展落后地区的政府承诺践诺能力是让人怀疑的，一个公共管理和服务能力低下的政府其社会公信度及美誉度是低下的，同样一个丧失了公信能力的政府其承诺能力的信度和效度是廉价的。因此，本书通过上述政府的四种能力来综合深入分析再谈判机制优化中政府承诺能力因素，进而构建基础设施产业特许经营政府承诺能力指数指标体系。

综合权衡我国地方政府承诺能力的水平体现和面临的运行态势，我国基础设施产业特许经营政府承诺能力水平因素主要可通过以下指标体系体现：一级指标体系共有 4 项指标，二级指标体系共有 17 项指标，三级指标体系共有 107 项指标。在指标体系的编制中，借鉴了众多权威研究，如中国统计学会《综合发展指数与研究》课题组编写的《综合发展指数（CDI）研究》报告、中国统计学会发布的地区发展与民生指数评价指标体系等，其设计的具有权威性和普适性的经济、社会、生态环境等部分指标被本书用于评价政府承诺能力的经济发展能力和社会发展能力等方面。具体如表 7-3 所示。

表 7-3 基础设施产业特许经营政府承诺能力指数指标体系

一级指标	二级指标	三级指标	单位（属性）
经济发展能力	经济增长	人均实际 GDP	元
		人均实际 GDP 增长率	%
		人均名义 GDP（现价）	元
	结构优化	第三产业增加值占 GDP 比重	%
		居民消费占 GDP 比重	%
		战略性新兴产业产值占 GDP 比重	%
		战略性新兴产业投资占全社会固定资产投资比重	%
		基础设施产业投资占全社会固定资产投资比重	%
	地方政府财政能力	财政自给率	%
		政府债务率	%
		财政建设性支出占比	%
		财政支出增长弹性	%
		财政收入占 GDP 比重	%
	收入分配	城乡居民收入占 GDP 比重	%
		城乡居民收入比	农村 = 1
		城镇居民人均可支配收入	元
		农村居民人均纯收入	元
	经济发展质量	全社会劳动生产率	元/人
		全要素生产率	%
		地区经济发展差异系数	%
		城镇化率	%
社会发展能力	民生改善	基本社会保险覆盖率	%
		城乡居民家庭恩格尔系数	%
		人均住房使用面积	平方米
		城镇保障性住房新开工面积占住宅开发面积比重	%
		互联网普及率	%
		每万人拥有公共汽（电）车辆数	标台
		农村自来水普及率	%
		每千人拥有社会服务床位数	张

续表

一级指标	二级指标	三级指标	单位（属性）
社会发展能力	社会发展质量	人均基本公共服务支出	元
		文化产业增加值占 GDP 比重	%
		人均预期寿命	%
		平均受教育程度	年
		城镇登记失业率	%
	生态建设	单位 GDP 能耗	吨标准煤/万元
		单位 GDP 水耗	吨/万元
		单位 GDP 建设用地占用	亩/万元
		环境污染治理投资占 GDP 比重	%
		工业"三废"处理达标率	%
		城市生活垃圾无害化处理率	%
		城镇生活污水处理率	%
		环境质量指数	%
	科技创新	万人研究与试验发展（R&D）人员全时当量	人年
		R&D 经费支出占 GDP 比重	%
		高技术产品出口占总出口比例	%
		万人专利授权数	件
公共管理和服务能力	公共管理能力	政府机构设置的合理性	定性
		公务员整体素质	定性
		市场信用环境	定性
		对市场失信的惩罚力度	定性
		政府处理突发危机事件能力及行政执法公正性	定性
		社会安全指数	%
		社会保障制度建设	定性
	公共服务能力	教育经费投入	万元
		科技经费投入	万元
		基础设施建设经费投入	万元
		国民社会保障水平	定性
		人均科教文卫体投入水平	万元
		人均基础设施占有量	万元

一级指标	二级指标	三级指标	单位（属性）
公共管理和服务能力	公共服务能力	居民基本公共服务水平	万元
		住房保障水平	定性
		环境保护投资指数	%
	政府办公效率	行政支出占财政收入比重	%
		行政人口占总人口比重	%
		贫困人口占总人口比重	%
		福利支出占财政收入比重	%
		国有资产保值增值率	定性、定量
政府公信能力	政府诚信	政府信息的公开程度	定性
		政府信息的可靠程度	定性
		政府信息获取的便捷程度	定性
		政府信息公布的及时程度	定性
		政府行为的监督程度	定性
		政府廉洁程度	定性
	政府守信	政府承诺的违约率	%
		政府行为依法程度	定性
		政策制定的科学性及落实效果	定性
		政策贯彻落实的一致性	定性
		政策的稳定性	定性
		政策的连续性	定性
		法律的社会公正性	定性
		诚信法律法规的完善性	定性
	公正公平	公民参与程度	定性
		政策对公众需求的回应性	定性
		政府赔偿制度完善程度	定性
		政府承诺兑现及时性	定性
		信访制度完善程度	定性
		信访案件处理率	%
		公众安全感	定性、定量
		诚信奖惩机制完善程度	定性

续表

一级指标	二级指标	三级指标	单位 （属性）
政府公信 能力	政府民主化 程度	政策过程公众参与程度	定性
		政策制定专家咨询制度	定性
		政府公报制度	定性
		政府信息查询和咨询制度	定性
		信息反馈制度	定性
		政府数据收录客观性	定性
		政府信息公开程度	定性
		政府政策及信息公开及时性	定性
		政府行为受监督程度	定性
		行政问责制度完善程度	定性
		政府赔偿制度完善程度	定性
		公众诉求表达机制完善程度	定性
	公众满意度	公众对政府政策的满意度	％
		公众对政府信息公开的满意度	％
		公众对公共服务满意度	％
		公众对发展与民生改善的满意度	％
		居民幸福指数	％

3. 再谈判机制优化中政府承诺能力指标体系的说明

（1）权重确定方法。指标权重的设定直接影响到最终的评估结果，因此应该采用科学的评估方法确定权重。目前常用的权重设定方法有两种：一种是主观赋权法，另一种是客观赋权法。主观赋权法主要是在专家打分法的基础上采用综合模糊分析法进行得分排序赋权，客观赋权法主要是采用熵权法进行客观赋权。在学术界一般会将两种方法结合使用。但由于本书中评估指标体系大多是定性变量，而熵权法往往更加适合连续数据的赋权，因此，本书采用基于专家打分法的模糊综合评价技术进行指标赋权。

（2）指数计算方法。本书设计的一级指标有 4 个，分别是经济发展能力、社会发展能力、公共管理和服务能力以及政府公信能力。4 个一级指标下设计了17 个二级指标和 107 个三级指标，指标体系较为丰富，覆盖面较广，基本可以作为政府承诺能力指数的指代性指标。在全部指标体系中，定性指标主要根据专家打分的意见进行相对重要性排序，定量指标则需要先进行无量纲化处理来保证数据的可比性。在进行定量数据无量纲化处理时，需要将定量指标分为正指标、负指标和区间指标，正指标越大越好，负指标越小越好，区间指标只有落在某个区间内才符合要求，因此需要设定每一个区间指标合理区域的上限值和下限值。如果指标落在合理区域则说明该指标较好；反之，则说明该指标降低所评估政府的承诺能力较弱。本书在设计这些定量指标的上限、下限时主要参考了我国小康社会的目标值以及相关发展中国家的平均值。

对正指标无量纲化处理如式（7-1）所示：

$$y_{ij} = \frac{X_{ij} - \min(X_{1j}, \cdots, X_{mj})}{\max(X_{1j}, \cdots, X_{mj}) - \min(X_{1j}, \cdots, X_{mj})} \tag{7-1}$$

对负指标无量纲化处理如式（7-2）所示：

$$y_{ij} = \frac{\max(X_{1j}, \cdots, X_{mj}) - X_{ij}}{\max(X_{1j}, \cdots, X_{mj}) - \min(X_{1j}, \cdots, X_{mj})} \tag{7-2}$$

对于适度指标，设 $[L_{1j}, L_{2j}]$ 为适度指标的理想取值区间，处理如下：

当 $X_{ij} \leqslant L_{1j}$ 时：

$$y_{ij} = \frac{L_{1j} - X_{ij}}{\max[L_{1j} - \min(X_{1j}, \cdots, X_{mj}), \max(X_{1j}, \cdots, X_{mj}) - L_{2j}]} \tag{7-3}$$

当 $L_{1j} \leqslant X_{ij} \leqslant L_{2j}$ 时，$y_{ij} = 1$。

当 $X_{ij} \geqslant L_{2j}$ 时：

$$y_{ij} = 1 - \frac{X_{ij} - L_{2j}}{\max[L_{1j} - \min(X_{1j}, \cdots, X_{mj}), \max(X_{1j}, \cdots, X_{mj}) - L_{2j}]} \tag{7-4}$$

经过无量纲化处理后，数据 y_{ij} 取值范围为 $[0, 1]$，y_{ij} 的数值越大说明该指标与总体平均值差异越大，越能反映数据自身的特性。

（3）基础数据来源。政府承诺能力指标体系数据主要是各省（市、区）的相关经济数据，这些数据主要来源于历年各省（区、市）统计年鉴、《中国教育统计年鉴》等。定性数据的相对重要性排序主要来自于专家打分情况。

4. 再谈判机制优化中政府承诺能力指标体系部分指标的说明

（1）一级指标"经济发展能力"中需要说明的指标如下：战略性新兴产业产值占 GDP 比重指的是评估地区当年战略性新兴产业产值和该地区当年 GDP 的比重；战略性新兴产业投资占全社会固定资产投资比重指的是被评估区域战略性新兴产业净投资总量和该地区固定资产净投资的比重；财政自给率指的是地方财政一般预算内收入与地方财政一般预算内支出的比值；财政支出增长弹性

指的是财政支出增长率和 GDP 增长率的比值，反映了某地区财政支出增长速度和该地区 GDP 增长速度的差异；全社会劳动生产率指一定时期内全社会劳动者（从业人员）的劳动效率，以某个被观测地区工农业总产值（国民生产总值）或国民收入作分子，用全部劳动消耗作分母计算出来的一种劳动生产率。具体表现为物质生产部门或整个国民经济中平均每个劳动者所创造的产值（或国民生产总额）或国民收入的份额；地区经济发展差异系数指各地区经济发展水平（人均国内生产总值）的差异系数，是某一被观测地区人均 GDP 和所有被观测地区平均人均 GDP 的差异平方和。

（2）一级指标"社会发展能力"中需要说明的指标如下：城乡居民家庭恩格尔系数指居民用于食品消费的支出占现金消费支出（城镇）或消费支出（农村）的比重，食品支出是指居民用于主食、副食、其他食品以及在外饮食的支出总和；人均住房使用面积指城镇人均住房使用面积和农村人均住房面积的加权平均；每万人拥有公共汽（电）车辆数指报告期末每万人平均拥有的公共交通车辆的标准运营车数（标台），标准运营车数即为不同类型的运营车辆按统一的标准当量折合成的运营车数；人均基本公共服务支出是指建立在一定社会共识之上，由政府根据经济社会发展阶段和总体水平来提供、旨在保障个人生存权和发展权所需要的最基础的公共服务，该指标等于某被评估地区某年度公共服务支出总数除以该地区人口总数；基本社会保险覆盖率指已参加基本养老保险和基本医疗保险人口占政策规定应参加人口的比重；工业"三废"处理达标率指工业废水排放达标率、工业废气排放达标率、工业固体综合利用率的算术平均；环境质量指数主要来源于中华人民共和国环境保护部数据中心，主要参考其发布的大气环境质量数据、水环境质量数据，将这两项区域数据加总作为被评估地区的环境质量指数；R&D 经费支出占 GDP 比重指一定时期（通常为一年）科学研究与试验发展（R&D）经费支出占同期 GDP 的比重。

（3）一级指标"公共管理和服务能力"中需要重点说明的指标如下：在公共管理能力方面，政府机构设置的合理性指的是政府在机构设置中是否遵循了职能优先、职权一致、完整统一、精简与效能并重、管理幅度和层次相适应的基本原则，在数据采集中主要通过计算某地区某年度政府部门员工数和政府部门科室数的比值经过算术平均后确定，然后再考虑专家意见对该指标设置上限值，如果不超过该上限值，即认为该指标合理。公务员整体素质指的是公务员体系是否具有较高的整体素质水平，本书使用该地区某年度公务员中研究生学历比是否超过全国同一级别城市的平均数来确定，如果大于全国平均数，则认为该项指标较好。市场信用环境指的是某地区某年度市场上整体的信用风险水平。在具体研究中使用银行信贷部门贷款违约率和民事侵权案件发生率的和作为该指标的指代指标，该指标越高，说明市场信用环境越差。对市场失信的惩罚力度指的是政府对各主体违背市场契约的惩罚力度。政府处理突发危机事件能力及行政执法公正性指的是政府在处理公共事务时面临突发冲击时的政策合适度，主要用某年度某地区上访频率来指代。社会安全指数指的是社会的整体安全程度，本书使用如下公式计算：社会安全指数=(基期每万人刑事犯罪率/报告期每万人刑事犯罪率)×40+(基期每百万人交通事故死亡率/报告期每百万人交通事故死亡率)×30+(基期每百万人火灾事故死亡率/报告期每百万人火灾事故死亡率)×30。社会保障制度建设指的是社保体系的完善程度，本书主要通过大病险医保赔付比率来指代。

在公共服务能力方面，教育经费投入、科技经费投入、基础设施建设经费投入主要来源于某年度某地区《教育统计年鉴》和《中国统计年鉴》。国民社会保障水平指的是某地区整体的社会保障发展水平，本书用某地区某年度"三险一金"的实际支付金额增长率来指代。人均科教文卫体投入水平指的是某年度某地区科教文卫总体投入除以当年该地区总人口数。人均基础设施占有量指的是某年度某地区基础设施保有量除以该地区当年度总人口数。居民基本公共服务水平指的是某年度某地区政府公共服务总支出和当年该地区总人口的比值。住房保障水平是一个定性概念，本书使用人均住房面积指代。环境保护投资指数指的是某年度某地区环保总投资占GDP的百分比。

在政府办公效率方面，行政支出占财政收入比重、行政人口占总人口比重、贫困人口占总人口比重、福利支出占财政收入比重的数据主要来自《中国财政年鉴》和《中国统计年鉴》。国有资产保值增值率指的是某地区某年度国有企业期末净资产和期初净资产的比值。

（4）一级指标"政府公信能力"中需要重点说明的指标如下：在政府诚信方面，政府信息的公开程度、政府信息的可靠程度、政府信息获取的便捷程度和政府信息公布的及时程度主要指的是政府信息的公开传递效率，可以分别采用政府网站信息的完整性、政府信息的完善程度、政府信息网络获取的便利程度以及滞后时间指代，具体研究中主要围绕政府信息公开平台进行综合打分。政府行为的监督程度主要指的是各种监督机制的健全程度，本书使用近三年处级以上干部被调查的发生率指代，相关信息通过网络公开信息收集；政府廉洁程度指的是政府公务员整体的廉洁性，本研究使用某地区政府官员近三年因为经济问题被调查的发生率进行指代。

在政府守信方面，政府承诺的违约率主要使用某地区某年度因为政府违约导致民事纠纷案件的发生率来指代。政府行为依法程度、政策制定的科学性及落实效果、政策贯彻落实的一致性、政策的稳定性、政策的连续性、法律的社会公正性和诚信法律法规的完善性这些指标主要依靠专家对某地区某年度的整体判断。

在公正公平方面，公民参与程度指的是公民在政府公共决策中的整体参与度，主要用社情民意调查中心电话接听率作为指标。政府承诺兑现及时性指的是政府对已有承诺的兑现是否及时，本书认为，该承诺在一年内兑现视同满足及时性要求。信访案件处理率指的是某地区某年度政府对信访案件处理的百分比。政策对公众需求的回应性、政府赔偿制度完善程度、信访制度完善程度、信访案件处理率和诚信奖惩机制完善程度没有具体的指代性指标，主要依靠打分专家的职业判断进行相对重要性评价。

在政府民主化程度方面，政策过程公众参与程度指的是政府是否有条件允许公众参与政策决策过程，是否设置有效的途径争取民众意见；政府政策制定专家咨询制度、政府公报制度、政府信息查询和咨询制度、信息反馈制度主要观测政府是否设置了对应的制度，如果设置了则认为政府整体民主化程度较高。政府数据收录客观性、政府信息公开程度、政府政策及信息公开及时性主要考查政府对相关行政信息的公开程度。政府行为受监督程度、行政问责制度完善程度、政府赔偿制度完善程度、公众诉求表达机制完善程度主要考查政府在行政过程中是否受到了有效的约束，是否真正遵从了民众的意愿。这些定性指标通过打分专家进行重要性排序确定。

在公众满意度方面，公众对政府政策的满意度和公众对政府信息公开的满意度主要考查政府在行政过程中的整体行政服务质量，公众对公共服务满意度、公众对发展与民生改善的满意度是民众切实感受到的政府行为的效果。居民幸福指数包含政治自由、经济机会、社会机会、安全保障、文化价值观、环境保护六类构成要素，组成我国的国民幸福核算指标体系，主要参考中国城市竞争力研究会发布的历年城市幸福指数。

第五节　基础设施产业再谈判优化中政府承诺能力指数运用

一、基于模糊综合评价法的政府承诺能力指数评价方法

进行综合评价指数研究的方法较多，如模糊综合评价法、主成分分析法、灰色关联度法、数据包络分析法等。但一般而言，在应用定性与定量指标相结

合的指标体系进行综合评价指数的研究时，使用最普遍的还是模糊综合评价法。本书尝试运用模糊综合评价法，通过构建的基础设施产业特许经营政府承诺能力指数指标体系对 J 省 N 市政府承诺能力进行评价。

1. 模糊综合评价法概述

模糊综合评价法是针对模糊环境下，充分衡量多方面因素的具体影响，为实现某个目标针对特定事件进行全面决策的方式。例如，通过模糊评价法对融资方面存在的风险进行评估大致表现为四个流程：第一步明确每个风险指标权重；第二步创建科学合理的指标机制的评估矩阵；第三步推算评估变量；第四步推算总体评估值，明确风险等级。

2. 模糊综合评价法的评价流程

（1）明确每个指标权重。因为在考核机制中选定的各个指标重要程度以及典型性均存在一定差异，所以必须要明确其权重，由此才可以准确进行考核。详细方法如下：

第一，创建两两对比评估矩阵。若创建的矩阵用 $A = (a_{ij}) n \times n$ 进行表示，其中，a_{ij} 代表的是 i 以及 j 进行重要性对比之后形成的值，若是 i 跟 j 相比，i 更为重要的情况下，则详细确定数值可以运用表 7-4 的方法。

表 7-4 两两比较重要程度取值表

相对重要程度取值	含义
1	两两对比，重要性相同
3	两两对比，前者稍微重要
5	两两对比，前者明显重要
7	两两对比，前者强烈重要
9	两两对比，前者极端重要
2，4，6，8	上述相邻判断的中间值

与之相反，若是 i 跟 j 相比，在 j 更为重要的情况下，第一步便是按照以上方式明确 a_{ji} 所得的值，下一步便是按照公式 $R_{nk} \times a_{ji} = 1$，通过计算得出 a_{ji} 的值。

第二，通过推算得出评估矩阵最大特征根 λ_m 以及与之对应的向量 σ，在这之中 σ 如式（7-5）所示。

$$\sigma = (\sigma_1, \sigma_2, \cdots, \sigma_n)^T, \ \sigma_i > 0 \tag{7-5}$$

第三，把所有特征向量进行归一，也就是得出所有指标的权重值。若用 W

表示权重向量，则存在 $W=(w_1, w_2, \cdots, w_n)^T$，可以得出，$w_i = \dfrac{\sigma_i}{\sum\limits_{i=1}^{n} \sigma_i}$　$\sum\limits_{i=1}^{n} w_i = 1$。

第四，对一致性做出验证，验证权重之间的相容性。通过计算一致性如式（7-6）所示。

$$CI=(\lambda m-n)/(n-1) \tag{7-6}$$

当 $CI<0.1$ 时，即表示该矩阵存在显著一致性；相反，若 $CI>0.1$ 的情况出现，则表示该矩阵并不存在一致性。

（2）建立评语集，构建指标体系的评判矩阵。如风险集合可以用（严重，一般，轻微，无）进行表示。按照这一集合内的各个要素，将所有指标范围进行区分，明确表现为四个区间，充分融合样本点与之对应的值，推算出其在不同区间内的频率，由此明确其在这一集合内的具体权重，同时获取这一指标评估向量。假设存在 k 个集合以及 n 个指标，则能够形成 R_{nk} 阶矩阵。

（3）计算综合评判向量。$E=W×R=(e_1, e_2, \cdots, e_k)$ 为对所有指标权重值以及指标值进行综合之后体现的评估结论。

（4）根据评语集中各元素对应的区间及其中位数确定评判等级量化集，计算最终综合评值，确定评价等级。

二、基于模糊综合评价法的J省N市政府承诺能力评价

本书尝试通过构建的基础设施产业特许经营政府承诺能力指数指标体系对J省N市政府承诺能力进行评价，因为上述指标是定性与定量指标的结合，主观随意性较强，而且科学性和公信力还有待进一步完善，因此本书作为评估主体对J省N市政府承诺能力进行评价，主要是对评价方法和思路进行探索。

1. 确定评价指标权重

（1）构造两两比较判断矩阵。本书思路：首先结合4个一级指标即经济发展能力、社会发展能力、公共管理和服务能力及政府公信能力进行指标权重测算，在此基础上，再次对一级指标体系内二级指标权重进行测度，最后对各二级指标内三级指标权重进行测度。本书首先对经济发展能力（X1）、社会发展能力（X2）、公共管理和服务能力（X3）、政府公信能力（X4）这四个一级指标进行分析，并通过两两对比的方式来创建相应矩阵。因为所有指标的评估值以及取得的结果存在紧密联系，本书通过运用德尔菲法进行研究，凭借个人经验进行分析以及评估，对上述四个一级评价指标相对重要性进行排序，具体矩阵 A

如表 7-5 所示。根据上述两两对比矩阵不难发现，结合本书的具体评估，在以上四个一级评价指标内，经济发展能力（X1）=社会发展能力（X2）=公共管理和服务能力（X3）=政府公信能力（X4），即四个一级指标重要性一致，见表 7-5。

表 7-5 两两比较判断矩阵 A 数据一览表

	X1	X2	X3	X4
X1	1	1	1	1
X2	1	1	1	1
X3	1	1	1	1
X4	1	1	1	1

（2）由两两比较判断矩阵 A 计算 A 的最大特征根 λ_m 和对应的特征向量 σ。$A\sigma = \lambda_m^{\sigma}$，其中，$\sigma = (\sigma_1, \sigma_2, \cdots, \sigma_n)^T, \sigma_i > 0$，具体计算如下，解方程组如式（7-7）所示。

$$\begin{cases} (a_{11}-\lambda_m)\sigma_1 + \cdots + a_{1n} \times \sigma_n = 0 \\ \sigma_{21}\sigma_1 + (a_{22}-\lambda_m) \times \sigma_2 + \cdots + a_{2n} \times \sigma_n = 0 \\ \cdots\cdots \\ a_{n1} \times \sigma_1 + \cdots + (a_{nn}-\lambda_m) \times \sigma_n = 0 \end{cases} \quad (7-7)$$

通过运用 MATLAB 软件进行计算，能够取得 A 的最大特征根 λ_m 以及与之对应的特征向量 σ，详细数据如下所示：$\lambda_m = 4$，与 λ_m 对应的 σ 是：

$\sigma = (0.250, 0.250, 0.250, 0.250)^T$

（3）对 σ 进行归一处理，就能够计算得出 n 个指标具体权重值：

$$W = (w_1, w_2, \cdots, w_n)^T$$

其中，$w_i = \dfrac{\sigma_i}{\sum\limits_{i=1}^{n} \sigma_i} \quad \sum\limits_{i=1}^{n} w_i = 1$。

运用上述方式计算即能够得到针对四个一级指标的矩阵，用 W 进行表示，具体如式（7-8）所示。

$$W = (0.250, 0.250, 0.250, 0.250) \quad (7-8)$$

（4）判断各因素权重的相容性，进行一致性检验。对一致性进行验证主要是计算 $CR = CI/RI$，在这之中 CI 是进行一致性验证的指数，可以用公式 $CI = (\lambda_m - n)/(n-1)$ 表示，RI 则用来表示随机性指数，具体数值需要借助表格的方式获取。具体取值见表7-6：

表7-6　多阶比较矩阵 *RI* 的值

阶数	2	3	4	5	6	7	8	…
RI	0.00	0.52	0.89	1.12	1.26	1.36	1.41	…

若出现 *CI*<0.1 的情况下，能够确定这一矩阵存在较显著的一致性。若出现 *CI*>0.1 的情况下，则表示这一矩阵不存在一致性，必须要进行优化调整。

按照以上理论，同理可得 $CI=(4-4)/(4-1)=0<0.1$，所以，这一结果显示存在较显著的一致性，也说明矩阵 *A* 通过验证。

2. 运用模糊综合评价法对 J 省 N 市政府承诺能力结果进行量化

（1）确定各指标政府承诺能力评语。设有两个有限区域：

$$U=\{X_1,X_2,\cdots,X_n\}$$

$$V=\{Y_1,Y_2,\cdots,Y_m\}$$

其中，*U* 用来表示评估的各种因素共同构成的集合，也就是政府承诺能力指标构成的集合，在这里将其看作因素集；*V* 为多种评价构成的集合，称为评语集。本书 $m=4$，承诺能力评语集：*V*={承诺能力优异，承诺能力良好，承诺能力一般，承诺能力差}。

因素 *U* 按其所属的指标级别层次分成 *S* 个子因素：$U_1,U_2,\cdots,U_S$，其中，$U_i=\{X_{i1},X_{i2},\cdots,X_{im}\}$，$i=1,2,\cdots,S$，且满足：$D_i=E\times C^T$ 和 $U_1\cup U_2\cup\cdots U_S=U$，并且对任意 $i\neq j$，$U_i\cap U_j=\phi$。本书中，结合综合评价因素集合 *U*，以上述四项一级评价指标体系作为因素集合，分别为：经济发展能力（X1）、社会发展能力（X2）、公共管理和服务能力（X3）、政府公信能力（X4）。本书以这 4 个一级评价指标为代表评价 J 省 N 市政府承诺能力指数水平。

因为针对 J 省 N 市政府承诺能力评估指标均能够获取准确的边界值，因此对其评估能够通过功效系数法进行，具体公式表现如下：

$$Y_i=\frac{X_i-X_i^{(s)}}{X_i^{(h)}-X_i^{(s)}}\times 40+60\ （正向指标）\quad 或\quad Y_i=100-\frac{X_i-X_i^{(s)}}{X_i^{(h)}-X_i^{(s)}}\times 40\ （负向指标）$$

其中，用 X_i 来代表统计指标观测值，用 Y_i 来代表与之对应的功效系数。由此可知，$X_i^{(s)}$ 所代表的便是 *i* 的不容许值，与之对应的 $X_i^{(h)}$ 用来代表 *i* 的满意值。对其状态进行评估则能够通过 $X_i^{(h)}$ 值来进行：

Y_i<59，政府承诺能力差；

60<Y_i<79，政府承诺能力一般；

80<Y_i<90，政府承诺能力良好；

90<Y_i<100，政府承诺能力优异。

为进一步划分和识别上述四项评价指标的状况，就 J 省 N 市政府承诺能力评价指标水平区间情况进行划分，各项指标满分 100，获得表 7-7。

表 7-7　J 省 N 市政府承诺能力指标水平区间划分状况

评价指标	差	一般	良好	优异	反映评价状况
X1	小于 59	60~79	80~90	大于 90	同向指标
X2	小于 59	60~79	80~90	大于 90	同向指标
X3	小于 59	60~79	80~90	大于 90	同向指标
X4	小于 59	60~79	80~90	大于 90	同向指标

（2）结合评价因素集 U 进行各指标评价。对因素集 U 根据四个一级考核指标进行评估，同时运用相应方法做出信息处理，由此可得关于 U 的单因素矩阵，这里用 R 来表示，假定其集合是 $V=\{Y_1, Y_2, \cdots, Y_m\}$。因此，U 内的所有因素也就是 V 的权重分配，可以表示成 $W=(w_1, w_2, \cdots, w_m)$，则得到评判向量矩阵 E 为式（7-9）：

$$E = W \times R = (e_1, e_2, \cdots, e_m) \tag{7-9}$$

根据本书中四项政府承诺能力评价指标，以此对 J 省 N 市政府承诺能力进行水平评估，按照四项评价指标给出评价，结果如表 7-8 所示。

表 7-8　J 省 N 市政府承诺能力评估综合评价得分

评价对象	政府承诺能力评价指标	差	一般	良好	优异
政府承诺能力评价	经济发展能力	0.2	0.7	0.1	0
	社会发展能力	0.2	0.6	0.2	0
	公共管理和服务能力	0	0.5	0.5	0
	政府公信能力	0.2	0.8	0	0

由表 7-8 中 J 省 N 市政府承诺能力评估综合评价得分，得因素评判矩阵 R。根据因素评价矩阵 R，结合上述计算的四项政府承诺能力评价指标权重矩阵 W，如式（7-10）所示。

$$W = (0.250, 0.250, 0.250, 0.250) \tag{7-10}$$

由此可知，评估向量矩阵 E 可以表示成：$E=W\times R=(0.230,0.270,0.250,0.250)$。

（3）对 J 省 N 市政府承诺能力进行总体评价。把所有评估向量进行量化表示，由此便能够得到关于政府承诺能力情况考核的详细数据，同样也能够运用各个阶段的状态做出对比研究，由此来形成最终结论。假定量化集合与之对应的区间以及中位数详细数值，见表7-9。

表7-9　J 省 N 市政府承诺能力状态评判等级量化集

评判等级	优异	良好	一般	差
区间	90~100	80~89	60~79	低于60
中位数	95	85	70	30

那么中位数向量用 C 表示，则能够得出 $C=(95,85,70,30)$，则 $D_t=E\times C^T$，也就是所得到的综合评估值。

针对 J 省 N 市而言，通过一级指标评价的政府承诺能力最终综合见式（7-11）：

$$D=E\times C^T=0.230\times95+0.270\times85+0.250\times70+0.250\times30=69.8 \qquad (7-11)$$

由此可判断出 J 省 N 市政府承诺能力水平，结论为承诺能力水平一般偏低，当然这也符合 J 省 N 市的区域属性及经济社会发展水平。按照上述流程，同样可以根据二级评价指标、三级评价指标对 J 省 N 市政府承诺能力进行综合评价，也可以根据二级或三级评价指标体系评价 J 省 N 市政府承诺能力的某一方面。当然，因为在设计指标及收集信息的过程中存在差异，同时评估人员在认知方面也存在一定不同，导致得出的结果也许跟现实状况存在一定偏离，然而以上研究体系运用定量以及定性相互融合的方式，为全面、正确认知以及评估政府承诺能力提供了一种可操作及可验证思路和方法，后续研究可以此为基础进一步开展。

三、关于政府承诺能力指数指标及应用的评价

政府承诺能力指数是研究基础设施产业特许经营合约中再谈判问题的关键点，如何有效设计出切实可行的指标体系，并对应地获得可量化的指标工具变量是本书中的重大难题。已有研究中大多局限在简单的定性指标设计，对如何将定性指标体系定量化问题几乎没有深入研究，并且现有的指标体系不够完善，未能覆盖政府承诺能力问题的所有环节。本章通过经济发展能力、社会发展能力、公共管理和服务能力、政府公信能力 4 个一级指标展开指标设计，并设计

出 17 个二级指标和 107 个三级指标构建完成了政府承诺能力指标体系，是对该问题研究的重大推进。

值得指出的是，这一评价指标体系依然存在诸多不足，主要表现如下：第一，指标体系虽然比较完备，但其中定性指标较多，并且有一部分指标还没有较好的定量性工具指标对其进行指代，使这些指标的判断主要依赖专家打分过程，从而使评价结果过于依赖人为的主观判断。第二，这些指标体系尚未构建动态化的修正机制。随着经济发展的变化，影响政府承诺能力的关键因素会发生较大的变化，那么该指标体系也应该动态地调整，但是目前该指标体系并未设置动态调整机制。第三，本书尚需进一步深入研究。由于数据限制较大，本书并未对全国各主要省份（城市）进行政府承诺能力评价和排名，仅仅提供了一个评价排名的框架，并进行了案例分析，但是这些研究尚显肤浅，需要进一步深入。

为了进一步推进政府承诺能力指数问题研究，本书拟在后续研究中进行如下拓展：

第一，进一步加强评价指标选取的科学性。评价指标的选取不仅要代表性较强、灵敏度高，还需要反映不同年份、不同时期、不同区域政府的承诺能力差异及造成这些差异的影响因素。另外，评价指标的定量化程度越高，指标的科学性会越强。因此，未来研究中会进一步加强评价指标选取的科学性，提高评价指标体系的辨识度。

第二，进一步提高打分专家的专业化水平。本书相关打分专家局限在笔者及其熟识的省内专家，并没有广泛地向其他国内知名专家征求意见，也没有构建政府承诺能力指数研究专家库。后续研究中，拟进一步提高打分专家的整体专业化水平，并在条件允许的情况下构建我国政府承诺能力指数专家库。

第三，进一步加强评价结果动态化机制建设。政府承诺能力指数的研究具有长时期、高难度、大数据和专业化的特征，为此，该评价过程和评价结果应该构建动态化的指标体系和报告机制，拟在后续研究中深入加强指数动态化建设。

第四，争取构建中国政府承诺能力评价平台，定期发布各省、市、县的政府承诺能力排名报告。课题研究的终极目的是构建我国首例政府承诺能力评价网络平台，并定期发布相关指数报告，打造我国政府承诺能力评价智库。

综上所述，由于受到较大的数据限制，无论是指标设计、专家打分还是案例应用和指数测算，尚存在着一定的不足。但是笔者相信，随着我国信息化进程和大数据时代的进一步深入，不久的将来，我国政府承诺能力指数的动态平台和智库建设一定会有新的进展。

第八章 基础设施产业特许经营合约政府承诺的综合治理对策

基础设施产业特许经营合约中的政府承诺问题的治理，实际上也是一个规制政策的设计问题。机制设计理论同样也用在规制政策的设计中。但是分析表明，这种应用有一定的局限性。因此，综合治理基础设施产业特许经营合约中的政府承诺问题，需要从三个方面入手：一是制定提升基础设施产业特许经营合约完备性的规制政策，二是确立应对基础设施产业特许经营合约非完备性的再谈判机制，三是形成治理基础设施产业特许经营合约中政府承诺问题的长效机制。

第一节 规制政策设计中机制设计理论的局限性

规制经济学中引入机制设计理论是在 20 世纪 80 年代。

传统规制理论在最初的理论时期通常蕴含相对较强的假设前提，一是规制者通常秉承公正性以及仁慈性原则，其所期望的是广大民众福利最大化的实现；二是信息为完全的，不存在信息不对称，也就是规制者能够掌握任何被规制公司的所有相关信息，并可以根据这些信息做出理性的计算。施蒂格勒开创的并由佩尔兹曼完善的规制经济理论，则是通过对第一个前提假设的放松而发展起来的，它强调规制者并不总是追求公共福利的，而是追求选票多数的最大化或政治支持的最大化，规制部门在很大程度上会受到被规制行业的约束以及限制，甚至规制有很大概率直接变为被规制者创造利润的一项措施。由拉丰和蒂诺尔开创的新规制经济学，与上述理论的信息完全假定不断扩展密不可分，并不单纯局限在规制基本理论这一问题上；相反，其在明确信息不对称前提下，运用添加激励的方式予以研究，它采用委托—代理理论的分析框架，沿袭机制设计的理论传统，对规制双方的信息结构、目标限制以及可供选择工具做出全面研究，并基于这一前提下，研究参与双方的行为活动以及最佳权衡，进而描述最优规制机制的特征，为政府在现实条件下设计最优规制政策提供理论指导和可行工具。

经济机制就是把信息从一个经济单位传递到另一个经济单位。它所要考虑的问题是尽量简化信息传递过程中的复杂性。在规制情形中，作为委托人的规制者设计机制的目的是最大化自己的期望效用函数。由于信息不对称，作为代理人的被规制企业或产业的支付函数只有代理人自己知道，规制者当然也可以直接要求被规制企业报告自己的类型，如是低成本的还是高成本的，但作为代理人的被规制企业可能不会说真话，除非规制者能提供给代理人足够的激励，如货币补贴或非货币补贴，但提供激励本身也是有成本的。而且委托人设计机制时还面临两个约束：一个是参与约束或个人理性约束，另一个是激励相容约束。

激励规制的开发，从本质而言，即存在信息不对称情况下的最佳管控。

把规制当作机制设计问题，并对这一分析框架做出贡献的是 Leob 和 Magat（1979）在《法和经济学杂志》上发表的题为《公用事业规制中的分散化模型》的论文，他们考察了把全部消费者剩余留给企业的最优定价决策。Baron 和 Myerson（1982）在《计量经济学杂志》发表的一篇题为《成本未知情况下对垄断者的规制》论文中，把针对公司转移支付的税收成本纳入衡量范围，研究出现逆向选择的具体情况。国外学者 Sappington（1982）在《贝尔经济学杂志》发表的题为《不完全信息下研发的最优规制》论文中，进一步优化了该体系，全面衡量规制协议情况下信息不全面状况以及协议签署后公司行为监管。拉丰和蒂诺尔（2001，2004）等的文献中，L-M 机制的这种补贴变成了信息租金，他们通过设计一个激励合约菜单，也就是价格上限合同和成本加成合同，使企业自己选择合同类型，从而披露出企业的类型，其中，低成本类型的企业选择价格上限合同，高成本类型的企业选择成本加成合同。

新规制经济学对规制的动态问题、对规制的传统理论等都提供了许多洞见，但我们在这里并不是全面评价新规制经济学，而是就把机制设计理论应用到规制政策的设计中可能出现的局限性作一个简单的评论。

一、规制者与被规制企业之间在交流信息时的策略性行为

机制设计理论的起点是，如何才能设计政策来有效处理企业和规制者之间的信息不对称。因为规制者为制定有效的规制政策而需要收集信息，机制设计理论也更像是一个信息收集理论。为了收集信息，Hurwicz（1973）在《美国经济评论》发表的题为《资源配置的机制设计》论文中，提出过这样一个策略问

题：企业知道，信息将会由规制者用于设计一个政策，而这一政策又会影响到企业的利润，这样他们就有激励去假报信息以影响政策内容，更多情况下是高估成本，以获得一个不太苛刻的政策。

一般地，我们可以把企业和规制者之间由于信息不对称所导致的策略性行为表述为：代理人之间的信息交流受制于策略操纵，如果信息释放者和信息接收者所追求的目标不同，接收者的决策影响到释放者的所得。

由于委托人和代理人之间信息交流存在这种策略性行为，又由于规制者制定的规制合约不可能是完备的，所以，任何合约都是不完备的，这样，按照机制设计理论为企业所提供的规制合约菜单，企业的选择不一定真实反映它的成本类型，即使经过严格的数学证明证明企业做出了反映其成本类型的选择，在选择合同时仍然存在着道德风险。

二、在规制情形下，参与约束可能被忽略

机制设计理论告诉我们，如果一个机制满足参与约束，则称其为可行机制；满足激励相容约束的机制，被称为可实施机制；如果一个机制既满足参与约束，也满足激励相容约束，我们则说这个机制是一个可行的可实施机制。

然而，在政府规制情形中，委托人在设计机制（规制合约）时，往往不需要考虑代理人的参与约束或个人理性约束。原因是：一方面，由于规制者（委托人）拥有广泛的权限，例如，运用规制法的行政权限、制定法规的准立法权限、有认可收费等的审查权限、有对违反行为提起诉讼的准司法权限等，因而规制往往被认为是强制的而且是不公平的。不论是波斯纳（Posner，1972），还是维斯库斯（2004）、史普博（1999），都认同规制是一种强制性限制，因而即使被规制的代理人对规制者所设计的规制合约不能接受，他也不能简单地采取回避规制的方针。按照传统的规制理论，由于规制者拥有这种强制性权力：补贴、控制进入、控制替代品和互补品的生产、价格控制，规制还会成为企业所追求的对象，规制者也容易被企业所俘虏。

另一方面，委托人可能不需要考虑规制合约参与约束的情形，还与被规制产业的特性有关。在自然垄断行业，企业一旦接受了政府的准入规制，或获得了政府的行政许可而进入某一特定的自然垄断行业，它在享受政府的保护、不让其他生产者进入这一行业而可以独占这一市场的同时，也有提供服务的义务，而此时，即使规制者改变收费合约，它也不能退出这一领域。另外，一些自然垄断行业，由于资产的专用性和巨大的沉淀成本，企业在获准进入特定行业后，如果规制者改变收费合约，企业即使想退出也不能轻易退出。

因而，在规制情形中，参与约束甚至是可以忽略不计的。

三、信息交流成本

作为一个信息收集理论的机制设计理论，由于它所暗含的前提假设是零信息交流成本，这一计划的解释力大大削弱了。事实上，机制设计理论要求企业与规制者之间有高效的信息交流和计算，因为机制的使用需要完成下列任务：①规制者设计规制菜单，这一任务的复杂性取决于规制者最初拥有的信息质量；②把菜单传递给企业；③企业评估这一菜单，并将信号发送给规制者；④规制者收集信号；⑤规制者对企业发出的信号进行评估，并计算最终的规制以便实施；⑥实施为某一具体企业定制的规制。这一过程要求规制者和被规制企业之间进行双向的信息交流，在这一框架下，零信息交流成本假设显然是过于大胆的。

Heffron（1983）在《行政规制过程》一书中，证明了美国的规制机构在收集信息和加工信息方面的开支是相当高的，而企业和消费者承担的向规制者提供信息的成本也不低。1976年，联邦政府为处理和加工格式文件所支出的费用超过180亿美元，同年政府下发了近4148种不同的格式文件，而加工格式文件正是规制者收集信息工作的一部分。而公众和私人花在完成联邦政府格式文件上的总成本约1000亿美元。可见，企业和规制者之间的信息交流成本和服从规制机构信息要求的成本都是巨大的，零信息交流成本这一假设显然是不现实的：

第一，机制设计理论的零信息交流成本和庇古税的零行政成本假设一样，都是值得怀疑的。初步看来，机制设计理论是对传统理论的替代，比如说，在环境政策中，似乎提供了一种更复杂的不同于传统排污标准、可交易的排污权和庇古税的政策工具，但事实上，机制设计的革新是与规制菜单和一揽子支付的传统工具相联系的，菜单和一揽子支付发挥了重要作用，促使企业披露真实的减污成本，菜单和一揽子支付弥补了规制者和企业间的信息不对称，作为庇古税和一个复杂版本，由于它暗含的零信息交流成本假设，其解释力将大大减弱。

第二，共同知识是机制设计理论的弱点。机制设计理论过于依赖规制者所不能获得的信息。机制设计总是以这样或那样的方式赋予规制者在发现过程中获得它所不具备的信息，而又总是使它远未达到理论中所假设的信息状态或水平。

第三，规制问题并不完全等同于私人交易。在私人交易中，委托人承担其假设的任何误差的代价，而对于一个要对生活必需品的价格和质量负责的规制者来说，情况完全相反，如果规制者关于代理人（被规制企业）的共同知识假设是错误的，却是消费者（第三方）和被规制企业（代理人）承担后果。因而，把私人委托代理框架下的机制设计问题应用到规制经济学中会产生许多问题。

第二节　提升基础设施产业特许经营合约完备性的规制政策

一、特许经营合约非完备性的表现形式

第一，内容缺乏完善性。内容缺乏完善性通常可以划分为两部分：其一为能够避免的，其二为无法避免的。在这之中能够避免的不完善涵盖协议内容表述不清楚或者存在一些事项没有被重视与存在弄虚作假的情况。在实际操作过程中，绝大部分特许协议内容均存在大量没有被高度重视的事项，最具代表性的便是争议解决体系、协议保证金与政府介入体系等。由于协议参与方在信息方面弄虚作假造成内容缺乏完善性的情况经常出现。政府偶尔会因为迫切地寻求合作方而在公开信息中虚增公共项目的预期收益，以此来引起私营部门的高度重视，私营部门为达到中标的目的同时也会谎报资金情况以及实际运营情况。例如，位于武汉地区的汤逊湖污水治理基础设施建设以失败告终，而位于黑龙江地区的供热系统由于争议导致终止供热等，造成这些实例失败的基本原因便是协议内容缺乏完善性。无法避免的不完善通常均体现为不可预见性，并且也无法进行管控。因为个体并不是完全理性，并且特许经营项目通常存在较高难度以及较为繁杂，要制定相对完善的合约具有非常大的难度。

第二，第三方验证具有较大难度。人人皆知，特许协议往往不能涵盖特许项目实施环节内的全部信息。但是，一部分信息除了不能纳入协议之中，同时也不能被第三方证明。在这之中又涵盖了两项：其一为无法进行观察的信息；其二为能够进行观察但是无法进行证明的信息。第一项主要为在协议签署之后仅仅只有一方可以观察到，由于信息不对称情况的存在导致有很大概率形成道德风险。针对基础设施建设而言，若是民营部门不作为，政府往往很难有所察觉。对于这一现象，政府能够制定相应的激励体系，以此来确保民营部门尽全力经营。而第二项即为协议参与方可以进行察觉，然而要将所获取的信息传达至第三方则存在很大困难，甚至根本不能进行传达，或者进行传达的成本非

常高。

第三，不可预见的事件。在协议签署之前要明确售价、产能和具体协议期限等一系列因素非常困难，并且产生的成本将比较大。由于环境是时刻变化的，商品售价、产能以及质量等方面会受大量因素影响，涵盖经济、生态、科技以及政治等各个方面。例如，生态方面，由于自然灾害的存在有一定概率会导致建筑物崩塌、交通设施遭到破坏或者水电设施等可能会被损坏，由于这一系列因素是不可预知的，同样也不能纳入特许协议。政治方面，例如，政策、法规条例方面的修订或者是达成全新贸易合作等均为不可预见的，同样无法在协议签订之前进行预见。比如政府对电厂的污染物排放要求进行重新规划造成的成本上涨，而政府不再对特许公司的相关产业进行政策规制极有可能导致市场竞争更加激烈。特许协议尽管通常涵盖了针对市场各项改变与之对应的解决方案做的相应规定，然而却不能缓解大范围经济危机的冲击。目前，科技的快速发展，促使产品朝多元化方向发展。然而由于高新科技有一定概率会让特许经营公司的利益受损因此没有被应用。例如，高速公路若采用新型收费系统除了能够有效降低车辆排队时间，还能够让实际操作更为高效，降低综合成本。然而要不要投入应用，基本上由获得特许经营权公司的实际期限以及转移过程中发生的各项成本所决定。

产生合约不完备的主要原因是信息不对称与人的有限理性、合约期限的长期性、基础设施项目本身的特殊性以及政府的承诺能力。

二、特许经营合约非完备的治理路径

尽管特许协议不完备的情况一定会出现，然而依旧可以运用不断完善以及科学回避方式推动公共设施在特许经营领域的长远协调发展。针对特许协议不完备进行治理，主要体现为以下几个方面：

1. 设计合理的特许合约

特许合约从内容方面来说通常涵盖在特许经营各个环节内出现的全部活动。以 BOT 为例子不难发现，其运营环节往往划分成三个阶段：前期准备、合约签订、运营期与收益实现。分别看不同环节的核心内容与协议双方选择的与之对应的行动：前期准备环节，政府往往采取招标的方式挑选出跟其实际需要最相匹配的私营部门。在这个时期，公司实力情况以及成本信息均被明确。协议签署时期，政府以及民营部门针对回报率等一系列协议条款做出理性谈判。如果产出可以被准确预估，那么民营部门实际收入便基本被明确。建设时期，民营部门按照政府执行的激励大小，以此明确自身努力情况。在这个环节内，民营部门基本成本假设不会发生变化，并由先前的成本参数决定。在完工后则正式投入运营，民营部门通过给广大民众提供产品或者服务的方式来获取与之对应的利益。

可以看出，私人企业的实力、努力程度、生产成本、政府对私人企业的激励强度等，都会影响其具体结果。要确保特许经营得以顺利进行，政府以及民营部门必须针对不同阶段均认真贯彻落实，合理选择并确定激励工具与参数。开始阶段，因为信息不完全，人并不属于完全理性，政府设计方案缺乏完善性，导致其所挑选的进行合作的民营部门有一定概率并不是最优的。在合约签订阶段，作为双方协商的结果，企业的固定收入和政府对企业的激励强度（合理回报率）被确定下来。若合理回报率过低，对企业的激励作用不够，导致企业表现为不努力经营。在运营期及收益实现阶段，由于收益分配方式在协议签署的过程中就已经确定，若是出现不科学的情况，则很容易导致双方发生争议。针对公共设施特许经营，其关键为特许合约；而对于特许合约方面而言，其关键为政府设计的激励机制以及收益分配机制。

2. 约束监管部门的行为

从基础设施特许经营的各个环节来看，实质上就是参与双方的博弈，政府以及民营部门互相作用情况下的行为决定。由于特许经营项目的运营期限通常非常长，该博弈通常表现为在不同阶段的重复博弈。正因为如此，参与双方的最终决定往往是无法预见的，只能通过事后的方式进行观察。民营部门能够对政府进行有效观察，确定其在上一个博弈阶段内是否秉承守信原则；政府也可以明确民营部门在上一个博弈阶段内是否全力以赴进行经营。民营部门是否全力以赴进行经营在很大程度上能够决定特许经营项目是否能够产生预期结果，而政府部门是否坚持守信原则在很大程度上会对广大民众收益以及民营部门实际收益造成重大影响。

民营部门能够自主决定要不要对特许经营项目进行投资。仅仅在预期收益比不参与情况下机会成本更高时，民营部门才会做出参与决策。民营部门在参与到特许经营项目内之后，其实际上已经是政府的监管对象了。

民营企业的最终目标往往是实现利润最大化，往往能够进行寻租，自主决定是否全力以赴进行经营。全力以赴进行经营的民营部门通常必须承担更高的成本支出，同时获取更高利益。民营部门同样能够不全力以赴进行经营，由此能够减少成本支出，如并不注重设施维护保养、不再保证产品的高品质以及不采取环保绿色经营方式等。同时，全力以赴进行经营的民营部门往往不会运用寻租的方式，与不全力以赴进行经营的企业相反。特别是，仅仅在政府部门没有秉承守信原则的前提下，私营部门寻租才能够取得收益，不然则会受到严厉处罚。

政府的最终目标往往是实现广大民众利益最大化，同时也可能会出现谋取私利的行为，自主决定是否选择坚持守信原则。政府能够出现政治创租行为。通常秉承守信原则的政府不会出现政治创租行为，当然同样也不允许民营部门出现寻租行为；相反，违背守信原则的政府则会出现政治创租行为。不管民营部门有没有全力以赴进行经营，若是遇到违背守信原则的政府则不可避免地要遭遇利益受损。

显然，要提高私人企业努力经营的概率，就要降低寻租带给它的利益。要提高监管部门诚信监管的概率，就要降低通过政治创租带给它的利益。同时，法律制度应该是最后的保证。

第三节　完善应对合约非完备性的再谈判机制

当基础设施特许经营项目合作出现困境时，一般会启用再谈判作为救济方式。特许经营项目的环境以及政策变化主要涵盖三个方面：一是由于供需情况发生改变造成民营部门利润降低，二是民营部门由于运营不当造成无法实现长远健康发展，三是政策或宏观经济情况发生重大变化等原因造成民营部门利益下降，造成公司不能达到预期收益，由此会由民营部门率先发起再谈判流程。并且针对政府而言，由于政府缺乏较高的专业性，导致政府在协议条款制定过程中存在不当行为，或者由于财政危机导致不能根据协议规定承担大额费用支出，广大民众对民营部门提供的服务以及收费情况均强烈不满，同时政府不能通过协商方式进行解决，则会由政府部门率先发起再谈判流程。

在民营部门要求重新谈判的过程中，如果项目实际运用过程中取得的利益跟协议签订时所预估的利益相比更低的情况下，民营部门通常会要求用提升售价、延期、由财政给予补助以及税收优惠政策等方式来提升自身收益，若是公共部门妥协，则能够快速达成新的协议；相反，则面临终止协议的情况。若是民营部门出现资不抵债的情况，则其同样会申请破产。在政府要求重新谈判的过程中，往往都是因为自身财政情况约束或充分考虑到广大民众的利益。这个时候，政府通常会要求用对合同约定的期限进行调节、回购等方式来维护广大民众的利益或者是缓解财政方面的巨大压力。通常而言，政府要求重新谈判涵盖两个方面的原因：一是由于民营部门存在较大的违约行为，政府必须要重订协议或者是对相关条款进行更改；二是特许经营协议的制定缺乏科学性或是民营部门的服务水平过低造成广大民众不满。若是参与双方能够对调节的内容形成统一意见，那么就可以持续合作；若是政府需要采取回购措施，则必须进行重新谈判，在回购成功后可以再次进行招标，并寻找全新的民营部门进行合作。

一、提高双方对于未来发展的预期，实现基础设施的可持续经营

针对重新谈判一次博弈模型的研究不难发现，参与双方的耐心与是否能够达成合作息息相关，若是双方均非常具有耐心，则通常会高度关注长远协作，对于特许经营项目实现长期健康运营而言更为有利；若是政府不坚持守信原则或者是民营部门存在投机行为的可能性不断下降，也不容易出现再谈判情况，往往双方会达成良好的长远协作。所以，有效提升政府跟民营部门的期望值，能够限制彼此的行为活动，也可以让双方逐渐实现（守信，不发生机会主义行为）的均衡，如此一来，双方均更倾向于长远协作，出现再谈判的情况通常也对特许经营项目的长远健康经营有积极作用。

1. 提高政府对于特许经营的认识和专业水平

现阶段，国内公共项目通过特许经营方式进行运营的实际应用时间不长，跟西方发达国家相比还存在显著劣势，政府针对特许经营项目的了解以及管控模式均相对陈旧。政府往往不具备较强的专业性，对未来预估缺乏准确性，甚至为了完成政绩，通常会因为眼前收益而盲目吸收投资，由此造成一部分公共设施使用率不高，使获得特许经营权的民营部门不能取得可观收益，并根据协议要求实现政府承诺，然而由于财政压力，政府往往只能违约。所以，对于政府而言，必须吸收专业性较强的高素质人才，并且着重提升自身管控能力，以确保基础设施项目的长远稳定发展。

2. 选择优质特许经营企业

获得特许经营权的私营部门是否具备高素质在很大程度上决定其项目能否顺利进行。具有较高素质的私营部门通常更为重视信誉，坚持诚实守信原则，并且也具有较高的耐心，其更愿意凭借长远协作的方式来获取收益，通常不会发生投机行为。所以，能够运用提升准入门槛的措施挑选拥有高素质的民营部门，同时将低素质民营部门有效进行排除，也有利于促进再谈判的顺利进行。挑选之后，还应当对其进行全面认知以及仔细调研，创建合理的考核机制，对

公司的财务、实际运营情况进行了解，同时还应当对其信用评级情况进行了解。全面系统衡量所有指标后，再决定是否签署协议。如此一来便可以有效预防民营部门出现投机行为。

3. 加强政府与特许经营企业的沟通交流

加强沟通与交流为民营企业和政府形成良好协作的重要方式，在互动的过程中有利于信息共享以及及时反馈。良好的沟通机制可以让政府快速地给民营部门传达与政策相关的各类信息。并且，良好的沟通机制还能够及时体现民营部门在生产经营时出现的不足以及面临的困境，让政府能够快速予以协助，避免因为小问题不解决而转变为大问题。交流能够让合作关系更稳固，能够提升信任度，同时也能够有效增强耐心，有利于达成良好协作，并且也能够很大程度地避免政府存在不守信情况以及民营部门出现投机行为。

二、完善特许经营的监管体制，防范企业发生机会主义行为

有效的监管机制能够限制民营部门的投机行为。就如同前文所述一般，当监管越有效时，公司出现投机行为能够获取的收益就不断下降，因此出现投机行为的概率就降低。现阶段，国内缺乏完善的监管机制，主要体现在下述方面：一是由于缺乏有效监管，导致政府以及民营部门有很大概率产生合谋；二是由于监管部门过多，权责不明，造成出现推责的现象时有发生；三是监管措施以及方法均较为陈旧等。所以，对于现阶段我国实际情况而言，创建完善的监管机制尚需要经过较长时间。

1. 建立相对独立的监管机构

监管部门的相对独立性往往涵盖三个方面的内涵：第一，与被监管企业应当处于相对独立的状态；第二，监管部门必须了解自身职责，并与其他部门的职责进行准确划分；第三，必须实现经费独立的目标。这样，才能确保监管机构具有相当的独立性，实现相应的监管权利，实现集中监管，避免多头监管。

第一，政府与公司之间相互分离以及不断优化政府职能为现阶段创建独立监管的核心。明确界定政府在基础设施产业特许经营中的监管职能，避免监管过程中的缺位以及越位。并且，公司以及监管部门之间必须相互独立，不存在任何利益关联。监管人员的主要职责为最大限度地维护广大民众利益，创建竞争有序的市场环境，发挥出高效监督职能。并且还应当对陈旧的管控方式进行改革创新，应当明确，监管主要针对的是市场，而并不是项目本身。

第二，对监管主体进行重新规划是创建高效且具有较强独立性的监管主体的前提。高效监管主体具有非常显著的特征，具体表现为专业性、独立性、公开性以及值得信赖。如果监管主体本身在能力、综合素质以及水平方面存在问题，那么其就丧失了成为独立监管主体的资格。在实际操作过程中，国内政府实际监管水平以及能力均必须要在短时间内快速提升。

第三，确保监管部门的威严为实现高效以及独立性至关重要的保证。必须创建国家层面独立性较强的基础设施监管委员会。而成员则涉及公务管理人员、行业内专业性较强的专家学者（包括财务、法律以及经济等一系列领域），并且地方政府也应当创建相对应的监管委员会，以此来对所在区域内的特许经营项目做出有效监管。委员会必须要区分于民营部门，也区分于各级政府部门，存在相对较强权威性。

2. 组建综合性的监管机构

绝大多数特许经营项目均存在跨部门以及跨行业的特点，比如针对水务方面的特许经营项目而言，往往牵涉国土资源、水务、卫生、建设以及环保等一系列政府机构。现阶段，国内这方面的监管通常都是针对单一行业的，也就是针对交通、水电以及公路等行业创建与之对应的监管部门。要确保高效监管，必须要实现跨部门监管，这才是未来的发展趋势。例如，德国的综合监管方式，创建具有统筹职权的机构并由其进行牵头，强化不同机构间的交流与互动，以此来实现高效监管。现阶段，从我国的实际情况来看，能够将发展改革委作为牵头机构，充分发挥出综合监管作用，待法律等各项机制趋于完善时，再创建专门的综合监管部门。

3. 加强社会监督

单纯通过政府来实现监管目标是绝对不可能的，广大民众是公共设施的实际使用者，可以快速进行信息反馈，同时也能够发挥出监管职责。由广大民众进行监管除了可以有效增强政府公众支持度外，也可以发挥出社会监管的有效性，所以必须不断优化广大民众参与监管的相关机制。首先，创建民众监管委员会。通过地方立法的方式确保广大民众参与其中的合法途径，在这方面做得最出色的是深圳，其通过创建公众监督委员会，主要用途为获取广大民众以及获得特许经营权的民营部门的实际建议，提出立法、监管等建议，代表广大民众对特许经营项目作出监管，这对其他地区具有借鉴价值。其次，创建民营部门申诉机构。为维护政府、私营部门以及广大民众三者间的和谐关系，针对在特许经营过程中发生的争议高效解决，能够参考英国的方式，创建针对获得特许经营权的民营部门的专属申诉渠道，当民营部门对监督决策有异议时，可以提出申诉。再次，通过社会机构等一系列第三方机构实施有效监管。应当通过一系列方式激励不同行业均创建能够实施有效监管的社会机构，如各行各业的相关协会等，以第三方的视角实施高效监管。最后，不断完善听证会机制。建立或完善各项信息公开、共享制度，例如，企业经营信息披露制度、重大事项报告制度、成本公示制度、公共产品与服务质量指标公开制度等。并且应当不断优化申诉制度、咨询以及解决体系，以此保证广大民众能够运用电话、邮件、信访、直接交流以及互联网等一系列措施发表自身看法；不断完善现存的听证会体系，主要针对流程以及人员挑选等方面进行，由此确保听证会可以充分体现广大民众的心声。

三、约束政府行为，减小政府信用风险

通常情况下，在政府不根据特许经营合约中规定的事项来履行自身责任的时候，相关的特许经营企业就会受到一定的影响，其利益可能无法得到维护。由此可知，在这种关系中，政府是处于强势地位的，所以对政府的行为进行科学化、规范化的约束，并增强政府的公信力，能够促进再谈判更好地开展，同时也能够推动基础设施科学化经营水平的提升。具体来说，对政府行为进行科学化约束的措施可以总结为以下几个方面：

1. 有效运用行政特权

政府具有单方解除特许经营合约的权力，能够根据相关的情况决定是否应当解除合约。如果无法对政府该方面的权力进行科学的规范，政府不恰当地行使单方解除权，容易导致特许经营企业受到相应的不利影响，不利于相关企业利益的维护，也就不利于私人资本投资有效性的发挥。所以政府在运用这方面特殊权力时，应当遵守下面几个原则：比例原则（如果在运用该特权的时候，会对相关特许经营企业造成不好的影响，那么要尽量采取方案降低其影响）、合法性原则、信赖保护原则（针对特许经营企业的不变性信赖进行科学的保护，不应当随意对该方面的因素进行变更）、公众参与原则。

2. 完善相关法律制度

当前，我国该方面的法律规范相对是比较少的，很多涉及该方面的法律规范都在各个不同的法律规范中分散性体现，没有一个切实可行的具体规范。虽然少部分城市建立了该方面的条例，但是条例的科学性还存在质疑，并且没有

较强的可操作性。因此，政府应当建立规范化、专门化的特许经营法规，对特许经营所涉及的内容进行全面化、系统化的规范，使特许经营活动能够有严格的法律依据做参考。在立法的同时，应当将诚信作为基础，将政府也涵盖到立法中。在出台规范之前，应首先建立政府承诺的论证制度和政府承诺的公开制度，使政府能够受到大众的监督，对其权力进行明确的规定，促进政府能够发挥有效的作用，推动特许经营企业快速可持续发展。还要根据具体情况建立责任追究制度和司法审查制度，以便更好地对政府行为进行约束（陈富良，2014）。

3. 做好失信惩罚机制的制定

政府失信对特许经营企业会造成严重的影响，很多时候，出于对自身利益的考虑，政府会做出某些不恰当的举措，这就不利于特许经营企业更好地发展。因此，建立失信惩罚机制是十分重要的。通过该制度的建立，能够对政府的行为进行良好的约束，提升失信成本，并且能够对失信的责任进行细化落实和分析，使失信成本高于通过失信所获取的个人利益，这样才能更好地避免失信行为的发生。在具体的实践中，要确保责任能够落实到具体的某个人，并依据具体的人员来决定由哪种国家机构来管辖。要确保每一个国家机构都能够在条理清晰的规范下开展工作，避免职责重叠或者职责混乱。并且，还可以针对那些发生过失信行为的人员进行有效的打击，降低其晋升的机会。在进行晋升或者优秀人员评选的时候，应当做好信誉考核，能够通过媒体将信誉低的人员公布出来，以便更好地对失信行为进行惩罚。

4. 做好慎重承诺

特许经营再谈判合约之所以比较复杂，主要是因为在很多情况下，政府为了吸引投资，提升政绩，会采取一些不符合规定的措施，这就容易使政府的实际行为与期初规范中约定的行为存在不协调，因此会导致冲突发生。这种情况的存在，后果就是特许经营企业会直接受到一定的不利影响，如果不严重，则能够通过再谈判机制解决冲突；如果严重，可能会直接使项目失败。所以，政府人员应当合理权衡双方的结果，不能只考虑眼前利益而导致不利后果的产生，应当对项目、特许经营企业的资源进行有效的分析，做出慎重的承诺。并且还要对政府的政绩观进行综合纠正，政绩并不完全等于 GDP。要做好评价标准的制定，对政府的行为进行科学的评价，确保政府将公共利益作为首要考虑因素，所做出的决策具有科学性、规范性和持续性。

四、完善特许经营制度框架

1. 构建完善的政府管理制度框架

第一，要对项目选择和评估建立规范化的制度。要对特许经营项目进行合理的分析和评估，对项目的综合内容进行有效分析，并作出有效的筛查，最终对其存在的风险进行有效的评估，确定具体项目。

第二，要做好市场准入机制的构建。例如，设定政府采购的程序、规范、标准，对整个活动中政府的职责以及工作流程都进行明确，推动科学规范化的服务商标准体系构建。

第三，做好经济平衡制度的确立。主要应当根据具体的市场情况建立科学性高的定调价制度，价格调整机制要体现激励相容原则，要具有约束性和连贯性，而且价格的调整还必须经过必要的公开程序。同时，要建立特定情况下的补偿机制，对于不同的情况（如政策损失、合约变更、合约终止、争议诉讼、突发应急等）要运用相对应的补偿形式，多元化补偿的方法，如采用授予其他项目开发经营权、特许经营期限有效延长以及补贴现金等。价格调整机制与补偿机制的确立，可以最大限度地降低再谈判的交易费用。

第四，建立和完善应急处理机制。在基础设施产业的特许经营过程中，需要根据具体的情况建立相对应的应急预案，确保在紧急事件发生时，能够及时启用该预案。以使社会的正常生产与生活活动不受影响。

第五，构建规范化的退出制度。通过该制度的建立能够使合约到期的企业及时退出。如果某些特许经营企业因为某些客观原因而需要提前终止，那么应当向相关机构提出申请，申请通过以后才能退出。在审核通过之前，仍然应当履行自身的职责。假设政府为了更好地维护公共利益，需要对某个特许经营企业进行提前收回时，应当根据具体的规定，对该企业实施相应的补偿。

2. 建立相应的风险控制分担制度

风险的产生容易导致特许经营双方产生冲突和矛盾，因此为了避免不必要的冲突和矛盾，应当建立规范化的风险控制分担制度。通过该制度的建立，能够推动特许经营项目的顺利开展，推动社会福利的有效保留。

首先，应当根据具体情况构筑风险控制和应对体系。一方面，要想方设法降低风险发生的可能性（即降低风险发生的概率），同时也应当在风险产生以后，及时将其损失进行降低，避免损失无限度地扩大，有效降低风险成本，以保证特许经营项目的可持续性运营。另一方面，也要培养各方的理性行为，即特许经营合约的订约双方都要有能力控制和分担各种不确定性可能给自身带来的风险，并共同为项目的成功而努力。对于风险控制，应当根据基础设施项目建设与运营的不同阶段以及可能出现的不同风险类别采取相应的针对性措施，比如，在基础设施项目的建设阶段，应当做好工程延期、技术不合理、设计不科学、成本超出预算等方面的风险管理；而在基础设施项目建成之后的运营阶段，应当做好销售价格变动、市场需求变动以及原材料价格变动等方面的风险管理。一般来说，风险控制的方式是比较多的，如技术性的方式、商业保险的方式以及政府担保的方式等。

其次，建立有效的风险分摊制度。应当在相关的约定中做好分摊方式的规定，对其责任进行合理划分。具体来说，该制度应当满足下面几个原则：第一，风险控制力占优势的一方对风险进行承担。第二，风险承担的力度应当与回报获取的力度相对应。第三，要做好特许经营企业风险承担上限的确立。同时，还要对每一个风险进行全面分析和探究，根据不同种类和形式的风险制定相对科学的分摊体系，区别对待不同的风险。

最后，做好风险争端协调制度的构建。针对那些不容易预测或者发现的风险，或是合同中没有明确风险分摊方案的，应明确约定处理原则和争端解决机制，以便友好、有效、迅速地解决问题。建立协调委员会机制，对争议、分歧或索赔等问题，有任何一方提出要求，协调委员会都应当进行协商，促进问题得到有效解决。同时，还应当根据具体情况建立专家调解制度，就协调委员会不能解决的问题进行科学有效的分析，推动问题得到更好的解决。还要根据相关的要求建立再谈判制度，通过该制度的建立，对双方的职责和事项进行合理的划分，避免不必要的事项发生。在必要的时候，可以通过仲裁的形式处理。

3. 积极引入第三方参与机构

合理推进第三方参与到相应的项目中，如成本核算、信息审计、投资咨询以及项目评估等各个环节中。一般来说，第三方机构具有较强的专业性，能够根据具体的分析提出科学性和独立性较高的报告，所以，积极引入第三方参与机构，能够解决一些专业性问题，使政府能够进行信息的合理分析，提升决策的正确性。如第三方机构能够对项目的整体价值、风险等进行规范化的评估，在市场准入方面，能够及时提供投资咨询、财务管理、市场调研等方面的帮助，而在退出环节，能够及时进行资产评估和成本核算，这就能够提升各个环节的科学化程度，推动项目更好地进行。

第四节　构建基础设施产业特许经营综合治理的长效机制

一、从新公共服务的理念出发，优化基础设施产业的规制

1. 新公共服务理论的基本理念

新公共服务理论的主要观点：服务于公众；追求公共利益；重视人，而不是仅重视生产效率等。其中，以人为本的思想是新公共服务的核心理念。

服务于公众。主要是指公共管理以服务公众为目的，转变原有的政府职能，形成以人为本的服务理念，这是社会主义现代化建设的新型思路。新公共服务将公众视为顾客，尽可能地提供最优质的服务，正如西方学者在 20 世纪 90 年代提出的观点，新公共服务的目标就是"为顾客提供与企业的最佳服务相同的服务"。西方国家在 20 世纪 90 年代开始了此类尝试，其中最著名的是英国的公民宪章运动，政府当局与公众协商制定了最低服务标准，如果没有达到此类标准则当局应该予以补偿。服务于公众的观念并非朝夕之间能够形成，但是想要从根本上扭转我国长期的"官本位"思想必须从观念入手，只有转变观念才能更深刻地意识到基础设施服务于公众的必然性及其重要性。

追求公共利益。基础设施产业应该追求更高层面的公共利益而不只是单纯的经济利益，更不可能是基础设施产业内部的小集团利益。公共利益最大化难以直接度量，不像经济利益可以简单地用会计方法度量。但是，公共利益应该考虑以下几点：①对生态环境的影响，过去我国较快的发展速度是以破坏环境为代价实现的，经济新常态的概念着重强调了经济发展不能单纯以 GDP 为唯一指标，应该将生态环境的建设与 GDP 放在同样高度加以估量。②公共利益强调公平，我国经济经过 40 年的高速发展，地域发展不平衡问题越发明显，其中西部地区的发展明显落后于中东部，导致我国基础设施产业的发展也优先发展中东部地区，产生经济发展的恶性循环。③安全质量因素，安全性因素本应该是基础设施产业的前提，不应成为公共利益的问题之一，但是我国长期强调发展速度导致部分基础设施存在安全隐患，近年来安全问题虽有所好转，但依然需要加强监管。相对于基础设施的安全性问题，基础设施的质量问题显得更为严重，重复建设、盲目建设导致基础设施不仅效率低下、资源使用率低，更加严

重的是导致公众对于政府的不信任。

重视人，而不是仅重视生产效率。新公共服务的核心观点是以人为本，强调的是人对于基础设施产业管理的重要性。传统的管理学理论认为，基础设施产业的发展必须重视生产效率，继而通过生产力的发展、绩效管理、及时反馈机制作为基础设施产业发展的重要工具。新公共服务理论认为，如果不能给予组织中的个体以充分的尊重、不能在保证基础设施产业利益的同时兼顾个人利益，就会使基础设施产业的发展停滞不前。基础设施产业应该是通过具有责任心、愿意为基础设施产业投入并且具备专业技能的人完成。管理学的思路虽然从短期来看能够提高基础设施产业的管理效率，但是某些违背人性的做法从长期来看会给基础设施产业的发展造成更加恶劣的影响。

通过比较新公共服务理念以及传统的管理模式不难发现，新公共服务无论从人性还是从公共利益的角度出发都能够更加促进基础设施产业的发展。

2. 新公共服务的具体思路

基础设施服务于公众，所以基础设施必须以公共利益为核心。基于新公共服务理念改进基础设施产业规制的具体思路如下：

（1）以公共利益作为基础设施产业规制改革的最高标准。基础设施产业提供公众所需要的生活必需品，提高基础设施产业生产必需品的质量是基础设施产业以公共利益为核心的前提条件，提高基础设施产业安全质量，避免重复建设，使公众重拾对基础设施的信任。公共利益强调公平发展，从而促进社会和谐进步，加强西部地区基础设施产业的发展显得尤为重要，让所有的公众都能够享受经济发展的成果。在公路、桥梁、饮用水、油气等基础建设方面，国家还应该加大对西部地区的投入。公共利益强调生态环境以及可持续发展，我国基础设施产业的发展在环境保护方面已经取得一定的进步。不能单纯追求经济利益而忽视对生态环境的破坏，发展必须兼顾代际福利转移。

（2）将中介组织和公众纳入规制主体。政府规制将政府机构视为中心或主体，是基于行政机构和行政人员在知识和信息及专门技能方面具有优势地位的假设。但由于长期缺乏有效监管，我国基础设施产业管理人员不仅缺乏提升服务质量意识，还存在寻租行为导致基础设施产业效率低下。新公共服务理论认为，基础设施产业必须依赖满足公共需求的政策，必须是集体共同努力或合作的结果，政策才能代表公共利益，有效执行。基础设施产业除政府参与外，还应该融入行业协会、咨询机构、消费者协会等组织。中介组织能否被纳入规制主体，可以视作基础设施产业进步的重要标志，而一旦中介机构被纳入基础设施产业，如何协调与公务人员的关系就显得尤为重要。

中介组织必须做到独立于政府机构，才能发挥其监督、核查的作用。中介组织可以利用其专业优势，对基础设施产业发展过程中存在的问题为政府机构提供建议，在某些行业还应该给予中介机构一定的投票权，使其能够更加有效地发挥中介组织的作用。

（3）在规制方式上引入协商对话机制。新公共服务理论强调政府应转变职能，政府的功能不再是直接提供服务，而是为人们创建能够真诚对话的环境。只有在这样的环境中，规制主体之间的对话与协商才具有稳定性、持续性以及周期性，这不仅能够减少彼此之间的分歧，减少信息成本，而且能够增进共识，降低不确定性和风险。政府不应该再依靠自身设计和执行政策，而应该利用自身的资源配给权利提供服务，对公民和社区团体之间的利益进行协调。我国人口众多，已经建成和需要建设的基础设施同样数量巨大，完全依靠政府自身管理，难免顾此失彼。而依靠公众的力量在基础设施产业规制的过程中加入民间组织可以调动公众的积极性，监管就不再只是政府的责任。政府不应该单纯地依靠现有的政府机构，而应该通过激励中介机构实现政策目标。政府不应该将自己视为官僚组织，只是依靠自上而下的权威对基础设施产业进行绝对的控制或规制。新公共服务理论认为，政府管理应该将基础设施产业打造成合作性结构，并且结构内的组织和个人都享有共同的领导权。

二、引入新规制治理的监管模式

Dohler（2012）提出过规制治理和元治理的概念。Lebel（2012）认为，新治理鼓励规制机构培育令规制产业守法的文化。在规制实践中，利用私人参与者的知识和资源，而非将产业界视为处于被动地位的规制对象。新规制治理理论结合了传统基础设施产业管理模式与新公共服务的理念，其核心观点有如下三种规制方法：引入第三方；公私合作；市场多样化。在《牛津规制手册》和斯科特的著作中，对规制型政府、元规制、规制治理及自我规制的权威等都做了最新的、全面的阐述（鲍德温等，2017；斯科特，2018）。

1. 引入第三方模式

引入第三方模式认为，应该建立金字塔形的监管格局。Ayres 和 Braith Waite（1992）共同提出过一个新规制治理的三重路径。基础设施产业以自我规制为主，合约规制为辅，命令控制规制作为最后的必要手段。自我规制构成了金字塔的塔基，合约规制构成金字塔的中间，命令控制规制构成金字塔的顶端。改变过去传统命令控制型监管模式，向兼顾治理模式转型。正如前文所提到的，完成这种转变的关键在于第三方中介的作用。

（1）基础设施产业自我规制。自我规制不能依赖公务员体系，必须依靠第三方中介，如何保证第三方中介的独立性、专业性、功能性，本书认为应该从三个方面加以思考：

第三方中介人员必须保持独立身份，应该由高校相关领域教授、专业评估人员以及民间组织代表构成，严禁政府公务员或国有企业代表加入第三方中介机构以保持其独立性。

第三方中介人员的报酬不能由政府支出，基础设施产业应该设立专门的监管规制费用以支付第三方监管人员报酬。而第三方监管人员的报酬应该通过基础设施产业年度表现（绩效）利用绩效评估法确定，并且应该每年向公众公布其报酬，接受公众监督审查。

第三方中介人员在基础设施产业的发展中应该享有话语权，甚至否决权。具备制衡基础设施产业公务员的权利才能保证其更好地发挥监督管理职能。

（2）基础设施产业合约规制。如果基础设施产业不能做到自我规制，第三方中介难以起到作用，那么合约规制是介于政府规制与自我规制的中间选择。首先，政府与基础设施产业单位签订合约，按照一定时间重新修订合同内容。其次，在合同履行过程中，政府选出代表及时反馈基础设施产业的合同履行状况。最后，在合同到期时政府与基础设施产业代表一同评估项目的完成情况，并依据评估结果调整下一个周期的合同。

（3）命令控制型规制。如果前两种规制依旧不能实现基础设施产业合理、健康发展的目标，只能采用传统的命令控制规制。命令控制规制由于存在强制性，必将能够保证基础设施产业最低限度的发展，但前文已经列举政府直接规制的诸多弊端，基础设施产业的发展应该尽可能地利用自我规制以及合约规制的做法，保持基础设施产业的活力。

2. 公私合作

在以 PPP 模式为核心的思路下，具体细分出 BOT、BT、BOOT 等模式以适应不同地区不同行业基础设施产业的发展要求。我国从 20 世纪 90 年代开始逐步探索 PPP 模式发展基础设施产业，至今已经取得显著成果。但是在发展过程中依然存在很多制约公私合作的问题，其中在传统规制领域政府承诺以及政策稳定性问题一直制约着公私合作的发展。新规制治理理论为解决政府承诺问题提出了一个新的解决路径。在以往的 PPP 模式下，民间企业都是通过与地方政府签订特许经营合同，而一旦政府有意违约或是政策改变迫使其被动违约就会出现上述政府承诺问题。所以新规制治理理论认为，民间企业在签署特许经营合同时，除与地方政府签约外，还应该与上级法院乃至最高法院签订公证合同。英国及爱尔兰政府就已经采取了类似的做法，依靠全国性律师事务组织为 PPP 合同背书。由于我国缺少类似全国性律师组织，所以可改为依靠上级法院为 PPP 合同背书，迫使地方政府不能轻易修改合同或拒绝履行合同。

3. 市场多样性

随着市场化的发展及制度的逐渐完善，政府部门可以考虑退出直接参与基础设施产业的经营管理，转变为市场的监督者。政府的角色不再是提供优质的基础设施服务而是提供一个公平有效的市场平台，将市场交由民营企业发展基础设施产业。正如新公共服务理念认为，政府应该依靠其自身的资源配置优势，激活市场参与基础设施产业建设。建立合理的企业生存环境，促进企业健康发展，保证其效率的提高，通过竞争机制为公众提供更好的服务。

新规制治理理论在市场多样化方面与新公共服务最大的区别在于，新规制治理理论认为，即使政府将市场交给企业，规制主体依然有存在的必要。规制主体应该着力解决以下几个问题：接入问题、网络互通问题、普遍服务以及交叉补贴问题。

通过对基础设施产业特许经营合约中政府承诺问题及其治理的文献回顾与经验分析表明，没有一种方式是十全十美的。借助新公共服务理念可以改进对基础设施产业的规制。

新规制治理理论对于基础设施产业的规制力度处于政府规制与新公共服务理论之间，在我国市场化进一步转型的过程中显得尤为重要。规制不是目的，而是手段，在利用市场化推进基础设施产业发展以提高公共利益的同时，必须依靠必要的规制手段维护转型中的市场稳定。任何改革都不可能一帆风顺，无论利用哪一种理论都不可能适用于所有的特定环境，但新规制治理理论表明，政府部门采取多种多样方法与被规制者展开互动，能够促进规制的有效性和合法性。

第九章 结论与政策建议

本书除导论外，共分七个部分：理论选择与文献综述，基础设施产业特许经营合约中的政府承诺问题——现状描述与国际经验，基础设施产业特许经营的多方博弈分析，基础设施产业特许经营中再谈判的博弈分析，基础设施产业特许经营合约的再谈判机制——影响因素及福利效应，基础设施产业特许经营合约再谈判机制的优化，基础设施产业特许经营的综合治理对策。

我们以不完全合约为理论基础，对特许经营合约的不完全性做了说明。对政府承诺能力缺失的原因、影响、救济及再谈判等相关文献做了相应的梳理。对基础设施产业特许经营合约的非完备性、合约中的政府承诺问题，以及国内外特许经营合约中政府承诺的案例做了描述性分析。从基础设施产业的多重委托代理出发，对特许经营中的双重博弈和三重博弈进行了分析。从基础设施产业特许经营合约再谈判的内涵、影响因素与再谈判程序出发，对基础设施产业特许经营合约再谈判的单次博弈与重复博弈进行了分析。从再谈判属性、合约属性、企业特征、政府规制等方面，对特许经营权合约再谈判机制进行了定量分析。为了优化再谈判机制，我们设计了一套政府承诺能力指数。提出了提升基础设施产业特许经营合约非完备性的规制政策、应对合约非完备性的再谈判机制、构建了政府承诺问题综合治理的长效机制。

第一节 本书主要观点

基础设施是为社会生产和人们生活提供公共产品或服务的物质工程设施。基础设施产业的特许经营是政府通过特许权协议，授权相应的企业进行项目的融资、设计、建造、经营和维护，在规定的特许期内，向该项目的使用者收取费用，由此回收项目的投资、经营和维护成本等，并获取合理回报，特许期满后项目将移交给政府。这种模式其实是将政府职能进行市场化运营的一种有效方式。在特许经营合约中，政府承诺是一个非常重要的变量。我们所说的政府承诺则是指在上述特许经营合约中，政府所做出的各项保证。尤其是有关准入退出条件、服务质量、收费标准与期限或收入与回报等方面，政府所做出的各项承诺或规定，都已经写入特许合约之中。然而，就如文献中所表明的那样，政府承诺经常会发生改变，政府的承诺能力是有限的，或政府的承诺能力不足，已经是一个较普遍的现象。

政府承诺能力缺失必然导致规制合约的不完全性，规制合约不完全必然导致再谈判；改进承诺可以部分弥补合约的不完全性；合理的再谈判过程可以促进基础设施产业的持续发展；通过综合治理方式可以建立起对基础设施产业的长效治理机制。为了论述上述问题，我们的分析框架从以下几个方面展开：以不完全合约理论为视角，分析再谈判机制的影响因素，对特许经营合约进行博弈分析，优化设计再谈判机制，综合治理基础设施产业的特许经营问题。

在基础设施产业的特许经营中，特许经营合约的非完备性问题是无法避免的。因为这种经营模式从本质上讲属于双方合作的模式，具有合约性特点，而且这种合约存在不完全性，具有相对的违约风险，所以，在特许经营合约的订立中如何治理合约不完全、减少机会主义行为，这对于我国基础设施产业特许经营的有效开展具有一定意义。因为基础设施产业项目的建设具有复杂、合约期长等特点，因此，在签订合约前，需要将各种可能发生的事情列入合同当中，一旦发生则能够按照合同内容进行有效解决，当然，由于一些事情是无法预料到的，这就使得合同本身无法做到全面、完善。因此，非完备性在该合约中表现得尤为显著。

文献梳理表明，政府承诺能力缺失的原因包括政府的更迭、政府的自利性、消费者的压力、专业性评估的缺失、法律与监管的不健全、特许权项目本身的不确定性等。

政府承诺的可信度将直接影响投资者对未来的预期。针对政府承诺能力的不足，可以通过一般的救济方式或再谈判来予以纠正。

由于政府承诺能力缺失，导致 BOT/PPP 项目失败，可以通过再谈判来救济。而现实中，再谈判的结果大多是以牺牲消费者的利益为代价，这可能是再谈判的过程中出现了问题，这一问题的解决涉及再谈判机制和再谈判程序。再谈判必须同时兼顾政府、企业、消费者的利益，达到三方共赢。在特许权竞争设计中，潜在生产者对特许权竞争的自由进入挤掉了垄断租金，通过设计一种价格机制，企业为了进入，只要这种价格机制不比成本价低就会继续压低竞标价格，这样不仅可以激励企业反映自身真实的成本，同时企业通过竞争进入特许权获得收益，并且提供给消费者的费率会尽可能的低，社会福利是可以达到最大化的，从而实现三方共赢。

再谈判程序涉及再谈判的目标、方式及结果的运用等内容。

从 20 世纪末期开始，我国将特许经营模式引入基础设施建设领域，国内外基础设施产业特许经营中的许多实践表明，以下几个方面是应该引起重视的：一是强化竞争性的准入机制，包括招投标市场的透明度，从技术上设计招投标对象的甄选机制，确立多种市场准入方式等。二是选择有效的定价方案（投资回报机制）。三是探索多样化的监管体制。四是完善法律保障。

对于特许经营企业违约行为可以由政府提高监管力度予以减弱。而对于政府违约、违背承诺甚至与特许经营企业合谋行为，通过制度设计，使政府部门的效用和货币的边际替代率 $t \geq 1$ 则是有效规制政府承诺缺失的关键着力点。

基础设施产业特许经营过程中的再谈判机制是保障其顺利进行的有效制度设计，该机制将政府和特许经营企业的单次博弈拓展为重复博弈，从而有效规避了双方的机会主义行为。在实践中，政府应该致力于提高自身的承诺能力，努力兑现特许经营初始合约和再谈判新合约的相关承诺，并对特许经营企业建立规制和激励相结合的奖惩机制。特许经营企业应该积极执行合约承诺，在合约遇到困难时积极与政府进行再谈判。

以基于若干个省级行政区域和一定时期内的水利基础设施和交通基础设施为样本，实施对调查样本的 PPP 模式和 BOT 模式，从再谈判属性、合约属性、企业特征、政府规制等方面，对特许经营合约再谈判机制的影响因素进行了定量分析。分析表明，在这两类产业中，特许经营权合约再谈判的发生率都较高，由企业发起的再谈判比率高于由政府发起的再谈判比率，大部分再谈判结果都导致收费标准提高和收费期限延长。合约属性表明，较为僵化的价格（收费）机制可能不利于降低再谈判的发生率，信息不对称增加了企业的道德风险，特许经营权的授权方式、期限和法律依据都存在缺陷。从企业特性来看，大部分合约企业为国有企业，特别是本地国有企业（接近一半），民营企业较少（约 1/7），外资企业则更少（不到 1%），规模较大的企业，由于能实现成本上涨的自我消化，从而再谈判的发生概率较小。在政府规制方面，对交通运输部门的规制强度要高于水利部门，但交通运输部门的竞争则更充分，这表明，规制与竞争并非天然对立。较为合理的价格规制可能降低合约双方再谈判的发生概率。价格规制是基础设施产业特许经营合约再谈判的关键影响因素。影响因子的综合排名表明，价格规制、规模经济、股东与社会监督、政府规制、政府歧视、外部经济冲击，对再谈判的发生概率都有显著影响。

再谈判机制的优化应该遵循投资激励原则、创新激励原则、激励相容约束原则、效率提升原则、公众利益优先原则、可持续导向原则、违约救济原则及依法运作原则。再谈判机制必须完善违约救济和违约金制度。

再谈判的博弈分析表明，在无限次重复博弈中，双方在长期谈判过程中会对长期利益更看重，长期利益也更能够使双方有效达成协议，有效确保基础设施建设和运营的持续性。政府和特许经营企业再谈判机制优化并实现长期均衡条件是（政府守信，企业不发生机会主义行为）。在此前提下，双方通过多次谈判能够有效将争议和分歧进行化解，实现有效合作，这样通过均衡的博弈结果可以有效摒弃"棘轮效应""敲竹杠"等影响基础设施产业可持续经营的不良行为。

第二节　政策建议

一、提升基础设施产业特许经营合约完备性的规制政策

虽然特许合约的非完备性是难以规避的，但是通过其他方式可以有效降低这些不完备因素所带来的风险，比如可以通过建立相应的风险规避措施以及不断完善合约内容来确保特许经营合约的顺利实施。具体措施如下：

1. 设计合理的特许合约

特许合约设计是否合理直接关系到基础设施建设是否能够顺利实施，对双方的合作争议处理具有重要指导意义。在设计特许合约过程中，可以以 BOT 作为参考，将其分为三个主要设计步骤，包括前期准备、合约签订、运营期与收益实现。

首先，在准备阶段，政府需要根据基础建设项目开展招标工作，选择在技术、自信、目的、意愿方面与政府要求一致的企业，通过初始准备阶段能够有效确定企业的资质和水平，各种参数能够得到有效确定。其次，在合约签订时期，政府以及合作企业需要对项目进行投入以及后期回报进行整体评估，并进行协商和谈，尽量科学、准确评估确定产出效益，这样就可以有效确定企业的后期经营时间。再次，在运营期，合作企业要根据政府预定要求严格按照施工时间控制施工进度和施工质量，确保项目按时保质地完成。最后，在运营阶段，企业可以通过基础服务获取相应的收益。

私人企业的实力、努力程度、生产成本、政府对私人企业的激励强度等，

都会影响最终结果。所以，在整个合作时期，两者之间要加强合作交流，认真做好每一个时期的工作，合理选择和确定激励工具与参数。在开始阶段，由于各项措施和信息具有不完整性，所以会导致政府制定方案与企业预期要求有所出入，而且选择出来的合作企业也并非最合适的。在合约签订阶段，作为双方协商的结果，企业的固定收入和政府对企业的激励强度（合理回报率）被确定下来。若合理回报率过低，对企业的激励作用不够，导致企业在运营中不努力经营。在运营期及收益实现阶段，因为在合同签署初期已经对双方的利益进行了协商，所以在运营期如果产生争议可以通过合同内容予以解决。

2. 约束监管部门的行为

对于特许合作项目而言，由于参与的主体较多，包括政府、企业、监管机构，而且每个主体的利益和目的是不同的，这就使各个行为主体之间存在明显的博弈关系，而在这种博弈过程中，企业与监管部门之间的博弈力度相对较为明显。在两者博弈过程中，事前无法进行有效观察，事后则不同，能够有效进行观察。合作企业在具体的项目运行中通过监管部门的行为活动可以判断其监管是否具有诚信度；同样，监管部门通过监管，也能够看出企业运用过程中是否符合约定要求，有没有实现努力经营。监管诚信与否对企业以及公众利益都会产生影响；企业努力与否会影响项目进度和项目产生的利益。

二、完善应对合约非完备性的再谈判机制

其一，要提高特许经营合约再谈判双方对于未来发展的预期，实现基础设施的可持续经营。在不断提高政府对于特许经营的认识和专业水平，以及尽可能选择优质特许经营企业作为合作方的同时，也要加强政府与特许经营企业的沟通交流，建立固定的交流沟通管道和机制。

其二，加强监管力度，严格规范企业行为，避免投机行为的发展。有效确保监管机构的独立性，同时（以保证监管的权威与有效）也要构建立体多元化监管机构，实现监管的全面化。通过建立公众监督委员会、设立特许经营企业申诉平台、利用民间或社会组织参与监督、完善信息共享机制等，大力完善公众参与监督的机制。

其三，要约束政府行为，减小政府信用风险。要使政府部门正确合理地使用行政特权，并且慎重承诺，同时完善相关法律制度，建立失信惩罚机制。

其四，进一步健全特许经营制度框架。在构建这一框架中，既要有科学、合理的风险控制分担机制，也要有第三方机构的参与。

三、构建基础设施产业特许经营综合治理的长效机制

1. 从新公共服务的理念出发，优化基础设施产业特许经营的规制

新公共服务理论的观点主要包括服务于公众、追求公共利益、重视人，而不是只重视生产效率等方面。其中以人为本的思想是新公共服务的核心理念。

基础设施服务于公众，所以基础设施必须以公众利益为核心。基于新公共服务理念改进基础设施产业特许经营规制的具体思路：以公共利益作为基础设施产业特许经营规制改革的最高标准，将中介组织和公众纳入规制主体，在规制方式上引入协商对话机制。

2. 引入新规制治理的监管模式

引入第三方模式。应该建立金字塔形的监管格局，基础设施产业的特许经营以自我规制为主，合约规制为辅，命令控制型规制作为最后的必要手段。自我规制构成了金字塔的塔基，合约规制构成金字塔的中间，命令控制型规制构成金字塔的顶端。改变过去传统命令控制型监管模式，向兼顾治理模式转型。

3. 市场多样性

随着市场化的发展及制度的逐渐完善，政府部门可以考虑退出直接参与基础设施产业的经营管理，转变为市场的监督者。政府的角色不再是提供优质的基础设施服务，而是提供一个公平有效的市场平台，将市场交由民营企业发展基础设施产业。正如新公共服务理念认为，政府应该依靠其自身的资源配置优势，激活市场参与基础设施产业建设。建立合理的企业生存环境，促进企业健康发展，保证其效率的提高，通过竞争机制为公众提供更好的服务。

新规制治理理论在市场多样化方面与新公共服务最大的区别在于，新规制治理理论认为，即使政府将市场交给企业，规制主体依然有存在的必要。规制主体应该着力解决接入问题、网络互通问题、普遍服务以及交叉补贴问题。

第三节 本书的特色

一、从再谈判的角度建立分析框架

基于不完全合约理论，由于特许经营的期限较长等因素，特许经营合约是典型的不完全合约，再加上政府承诺的因素，合约再谈判不可避免。因此，本书从基础设施产业特许经营合约中的政府承诺现状描述与国内外特许经营的经验出发，在讨论了再谈判机制的影响因素之后，进一步探讨了再谈判机制的优化问题，进而提出基础设施产业特许经营中的综合治理对策。这一分析框架具有一定的新意。

二、定性与定量分析再谈判的影响因素

以基于若干个省级行政区域和一定时期内的水利基础设施和交通基础设施为样本，从再谈判属性、合约属性、企业特性、政府规制等角度设计调查问卷的指标体系，通过调查问卷的方法研究基础设施产业特许经营合约再谈判机制的影响因素，继而运用因子分析法对多项影响因素进行综合打分，然后通过设计双对数实证模型探讨该机制各项影响因素在减弱合约非完备性带来的效率损失上的福利提升效应。

三、再谈判机制的优化与政府承诺能力指数

在对再谈判进行博弈分析之后，我们以经济发展能力、社会发展能力、公共管理和服务能力、政府公信能力 4 个一级指标、17 个二级指标与 107 个三级指标，构建了政府的承诺能力指数，通过这一指标体系，可以近似地估计出一个地方政府的承诺能力水平。

四、综合治理对策

在综合治理方面，可以从以下几个方面入手：提升特许经营合约完备性的

规制政策、完善应对合约非完备性的再谈判机制、构建基础设施产业综合治理的长效机制。

本书主要以非完备性理论为基础，对政府以及企业合约问题进行了全面分析，有效地将政府再谈判以及相关承诺问题纳入特许经营当中，有效丰富了基础设施产业政府规制的内容；通过对基础设施产业特许经营中成功或失败案例的经验分析，提出改善政府承诺能力的建议，完善规制合约再谈判过程和机制，有助于促进基础设施产业的规制改革及完善政府的规制体制，因而也具有一定的现实和政策价值。

基础设施产业特许经营合约的再谈判过程中，至少涉及政府、特许经营商、消费者、论证专家4个主体，可以从各自的效用函数出发，构建一个再谈判的多方博弈模型，分别进行静态分析和动态分析。同时，分析再谈判双方的个人效用函数和组织效用函数的差异对博弈结果的影响，并设计出对应的约束机制来减弱这种效用函数差异的负面冲击。这些都是下一步研究的扩展点。

参 考 文 献

［1］白杨．由 BOT 合同引发的政府违约的救济制度思考［D］．内蒙古大学硕士学位论文，2011．

［2］罗伯特·鲍德温，马丁·凯夫，马丁·洛奇．牛津规制手册［M］．宋华琳等译，宋华琳校．上海：上海三联书店，2017．

［3］陈富良．S-P-B 规制均衡模型及其修正［J］．当代财经，2002（7）：12-15，49．

［4］陈富良．规制政策设计中机制设计理论的局限性［N］．光明日报，2006-12-18（10）．

［5］陈富良．城市公用事业改革与监管的理论反思［J］．开放导报，2008（1）：55-58．

［6］陈富良．基础设施产业特许经营的政策规范［J］．改革，2014（5）：46-48．

［7］陈富良，王光新．政府规制中的多重委托代理与道德风险［J］．财贸经济，2004（12）：35-39，86．

［8］陈富良，刘红艳．基础设施特许经营中的承诺与再谈判研究综述［J］．经济与管理研究，2015（1）：88-96．

［9］陈富良，熊毅．轨道交通规制路径选择：从政府规制到新规制治理［J］．江西社会科学，2016（4）：32-36．

［10］陈富良，熊毅，邓明．公用事业规制改革路径：从新公共服务到新规制治理［J］．经济与管理研究，2016（12）：21-28．

［11］陈剑．公用事业规制体系运行机理及其下一步［J］．改革，2012（8）：107-113．

［12］邓菁．规制经济学研究范式的演进与变革：基于科学研究纲领的视角［J］．中南财经政法大学学报，2017（6）：32-40．

［13］丁元竹，丁潇潇．国际视野中的基本公共服务提供模式［J］．公共管理与政策评论，2013（1）：7-22．

［14］费月升，王要武．多方参与城市基础设施供给条件下政府激励措施仿

真研究［J］. 工程管理学报，2010（2）：18-22.

［15］冯中越等. 特许经营权拍卖中的激励性合约研究：以城市公用事业为例［M］. 北京：中国财政经济出版社，2009.

［16］龚利. 基础设施项目政府担保激励作用研究［M］. 北京：经济科学出版社，2011.

［17］龚利，郭菊娥，张国兴. 基础设施 BOT 项目特许期权的谈判博弈模型统计［J］. 统计与决策，2008（4）：153-155.

［18］郭栋. 城市公用事业民营化中的政府责任缺失问题研究［D］. 浙江财经学院硕士学位论文，2012.

［19］国务院发展研究中心企业研究所课题组，李兆熙，周燕. 西班牙基础设施特许经营的经验和启示［J］. 中国发展观察，2009（1）：56-58.

［20］何茜，周优. 基础设施特许经营合约再谈判率外生因素分析：基于不完全合约视角［J］. 价值工程，2017（3）：25-26.

［21］黄腾，柯永建，李湛湛，王守清. 中外 PPP 模式的政府管理比较分析［J］. 项目管理技术，2009，7（1）：9-13.

［22］韩健，甘行琼. 美国市政债券风险的分析与启示［J］. 税务研究，2014（5）：90-95.

［23］胡蓉. 基于法和经济学的最优违约救济：一个综述［J］. 管理世界，2011（11）：168-169.

［24］贾西津. 听证制度的民主限度和正当程序［J］. 开放时代，2007（1）：88-104.

［25］蒋达. 中国城市水务产业改革的基本经验及主要问题［J］. 学习与探索，2008（6）：111-113.

［26］蒋士成，费方域. 从事前效率问题到事后效率问题：不完全合同理论的几类经典模型比较［J］. 经济研究，2008（8）：145-156.

［27］蒋士成，李靖，费方域. 内生不完全合同理论研究进展［J］. 经济学动态，2018（5）：102-116.

［28］科斯·R. H. 论生产的制度结构［M］. 盛洪，陈郁等译. 上海：上海三联书店，1994.

［29］让-雅克·拉丰. 电信竞争［M］. 北京：人民邮电出版社，2001.

［30］让-雅克·拉丰，让·梯若尔. 政府采购和规制中的激励理论［M］. 上海：上海三联书店，上海人民出版社，2004.

［31］赖丹馨. 基于合约理论的公私合作制（PPP）研究［D］. 上海交通大学博士学位论文，2011.

［32］李海岩，宋葛龙．城市公用事业市场化改革的观察与思考：德国和瑞典城市公用事业改革考察报告［J］．经济研究参考，2005（10）：38-44.

［33］李春燕．行政信赖保护原则研究［J］．行政法学研究，2001（3）：6-13.

［34］李国民．市场化环境下的输电网络投资不足及其扩展［J］．改革，2006（12）：25-29.

［35］李乐．美国公用事业政府监管绩效评价体系研究［J］．中国行政管理，2014（6）：114-119.

［36］李妍，薛俭．城市基础设施公私合作模式中的政府监管机制研究：基于参与主体之间的博弈分析［J］．上海经济研究，2015（5）：72-78.

［37］李妍．基于博弈论的基础设施PPP模式风险分担研究［D］．中国矿业大学博士学位论文，2017.

［38］励效杰，王慧敏．承诺缺失下的城市水业特许经营的博弈分析［J］．中国给水排水，2006，22（20）：77-79.

［39］廖福英．BOT模式中政府与民营企业违约因素浅析［J］．市场论坛，2008（10）：32-33.

［40］梁云凤．德国经验系列报告之五：德国的基础设施发展制度及启示［J］．经济研究参考，2011（61）：59-62.

［41］林旭菁．BOT项目下的政府保证问题研究［J］．法制与社会，2010（2）：89-90.

［42］刘晓光，王小洁．农村基础设施建设投资中地方政府与农民的博弈分析［J］．学术交流，2011（3）：133-136.

［43］宁旭冬，张晓霞．日本公共基础设施及其管理启示［J］．改革与战略，2015（6）：170-172.

［44］马力，李胜楠．不完全合约理论述评［J］．哈尔滨工业大学学报（社会科学版），2004（6）：72-76.

［45］马桑．PPP项目再谈判的博弈分析与模型构建［J］．现代管理科学，2016（1）：40-42.

［46］聂辉华．制度经济学中不完全合约理论的分歧与融合：以威廉姆森和哈特为代表的两种进路［J］．中国人民大学学报，2005（1）：81-87.

［47］聂辉华．对中国深层次改革的思考：不完全合约的视角［J］．国际经济评论，2011（1）：6，129-140.

［48］吕振宇．浅论日本落后地区的开发［J］．经济研究导刊，2009（7）：142-143.

［49］潘峰，王琳．环境规制中地方规制部门与排污企业的演化博弈分析

[J]. 西安交通大学学报（社会科学版），2018，38（1）：71-81.

[50] 裴俊巍. 欧盟特许经营立法研究：演变逻辑与核心议题 [J]. 西南政法大学学报，2018（6）：3-11.

[51] 亓霞，柯永建，王守清. 基于案例的中国 PPP 项目的主要风险因素分析 [J]. 中国软科学，2009（5）：107-113.

[52] 渠敬东. 项目制：一种新的国家治理体制 [J]. 中国社会科学，2012（5）：113-130，207.

[53] 沈际勇，王守清，强茂山. 中国 BOT/PPP 项目的政治风险和主权风险：案例分析 [J]. 华商·投资与融资，2005（1）：1-7.

[54] 史普博. 管制与市场 [M]. 上海：上海三联书店，上海人民出版社，1999.

[55] 斯科特. 规制、治理与法律：前沿问题研究 [M]. 安永康译，宋华琳校. 北京：清华大学出版社，2018.

[56] 施蒂格勒. 产业组织和政府管制 [M]. 上海：上海三联书店，上海人民出版社，1996.

[57] 孙慧等. PPP 项目中再谈判的关键影响因素的研究 [J]. 国际经济合作，2010（3）：58-61.

[58] 孙慧，孙晓鹏，范志清. PPP 项目中再谈判关键影响因素的研究 [J]. 国际经济合作，2010（3）：58-61.

[59] 孙慧，孙晓鹏，范志清. PPP 项目的再谈判比较分析及启示 [J]. 天津大学学报（社会科学版），2011，13（4）：295-297.

[60] 宋金波，宋丹荣，王东波. 泉州刺洞大桥 BOT 项目的运营风险 [J]. 管理案例研究与评论，2009（3）：196-204.

[61] 苏启林，申明浩. 不完全契约理论与应用研究最新进展 [J]. 外国经济与管理，2005（9）：16-23.

[62] 唐雪漫. 政府信用理论与我国信用政府的建设：基于转型期政府信用状况的一个理论分析框架 [D]. 西南财经大学博士学位论文，2012.

[63] 汤玉刚，陈强. 分权、土地财政与城市基础设施 [J]. 经济社会体制比较，2012（6）：98-110.

[64] 陶蕾. 基础设施特许经营合约的再谈判：基于可持续经营的博弈分析 [D]. 江西财经大学硕士学位论文，2015.

[65] 田国强. 经济学与中国经济改革 [M]. 上海：上海人民出版社，1995.

[66] 王丛虎，徐琳. PPP 与政府特许经营的关系及立法策略 [J]. 财政研究，2016（6）：78-85.

［67］王会妙，苗巧刚．对垄断产业规制改革中政府承诺的研究［J］．中国经济问题，2003（2）：73-78.

［68］王华春，张璇．滞胀时期的"边界"扩张：政府行为与市场效率［J］．改革，2014（7）：25-32.

［69］王俊豪．中国基础设施产业政府管制体制改革的若干思考：以英国政府管制体制改革为鉴［J］．经济研究，1997（10）：36-42.

［70］王俊豪．自然垄断产业市场结构重组目标、模式与政策实践［J］．中国工业经济，2004（1）：21-27.

［71］王俊豪等．中国城市公用事业政府监管体系创新研究［M］．北京：中国社会科学出版社，2016.

［72］王俊豪，蒋晓青．我国城市公用事业民营化的负面效应及其对策［J］．财经问题研究，2011（9）：114-118.

［73］王树文，祁源莉，文学娜．法国公共事业特许经营制度改革对我国的启示［J］．对外经贸，2014（9）：109-110.

［74］王世君，王涯茜．PPP模式下的政府信用问题［J］．合作经济与科技，2009（23）：44-45.

［75］王守清，柯永建．中国的BOT/PPP项目实践和经验［J］．投资北京，2008（10）：82-83.

［76］王涯茜．基于违约救济理论的基础设施特许经营合约不完全性问题研究［D］．重庆大学硕士学位论文，2010.

［77］王永钦，孟大文．代理人有限承诺下的规制合约设计：以环境规制为例［J］．财经问题研究，2006（1）：33-37.

［78］W.基普·维斯库斯，小约瑟夫·E.哈林顿，约翰·M.弗农．反垄断与管制经济学［M］．北京：机械工业出版社，2004.

［79］吴潮，邓伟．次高标拍卖：解决特许经营权拍卖过程中过度竞争问题的最优机制［J］．产业经济研究，2003（2）：62-66.

［80］夏立明，王丝丝，张成宝．PPP项目再谈判过程的影响因素内在逻辑研究：基于扎根理论［J］．软科学，2017（1）：136-140.

［81］徐宗威．法国城市公用事业特许经营制度及启示［J］．城市发展研究，2001（4）：1-5.

［82］杨宏力．不完全契约理论前沿进展［J］．经济学动态，2012（1）：96-103.

［83］杨萍，刘先涛．BOT项目中信用风险的动态均衡分析［J］．商业研究，2005（13）：156-157.

［84］杨瑞龙，聂辉华．不完全契约理论：一个综述［J］．经济研究，2006（2）：104-115．

［85］尹竹，王德英．日本基础设施产业市场化改革的模式及绩效评价［J］．亚太经济，2006（6）：50-52．

［86］尹恒，朱虹．县级财政生产性支出偏向研究［J］．中国社会科学，2011（1）：88-101，222．

［87］应飞虎．规制工具的选择与运用［J］．法学论坛，2011（2）：48-51．

［88］应飞虎，涂永前．公共规制中的信息工具［J］．中国社会科学，2010（4）：116-131，222-223．

［89］于国安．基础设施特许权合约设计的经济分析［D］．河海大学博士学位论文，2004．

［90］张浩然，衣保中．基础设施、空间溢出与区域全要素生产率：基于中国266个城市空间面板杜宾模型的经验研究［J］．经济学家，2012（2）：61-67．

［91］张军，高远，傅勇，张弘．中国为什么拥有了良好的基础设施？［J］．经济研究，2007（3）：4-19．

［92］张静，付金存．城市基础设施领域中政府与市场的互补及融合：基于规制与竞争互动演进视角的分析［J］．城市问题，2015（1）：2-9．

［93］张丽娜．合同规制：我国城市公用事业市场化中规制改革新趋向［J］．中国行政管理，2007（10）：92-95．

［94］张维迎．博弈论与信息经济学［M］．上海：上海人民出版社，上海三联书店，2004．

［95］张昕竹，让·拉丰，安·易斯塔什．网络产业：规制与竞争理论［M］．北京：社会科学文献出版社，2000．

［96］章志远．民营化、规制改革与新行政法的兴起：从公交民营化的受挫切入［J］．中国法学，2009（2）：22-35．

［97］章志远，朱志杰．我国公用事业特许经营制度运作之评估与展望：基于40起典型事例的考察［J］．行政法学研究，2011（2）：58-64，144．

［98］郑艳馨．英国公用企业管制制度及其借鉴［J］．宁夏社会科学，2012（2）：23-29．

［99］郑雪英，吴昌南．网络型公用事业民营化中的政府承诺问题［J］．开放导报，2010（4）：86-89．

［100］周耀东，余晖．政府承诺缺失下的城市水务特许经营：成都、沈阳、上海等城市水务市场化案例研究［J］．管理世界，2005（8）：58-64．

［101］朱娜，胡振华，马林．美国市政债券与中国地方政府专项债券的比

较研究 [J]. 经济地理, 2018 (8): 29-36.

[102] 朱琪, 王柳青, 王满四. 不完全契约的行为逻辑 [J]. 经济学动态, 2018 (1): 136-145.

[103] Aghion P., Dewatripont M. and P. Rey. Renegotiation Design with Unverifiable Information [J]. Econometrica, 1994 (62): 257-282.

[104] Altshuler Alan, Gomez-Ibanez A. and Howitt Arnold. Regulation for Revenue: The Political Economy of Land Use Exactions [J]. Journal of Policy Analysis and Management, 1994, 13 (4): 792-796.

[105] Baron D. P., R. B. Myerson. Regulating a Monopolist with Unknown Costs [J]. Econometrica, 1982 (50): 911-930.

[106] Berle A. A., G. C. Means. The Modern Corporation and Private Property [J]. Yale Law Journal, 1932 (42): 989-1000.

[107] Bouwens J., Kroos P. Target Ratcheting and Effort Reduction [J]. Journal of Accounting and Economics, 2011, 51 (1-2): 171-185.

[108] Che Yeon - Koo, Sakovics Jozsef. A Dynamic Theory of Holdup [J]. Econometrica, 2004, 72 (4): 1063-1103.

[109] Dohler M. Regulation. In the Sage Handbook of Govermance [M]. Devir: Los Angles and London, 2011.

[110] Evans J., Levine P. and Rickman N. Delegation to Independent Regulators and the Ratchet Effect [R]. School of Economics Discussion Papers, 2011.

[111] Freixas X., Guesnerie R. and Tirole J. Planning under Incomplete Information and the Ratchet Effect [J]. Review of Economic Studies, 1985 (52): 173-192.

[112] Grossman, Sanford and Hart, Oliver. The Costs and Benefits of Ownership: A Theory of Vertical and Lateral Integration [J]. Journal of Political Economy, 1986, 94 (4): 691-719.

[113] Guasch J. L. Granting and Renegotiating Infrastructure Concessions: Doing It Right [R]. The World Bank, Washington, D. C., 2004.

[114] Guasch J. L., Straub S. Renegotiating Infrastructure Concessions: An Overview [J]. Annals of Public and Cooperative Economics, 2006, 77 (4): 479-493.

[115] Hart, Oliver. Incomplete Contracts and Public Ownership: Remarks and an Application to Public Private Partnerships [J]. Economic Journal, 2003, 113 (486): 69-76.

[116] Hart O. Hold-up, Asset Ownership and Reference Point [J]. Quarterly Journal of Economics, 2009, 124 (1): 267-300.

［117］Hart，Oliver and John Moore. Incomplete Contracting and Renegotiation ［J］. Econometrica，1988（56）：755-785.

［118］Hart，Oliver，John and Moore. Property Rights and Nature of the Firm ［J］. Journal of Political Economy，1990，98（6）：1119-1158.

［119］Hart O.，J. Moore. Incomplete Contracts and Ownership：Some New Thoughts ［J］. American Economic Review，2007，97（2）：182-186.

［120］Hart O.，J. Moore. Contracts as Reference Point ［J］. Quarterly Journal of Economics，2008，123（1）：1-48.

［121］Heffron F. A. The Administrative Regulatory Process ［M］. New York：Longman，1983.

［122］Hurwicz L. The Design of Mechanism for Resource Allocation ［J］. American Economic Review，1973，63（2）：1-30.

［123］Jiang，Ting，Huihua and Nie. The Stained China Miracle：Regulation，Corruption and Firm Performance ［J］. Economics Letters，2014，123（3）：366-369.

［124］Klein，Benjamin，Crawford，Robert G. and Armen A. Alchian，Vertical Integration，Appropriable Rents and the Competitive Contracting Process ［J］. Journal of Law & Economics，1978，21（2）：297-326.

［125］Kornai J.，Maskin E. and Roland G. Understanding the Soft Budget Constraint ［J］. Journal of Economic Literature，2003，41（4）：1095-1136.

［126］Lan Ayres，John Braithwaite. Responsive Regulation：Transcending the Deregulation Debate ［M］. Oxford and New York：Oxford University Press，1992.

［127］Lebel O. New Governance as Regulatory Government ［M］. Oxford：Oxford University Press，2012.

［128］Lippman，Steven A.，McCardle，Kevin F. and Christopher S. Tang. Using Nash Bargaining to Design Project Management Contracts under Cost Uncertainty ［J］. International Journal of Production Economics，2013，145（1）：199-207.

［129］Litwack J. M. Coordination，Incentives and the Ratchet Effect ［J］. The Rand Journal of Economics，1993，24（2）：271-285.

［130］Loeb M.，W. Magat. A Decentralized Method for Utility Regulation ［J］. Journal of Law and Economics，1979（22）：399-404.

［131］Martimort D.，Straub S. Privatization and Changes in Corruption Patterns：The Roots of Public Discontent ［R］. Mimeo，University of Toulouse and Inter-American Development Bank，2006.

［132］Maskin E.，J. Moore. Implementation with Renegotiation ［J］. Review of

Economic Studies , 1999 （66）: 39-56.

［133］ Maskin E. , J. Tirole. Unforeseen Contingencies and Incomplete Contracts ［J］. Review of Economic Studies, 1999 （66）: 83-114.

［134］ Nikos Nikolaidis, Athena Roumboutsos. A PPP Renegotiation Framework: A Road Concession in Greece ［J］. Built Environment Project and Asset Management, 2013, 3 （2）: 264-278.

［135］ Ostrom, Elinor. How Types of Goods and Property Rights Jointly Affect Collective Action ［J］. Journal of Theoretical Politics, 2003, 15 （3）: 239-270.

［136］ Posner R. A. Theories of Economic Regulation ［J］. Bell Journal , 1972 （5）: 335-358.

［137］ Roland G. , Sekkat K. Managerial Career Concerns, Privatization and Restructuring in Transition Economies ［J］. European Economic Review, 2000, 44 （10）: 1857-1872.

［138］ Ross S. A. The Economic Theory of Agency: The Principle' s Problem ［J］. American Economic Review, 1973 （63）: 134-139.

［139］ Sappington D. Optimal Regulation of Research and Development under Imperfect Information ［J］. Bell Journal of Economics, 1982 （13）: 354-368.

［140］ Spence M. , R. Zeckhauser. Insurance, Information and Individual Action ［J］. American Economic Association, 1971 （35）: 380-387.

［141］ Tirole, Jean. Incomplete Contracts: Where Do We Stand? ［J］. Econometrica, 1999, 67 （4）: 741-781.

［142］ Williamson, Oliver. The Economic Institutions of Capitalism: Firms, Markets, Relational Contracting ［M］. New York: The Free Press, 1985.

后　记

本书是在笔者主持的国家社科基金重点项目"基础设施产业特许经营合约中的政府承诺问题及其治理研究"（13AJL011）最终研究成果的基础上完善修改而成的。全书由陈富良提出总体思路与框架，具体写作分工如下：第一章、第二章、第八章、第九章由陈富良和万卫红执笔，第三章由王守坤执笔，第四章、第五章由张鹏执笔，第六章由徐涛执笔，第七章由杨飞虎执笔。最后由笔者修改并统稿。在课题的研究过程中，我的博士研究生熊毅和邓明、硕士研究生刘红艳和陶蕾做了大量的基础性工作。结合课题的研究，指导了4篇与本课题密切相关的硕士毕业论文：基础设施产业特许经营合约再谈判机制（刘红艳）；我国基础设施特许经营合约的非完备性研究（陈青祝）；基础设施特许经营合约的再谈判：基于可持续经营的博弈分析（陶蕾）；新公共服务视角下的我国城市水务规制研究（黄金钢）。在研究报告初稿完成之后，国家社科规划办的审核专家对报告初稿进行了审核，我们根据审核专家的意见进行了进一步的修改，后来又根据匿名评审专家的意见，逐条对照，对报告全文又做了全面的修改与完善。在这个过程中，张鹏博士和徐涛博士做了大量的基础性工作。项目已于2019年8月正式结项。感谢审核专家和匿名评审专家的建设性意见。感谢学校科研管理人员和江西省社科规划办管理人员的出色服务。在项目结项后，我们又通读了研究报告全文，对研究报告再一次做了修订、补充和完善。本书的出版，得到了项目基金的资助和学院领导的支持，以及经济管理出版社编辑的辛勤付出。本书还有一些不足与疏漏之处，恳请广大读者批评指正。

陈富良

2019 年 10 月